10 년 안에

100 억 부자 되세요.

양윤

슈퍼개미의
왕초보
주식수업

주린이도 단숨에 고수로 만드는 주식투자의 기초

슈퍼개미의
·왕초보·
주식수업

이정윤 지음

이레미디어

공부하세요!
성공할 수 있습니다

주식 강연이나 인터뷰를 할 때 "슈퍼개미가 될 수 있었던 성공 비법이 무엇입니까?"라는 질문을 가장 많이 받습니다. 그때마다 저는 늘 힘주어 대답합니다. "공부하세요!"

20년 이상 오랫동안 주식투자를 하면서 많은 책을 통해 이론을 공부했고 매일매일 HTS와 증권사리포트를 보면서 실전 경험을 쌓아 왔습니다. 긴 세월의 공부를 한마디로 표현할 수는 없지만 이 책 한 권에 담아보려 노력하였습니다. 무엇을 공부해야 하는지 모르는 왕초보 투자자들에게 꼭 필요한 지식과 실전 경험을 전해주고 싶었습니다.

주식을 이제 막 시작하는 투자자에게 주식수업을 하는 선생님의 마음으로 글을 써나갔습니다. 왕초보 투자자가 편안하게 읽을 수 있을 만큼 쉬운 책인 동시에 투자경험이 10년이 넘는 투자자에게는 성공의 열쇠를 쥐어주는 책이 되기를 바랍니다. 정글 같은 주식시장에서 살아남을 수 있는 생존능력을 기르기에 충분하고, 나아가 성공 투자의 나침반을 얻을 수 있다고 믿습니다.

이 책이 독자들에게 경험 없이 이론의 나열뿐인 사전류의 책이 되거나, 이론 없이 경험만 있는 신변잡기 수준의 어설픈 자서전이 되지 않기를 바랍니다. 20년간 살아남기 위해서 노력한 시간에 담긴 저의 진심이 독자 여러분의 성공 투자를 위한 밑거름이 되었으면 합니다. 투자를 시작한 지 10일이 된 왕초보 투자자도 쉽게 이해할 수 있는 책이면서, 투자경험 10년이 넘는 투자자에게는 화두를 던지는 책이 되기를 바랍니다.

독자 여러분들의 많은 성원 덕분에 2년 만에 개정증보판이 나왔습니다. 감사하는 마음을 깊이 담아 책을 수정하고 보완하였습니다. 프롤로그와 에필로그 그리고 부록을 과감히 삭제하고 새롭게 본문에 내용을 추가하여 총 4부, 각 부 8장으로 구성하였습니다. 새로 만나보실 1부는 주식 왕초보가 꼭 알아야 할 기초 지식입니다. 1부에서 독자들이 기초 지식을 충분히 쌓은 후에 2부 정보 분석, 3부 가격 분석 4

부 가치 분석을 공부하신다면 종목 선정을 위한 삼박자 분석이 보다 쉽게 느껴지고 이해도 빠를 것이라고 생각합니다. 또한 시장의 최신 경향을 반영하여 본문 내용의 2년 전 사례들을 최근의 사례들로 모두 수정하였습니다.

4년 전에 《삼박자 투자법》을 썼고, 작년 가을에 《삼박자 투자법》 개정판이 나왔습니다. 2년 전에 《슈퍼개미의 왕초보 주식수업》을 냈는데 올해 봄, 개정증보판을 출간하게 됐습니다. 주식투자서 개정판이 갖는 의미를 돌아봅니다. 독자 여러분들이 보내주신 많은 사랑 덕분이겠지요. 이 책이 그 사랑에 작은 보답이 되었으면 하는 간절한 마음으로 개정 작업을 했습니다. 왕초보 주식투자자님들이 슈퍼개미에게 직접 수업을 받는다는 느낌으로 읽어주시면 감사하겠습니다.

두 권의 책 그리고 두 책의 개정판 출간을 허락해준 이레미디어 이형도 대표님과 심미정 팀장님께 감사드립니다. 또한 매번 책을 낼 때마다 제 일처럼 발 벗고 나서서 도와주는 조상원 이사님과 서동구 부장님을 비롯한 밸런스아카데미, 밸런스에셋, 밸런스택스의 모든 가족들께 진심으로 고맙다는 말을 전하고 싶습니다. 유튜브 '슈퍼개미 이세무사TV' 구독자들, 블로그와 카페, 강연회와 주식 교육 강의 등에서 함께 호흡한 주식투자 동지들, 그리고 이 책을 읽어주신 모든 독자들의 성공 투자를 진심으로 응원합니다.

마지막으로 이제 곧 대학을 졸업하는 재원, 내년이면 대학에 입학하는 준석, 항상 고마운 아내 혜진과 부모님, 장인·장모님의 건강과 행복을 기원합니다.

늘 꿈꾸는 성실한 **이세무사**

| 차 례 |

1부 | 주식 왕초보가 꼭 알아야 할 기초 지식

1장 | 주식 왕초보를 위한 동기부여

2장 | 주식투자를 제대로 시작하는 방법

3장 | 모르는 용어가 나와도 두려워하지 말라

2부 | 정보 분석 어떻게 해야 할까

3부 | 가격을 제대로 분석하는 방법

4부 | 가치 있는 주식, 같이 하는 주식투자

주식 왕초보가 꼭 알아야 할 기초 지식

"Back to the basic"

우리는 모든 일에 있어 가장 중요한 것은 기본이라는 사실을 잘 알고 있습니다. 하지만 잘 알고 있는 것과 실행하는 것은 다르겠지요. 걸음마부터 배워야 넘어지지 않고 나중에 빨리 뛸 수가 있는데, 일어서지도 못하면서 뛰려고 하는 성급함에 일을 그르치는 경우가 많습니다. 주식투자자들도 예외일 수 없습니다. 주식투자를 1년도 채 경험해보지 못한 투자자가 고수처럼 행세하는 경우도 있고, 공부해도 수익률이 높아지지 않는다면서 자책하는 경우도 있습니다. 왜 그럴까요? 기본이 없기 때문입니다. 주식투자를 할 때 기본기부터 착실하게 쌓아놓으면 공부할수록 재미를 알게 됩니다. 지식과 경험이 쌓일수록 수익률이 높아지는 것도 느낍니다. 기본기 없는 투자를 하는 사람이 공부의 중요성을 인식하지 못하고 허송세월만 보내는 사이에 기본기를 탄탄히 한 왕초보는 중수와 고수를 넘어 슈퍼개미의 꿈을 실현할 수 있습니다. 주식투자의 성공 여부는 주식투자를 시작할 때 어떤 기본을 쌓으려고 노력하느냐에 따라 달려 있다고 생각합니다.

그러나 많은 주린이들은 주식투자를 시작하면서 해야 할 공부를 하지 않고, 정보의 홍수에 빠져서 하루하루의 단기시황과 종목 추천만을 찾아다니며 시간을 보내고 있습니다. 그 무엇도 갖추지 못한 채 말이지요. 기본 공부는 오늘 하루 수익률에 영향을 미치지 못하니 그러는 것입니다. 그러나 이는 매우 의존적인 투자 습관을 갖게 하고 결국에는 자기의 판단으로 투자하고 결과에 책임지는 현명한 투자자가 되지 못하는 결과를 만듭니다. 실제 5년 이상 경력의 투자자이면서도 여전히 종목 선정을 하지 못하고 타인의 의견만 추종하는 사례를 주변에서 쉽게 찾을 수 있습니다.

주식투자의 기본은 '종목 선정'입니다. 하지만 청과물 시장에서 맛있는 사과를 고르는 것처럼 주식시장에서 좋은 주식을 고르는 것이 단순하고 쉬운 것은 아닙니다. 심지어 좋은 주식을 고르는 방법을 공부하기 이전에 주식 계좌개설부터 시작해서 어려운 용어, 무엇을 공부해야 하는지 그리고 어떤 원칙을 지켜야 하는지 등 왕초보 주식투자자는 종목 선정 공부를 하기 전부터 알아야 할 것이 너무나 많습니다.

1부에서는 2~4부의 삼박자투자법에 의한 종목 선정 공부에 앞서서 왕초보 주식투자자들이 반드시 알아야 할 기초 지식을 모아 놓았습니다. 이러한 사전 지식을 충분히 습득한 후 종목 선정 공부를 한다면 조금 더 쉽고 재미있는 주식투자 공부가 될 것이라고 생각합니다.

1부의 내용이 투자자의 수익률을 직접적으로 높인다고 보장할 수는 없지만 여러 번 읽고 충분히 숙지하셨으면 좋겠습니다. 성공 투자로 가는 나침반 하나를 가지고 올바른 길을 걷는 것이라 믿고 1부를 읽어나가시기 바랍니다.

주식 왕초보를
위한 동기부여

☑ **MAIN POINT**

성공 투자를 위한 첫출발은 강력한 동기부여임을 알고 왜 주식투자를 해야
하는지 명확하게 이해한다.

부자가 되기 위해서는 주식투자가 필수이다

　세상 사람 모두가 부자가 되는 꿈을 꾸고 있는 시대입니다. 자본주의가 지속되는 한 이러한 현상은 더욱 강해지리라 생각합니다. 부자가 되는 꿈을 실현하기 위해서 어떻게 하면 될까요? 자신의 순소득을 높이고, 모은 시드머니 투자로 불려야 합니다. 과거에는 나의 순소득을 높이는 것이 중요했습니다. 좋은 직장에 취직해서 지출을 아껴 은행에 순소득을 모으면 적당한 금리로 원금이 불어나고, 대출을 합해서 내 집 마련을 하는 것이 부자가 되는 지름길이었지요. 그런데 세상이 달라졌습니다. 좋은 직장에 취직하기도 어려워졌고, 지출을 아껴도 순소득이 별로 안모이고, 그나마 은행에 저금을 해도 굉장히 적은 이자를 줍니다. 이렇게 모은 돈으로 집을 사려고 하지만, 집값은 천정부지로 치솟아 살 수가 없는 지경입니다.

　부자가 되기 위해서는 투자가 필수인 시대입니다. 지출을 줄이면 1억 부자, 소득을 늘리면 10억 부자, 투자를 잘하면 100억 부자의 꿈을 이룰 수 있습니다. 그렇다면 투자 대상에는 무엇이 있을까요? 최근에 비트코인 투자를 하는 투자자들이 조금씩 늘어나긴 했지만 우리나라

가계의 가장 큰 투자 비중은 '부동산'과 '주식'입니다. 특히 코로나19 발생 이후 '동학개미운동'이라고 이름붙일 정도로 신규 주식투자자들이 늘어났는데, 이러한 현상은 상당기간 지속될 가능성이 높습니다.

사실 우리나라는 선진국에 비해서 부동산대비 주식투자 비중이 더 낮은 편인데, 여기에는 여러 이유가 있겠지만, 저는 이렇게 생각을 합니다. 우리나라의 경우 성년이 된 이후에 돈을 모아 내 집 마련을 하는 것이 보통의 순서였습니다. 따라서 거의 평생 내 집 마련과 그 후 대출상환을 위해 살았다고 해도 과언이 아닙니다. 다만, 경제가 성장하면서 가계의 평균 순자산이 내 집을 마련하고도 추가로 더 존재하게 되었고, 모두에게 주식투자 여력이 생긴 것입니다. 아직 내 집 마련을 하기 전인 젊은 세대의 경우 은행 예금의 비중을 줄이고 주식투자를 하는 것이 현실입니다. 즉 내 집을 마련하기 전인 젊은 세대는 금리가 너무 낮은 탓에 주식투자를 더 하게 되었고, 내 집을 마련하고 난 기성세대는 추가 순자산이 발생하면서 주식투자 비중이 더 늘었다고 봅니다.

주식투자의 목적은
쉽게 큰돈 벌기

주식투자를 시작한 초보들에게 주식투자를 왜 시작했는지 물어보면 다음 세 가지 중에 한 가지 대답을 할 확률이 높습니다.

1. 주변에서 금리가 너무 낮으니까 주식투자를 하는 것이 더 낫다고 해서
2. 친구가 주식투자를 했는데 연봉 이상의 투자수익을 너무나도 쉽게 냈다고 자랑해서
3. 지인이 좋은 종목을 알려줄 테니 빨리 주식 계좌를 만들라고 해서

독자 여러분은 몇 번이라 답하셨습니까?

어디에 해당하든 주식투자에서 실패할 확률이 높습니다. 주식투자는 자기 자신이 신중하게 생각하고 판단해서 시작해야 합니다. 지인의 성공이 부럽거나, 나만 안 하면 뒤떨어질 것 같아서, 심지어는 특정 종목을 사기 위해서 계좌를 만들어서는 안 됩니다. 그렇다면 어떤 마음으로 주식투자를 시작해야 할까요? 노동 소득보다 조금 쉽게, 은행 이자보다 조금 더 큰돈을 벌기 위한 마음으로 시작하세요. 그리고 더

욱 쉽게 큰돈을 벌기 위해서는 위험을 감수해야 하고 공부를 지속해야 한다는 것을 알아야 합니다.

그런데 대부분의 주린이들은 계좌부터 만들고 나서 목표를 세우고 공부를 시작하는 경향이 있습니다. 그 반대로 해보는 건 어떨까요? 주식투자의 목표를 세우고 공부를 시작한다면 주식 계좌를 만든 이후에 보다 편한 투자생활과 보다 좋은 투자수익률이 기다리고 있을 겁니다.

슈퍼개미의 왕초보 주식수업

성공한 투자자에게는
세 가지 자유가 주어진다

목표를 달성하기 위해서는 강한 동기를 갖고 실행력을 극대화시켜야 합니다. 주식투자자에게 가장 좋은 동기부여는 성공하면 가질 수 있는 자유를 정확하게 아는 것입니다. 먼저 성공한 투자자로서 **주식투자에 성공하면 누릴 수 있는 자유**를 세 가지 알려주면 다음과 같습니다.

첫째, 경제적 자유입니다. 물론 경제적 자유는 모든 부자가 누릴 수 있는 자유이지만, 주식투자로 성공한다면 돈이 돈을 버는 시스템을 구축함으로써 보다 확실한 경제적 자유를 누릴 수 있습니다. 지출을 줄이면서 돈을 모으는 단계에서는 쉽게 경제적 자유를 누릴 수 없고, 소득을 늘리는 단계에서도 자기계발을 위해 시간과 열정을 투자해야 하기 때문에 경제적 자유를 완벽하게 누리기 힘듭니다. 하지만 마지막 부자 단계인 투자로 인한 부자가 된다면 돈으로 할 수 있는 것은 언제나 할 수 있는 완벽한 경제적 자유를 누릴 수 있습니다.

둘째, 공간적 자유입니다. 성공한 주식투자자는 회사나 사무실에 출근할 필요 없이 노트북 하나만 있으면 어디서든 투자를 할 수 있습니다. 실제 많은 성공한 투자자들이 세계여행을 다니거나 외국에 거주하면서 투자생활을 이어나가는 것을 볼 수 있습니다. 특히 단기 매매의 영역이 아닌 장기 투자의 영역에서 성공한다면 수개월 동안 주식시장에서 벗어나 하고 싶은 여행을 다니면서 돈을 벌수도 있습니다.

셋째, 인간관계의 자유입니다. 사실 주식투자로 부자가 되었을 때, 가장 크게 누릴 수 있는 기쁨은 바로 인간관계의 자유입니다. 이 세상에 돈을 벌기 위한 어떤 직업도 인간관계에서 자유로울 수 없습니다. 직장인이나 사업가들은 많은 인간관계를 형성하며 그 속에서 근로소득이나 사업소득을 추구해야 합니다. 또한 부동산투자에 성공하기 위해서도 인맥형성은 기본입니다. 하지만 주식투자는 주식시장에서 나홀로 판단하고 결정하고 책임지면 되기 때문에 성공하기 위해서 어떤 인간관계도 필요하지 않습니다. 우리가 살면서 받는 스트레스 중에 가장 큰 부분이 '인간관계에서 오는 스트레스'라는 것을 생각한다면 주식투자로 성공하기 위한 동기부여가 확실히 되지 않을까요? 기분 나쁜 직장상사 김 부장, 갑질하는 거래처의 박 사장과 마주하고 싶지 않다면 열심히 주식투자 공부를 하는 것이 좋습니다.

100세 시대, 주식투자는 선택이 아닌 필수

저금리 시대이기 때문에 은행에 저금하기보다는 주식에 투자해야 한다는 설명을 했습니다. '저금리 시대'와 함께 가장 많이 사용되는 말이 '100세 시대'입니다. 이제는 사망위험을 보장받는 종신보험보다 장기 생존위험을 보장받는 연금보험이 더 필수인 시대입니다. 우리의 평균수명이 80세를 넘은지 오래이며, 이제 곧 90세를 넘어 100세까지 사는 시대가 온다고 합니다. 평균수명이 늘어났다고 해서 우리의 은퇴시기까지 비례해서 늘어난 것은 아닙니다. 여전히 우리는 50~60세 사이에 은퇴를 합니다. 은퇴 이후에는 근로소득에 의한 월급을 더 이상 바랄 수 없습니다.

근로소득이 없는 은퇴 이후의 삶에서 자산소득이 없다면 우리는 어떻게 살 수 있을까요? 자본주의 사회에서 돈이 없는 삶은 생각할 수 없습니다. 은퇴 이후에 자산소득을 근로소득처럼 꾸준히 발생시키기 위해서는 미리 준비해야 합니다. 100세 시대에 주식투자가 선택이 아닌 필수인 이유입니다. 부자가 된 사람들에게 '어떤 동기가 부자가 되는데 가장 큰 영향을 미쳤는가?'라는 질문을 했더니 '은퇴 이후의 안정적이고 행복한 삶'이라는 대답이 가장 많았다고 합니다. 불확실한 미래를 확실하게 대비하는 방법 중 하나가 주식투자라는 것은 아무도 부인할 수 없는 현실이 되었습니다.

MENTOR'S TIP •••

· 주식투자에 성공하기 위해 부여할 수 있는 가장 큰 동기가 무엇인지 적어
　보기
· 주식투자에 성공했을 때 누리고 싶은 가장 큰 자유를 생각해보기

슈퍼개미의 왕초보 주식수업

용어 설명

◆ **시드머니(Seed money)**

시드머니란 투자자가 비즈니스의 일부를 매입하는 투자를 제안하는 형태이다. 시드(seed)라는 말에서도 알 수 있듯이, 새로운 열매를 맺기 위해 뿌려지는 씨앗에 비유된다. 비즈니스의 매우 초기 단계에 집행하는 투자이며, 시드머니는 수익이 발생하거나 다른 투자를 받을 때까지 자금을 활용할 수 있도록 돕는다. 시드머니는 친구나 가족의 투자, 엔젤 투자, 크라우드 펀딩을 포함한다.

◆ **동학개미운동**

동학개미운동은 2020년 시작된 코로나19가 전 세계로 확산되며 장기화됨에 따라 주식 시장에서 등장한 신조어이다. 이는 코로나19로 증시 폭락이 거듭되는 가운데 개인 투자자들의 대규모 매수세와 외국인 투자자들의 대규모 매도세가 맞물리는 상황을 1894년 일어난 동학농민운동에 빗댄 것이다. 2020년 3월 들어 3월 20일까지 외국인들은 10조 원어치의 한국 주식을 매도한 반면 국내 개인투자자(개미)들은 9조 원 가까이 사들인 것으로 나타났다.

2장

주식투자를
제대로
시작하는 방법

☑ **MAIN POINT**

주식투자를 시작하면서 가장 먼저 부딪히는 문제점들에 대해서 공부하고 올바른 시작을 하도록 노력한다.

공부를 먼저 할까?
계좌를 먼저 만들까?

주식투자를 시작하는 분들은 계좌를 만드는 것에 조금 두려움을 가진 것 같습니다. 은행 계좌를 만들 때 고민을 하고 만드는 사람은 거의 없지만, 주식 계좌를 만들까 말까 고민하는 사람이 꽤나 있다는 것을 보면 알 수 있습니다. 계좌를 만들기 전에 가장 큰 고민은 공부가 안되어 있는데 계좌부터 만들어도 되는지, 안 된다면 어느 정도 공부가 된 후에 계좌를 만들어야 하는지에 대한 판단 여부입니다. 저는 여러 인터뷰에서 말했지만 공부를 많이 한 상태에서 계좌를 만들었습니다. 대학에서 회계학, 재무관리, 경제학 등을 열심히 공부하고, 주식 관련 책을 10권 정도 읽을 때까지 계좌가 없었고, 군대에 있는 시기에 10만 원으로 처음 주식 계좌를 만들었으니까 초보는 벗어난 상태로 계좌를 만들었다고 생각합니다.

아무것도 모르는 왕초보로서 주식 계좌를 만드는 것보다 많은 것을 알고 주식 계좌를 만드는 것이 훨씬 좋은 것은 당연합니다. 초보 운전 스티커를 붙이고 운전하는 것처럼 초보 계좌 스티커를 붙이고 투자하는 것이 아니고, 초보, 중수, 고수, 슈퍼개미 다 똑같이 경쟁하는 시장이기 때문입니다. 하지만 계좌를 만들기 전에는 열심히 공부하기 쉽지 않다는 것과 주식투자는 이론공부와 실전공부가 같이 어우러지면서 경험이 쌓인다는 것 때문에 계좌부터 먼저 만드는 것도 장점은 있습니다. 계좌를 만들지 않고 공부부터 하다가 지쳐서 공부도 안 하고 계좌도 안 만드는 상황보다는 계좌를 먼저 만들되 소액으로 투자하면 보다 재미있게 공부할 수 있습니다.

다시 한 번 강조하지만 공부가 안된 상태에서 계좌를 만들 경우에는 투자하고자 하는 금액의 10분의 1 정도만 넣고 시작하는 것이 좋습니다. 많은 투자자들이 투자 경험이 늘어날수록 실력도 늘어나고 있는데 계좌에 돈이 얼마 남지 않아서 후회하고 있다는 것을 명심하시기 바랍니다.

어느 증권사의
계좌를 만들까?

　주식투자를 하려고 마음을 먹은 분들이라면 '어느 증권사 계좌를 만들까요?'정도의 질문은 자체적으로 해결할 능력은 있어야 한다고 봅니다. 이 질문의 수준은 '내가 옷을 사고 싶은데 어느 백화점을 가서 살까요?' 또는 '내가 은행 계좌를 만들고 싶은데 어느 은행에 가서 만들까요?'와 비슷한 수준이기 때문입니다. 그럼에도 불구하고 계좌를 처음 만드는 왕초보 독자들이 가장 먼저 부딪치게 되는 시험 문제와도 같은 이 질문에 해답을 드려봅니다.

　증권사 선택은 두 가지를 고려하면 좋습니다. 첫째는 '시가총액'이 큰 증권사, 둘째는 '수수료 수준'입니다. 먼저 시가총액이 큰 대형증권사가 좋은 이유는 트레이딩시스템의 질적 측면이나 안정성이 보다 좋기 때문입니다. 또한 오프라인에 지점이 더 많거나 온라인상에서 콜센터가 더 큰 규모라서 편리성이 높은 것도 장점입니다. 다음으로 수수료 수준은 당연히 낮은 수수료가 적용되는 증권사가 좋습니다. 초보자의 경우 수수료를 중요하게 생각하지 않는 분들도 있는데 매매 횟수가 증가하다보면 투자액에 대비하여 수수료가 생각보다 크게 발생하게 되므로 처음 계좌를 만들 때부터 낮은 수수료의 증권사를 선택하는 것이 좋습니다.

참고로 2021년 2월 28일 기준 시가총액이 높은 증권사들을 꼽아 보면 미래에셋대우, 한국투자증권, 삼성증권, NH투자증권, 메리츠증권, 키움증권 등이 있습니다. 증권사별 수수료는 이벤트에 따라 자주 달라지므로 개설시점에 검색을 통해서 알아보기 바랍니다.

폰으로 할 것인가?
PC로 할 것인가?

코로나시대에는 대부분 주식 계좌를 만들 때 스마트폰으로 비대면 개설을 합니다. MTS 애플리케이션을 다운 받아서 주식거래를 시작합니다. MTS는 Mobile Trading System의 약자로 스마트폰 운영체제 기반의 증권사 매매프로그램을 말하며 PC 운영체제 기반의 프로그램은 HTS Home Trading System이라고 합니다.

왕초보분들 중에는 MTS로 매매주문이 익숙해지고 나면 굳이 HTS를 설치할 필요가 없지 않나하고 생각하는 분들이 많습니다. 하지만 저는 'HTS 깔아야 돼요?'라는 질문을 받으면 굉장히 강한 어조로 말합니다. '돈 벌기 싫으면 깔지 마세요.'라고 말입니다. 재미있는 영화를 극장에서 공짜로 보여주는데 굳이 하이라이트를 스마트폰으로 답답하게 볼 필요는 없습니다. 모든 게임이 PC용과 모바일용이 있는 데는 이유가 있겠지요. HTS에서 훨씬 많은 메뉴를 훨씬 편하게 볼 수 있습니다. 나의 라이벌은 모니터를 다섯 대를 보는데 나는 한 대도 보기 싫다면 돈 벌기 싫다는 것과 다를 바 없습니다. 물론 매매를 위한 것이 아닌 주식 공부를 위한 것을 말하는 것이니 오해 없으시길 바랍니다. 바쁜 직장인분들도 토요일과 일요일에 주식 공부를 할 때 MTS로 공부하는 것보다 HTS로 공부하는 것이 좋다는 것을 반드시 기억하세요. 제가 강연회에서 자주 하는 말인데 한손에는 'DART' 한손에는 'HTS'를 놓치지 않는다면 반드시 성공투자할 수 있습니다.

추가로 어느 증권사 프로그램이 좋은지에 대한 질문도 많이 받습니다. 위에도 언급한 시가총액이 큰 증권회사가 좋은 프로그램을 만들기 위한 투자를 했을 확률이 높으니 대형 증권사 프로그램이 상대적으로 좋다고 말할 수 있습니다. 더 중요한 것은 자기 자신한테 맞는 증권사가 있습니다. 여러 증권사의 HTS를 써보고 자신한테 가장 맞는 것을 선택하는 것이 좋습니다.

첫 거래 어떻게
시작할 것인가?

인생을 살면서 '처음'이 주는 의미는 굉장히 큽니다. '첫 사랑', '첫 직장', '첫 월급' 등을 떠올려 보세요. 아직도 생생하게 기억나지 않나요? 주식투자에서도 첫 투자 종목은 중요한 의미가 있습니다. 초심자의 행운으로 첫 종목에서 수익이 크게 날수도 있고, 반대로 사자마자 떨어져서 주식투자에 정이 떨어질 수도 있습니다. 하지만 첫 투자종목이 올랐다고 투자 인생이 활짝 피는 것도 아니고, 내렸다고 투자 인생이 망한 것은 더더욱 아닙니다.

첫 매매가 중요한 이유는 종목 선정을 누가 했는지 여부에 따라서 앞으로의 투자 철학이나 투자 공부에 대한 동기가 달라지기 때문입니다. 제가 만난 초보투자자들 대부분은 지인에게 추천 받은 종목을 샀다고 이야기합니다. 아니, 계좌를 만든 이유가 지인이 추천해 준 종목을 매수하기 위함인 경우도 많습니다. 이 경우 수익이 나면 계속해서 타인에게 의존하여 종목을 선정하고 손실이 나면 타인에게 책임을 전가합니다. 심지어 주식투자에 흥미를 잃어버리는 경우도 많습니다.

반면에 첫 종목 선정을 공들여서 하게 되면 수익이 나든 손실이

나든 주식 공부의 필요성과 함께 주식투자자로서 책임감을 느끼고 투자에 흥미를 가지게 됩니다. 단순히 계좌 주인으로 남을지 아니면 주식투자자로 거듭날지는 종목 선정에 대한 책임감에 달려 있고, 첫 종목 선정부터 시작되기 때문에 계좌를 만들고 첫 매수종목을 직접 골라보세요. 너무 어렵게 접근하지 말고, 투자자 본인이 가장 좋아하는 상품이나 서비스를 제공하는 회사의 주식을 사는 생활 속의 종목 발굴법을 가장 쉽고 좋은 첫 종목 선정 방법으로 추천합니다.

MENTOR'S TIP ●●●

· 지식과 경험에 비해서 큰돈을 계좌에 넣은 것은 아닌지 팩트 체크
· 아직 HTS를 설치하지 않았다면 지금 당장 설치하기
· 종목 선정을 직접해본 적이 없다면 종목 선정을 직접해보는 노력을 기울인다

슈퍼개미의 왕초보 주식수업

 **용어 설명**

◆ **DART (금융감독원 전자공시시스템)**
국가경제의 핵심인프라인 자본시장의 건전한 발전을 위해 투자판단에 필요한 정보를 적시에 제공함으로써 기업에게는 양질의 자금조달 기회를, 투자자에게는 다양한 투자기회를 제공하는 것이 중요하다. 이를 위하여 금융감독원은 2001년 1월부터 인터넷을 통하여 상장법인 등이 제출한 재무 상태 및 주요 경영정보 등 각종 공시자료를 이용자가 쉽고 편리하게 조회할 수 있는 전자공시시스템(http://dart.fss.or.kr)을 운영하고 있다.

모르는 용어가
나와도
두려워하지 말라

☑ **MAIN POINT**

주식투자 공부의 첫 번째 난관, 어려운 용어에 대해서 생각해보고, 어려운 용어에 현명하게 대처하는 방법을 공부한다.

주식투자가 어려운 이유는 용어 때문?

주식투자가 어려운 이유는 여러 가지가 있습니다. 매수종목을 어떻게 선정해야 하는지, 매수·매도 타이밍을 어떻게 선정해야 하는지, 포트폴리오를 어떻게 구축해야 하는지 등 주식투자 4~5년을 해도 어렵기는 매한가지입니다. 그래서 주식투자자는 공부를 열심히 해야 하는데 경력이 좀 되는 투자자와 달리 왕초보 주식투자자는 무슨 공부를 해야 하는지 몰라서 막막해합니다. DART사이트를 보라고도 하고, 경제뉴스를 매일 읽으라고 하며, 리포트를 열심히 찾으라고 하는데 막상 이것들을 읽으면서 공부하려 하니 까만 건 글자요, 하얀 건 백지라서 답답함을 느낍니다. 주식투자가 어려워서 주식투자 공부를 하려고 하는데, 주식투자 공부도 어려운 이유는 무엇일까요?

주식투자 공부를 처음에 할 때 어려운 이유는 관련 용어 때문입니다. 당장 '주식'이나 '투자'라는 용어도 막연히는 알고 있지만 정확히 아는 초보투자자가 많지 않을 것입니다. 주식이 무엇인지, 투자가 무엇인지 모르는데 어떻게 주식투자 공부가 쉬울 수 있을까요? 그래서 보통 초보를 위한 책은 용어 설명에 굉장히 많은 지면을 할애하는 편입니다. 그러나 저는 세 권의 주식책을 쓰면서 용어 설명보다는 주식투자의 기본원리나, 종목 선정 방법에 훨씬 큰 비중을 두었습니다. 그 이유는 경제용어는 포털사이트에 검색하면 설명이 자세하게 잘되어 있기 때문입니다. 용어가 어려워서 주식투자 공부가 어렵다고 느끼는 분들은 오늘부터 검색하는 습관을 들이시기 바랍니다. 그럼 주식투자 공부가 조금은 수월해질 것입니다.

경제학, 경영학, 회계학이 주식투자의 기본?

'주식투자학'이라는 말은 없습니다. 만약에 있다면 제가 우리나라 1호 주식투자학 박사가 되었을 텐데 많이 아쉽습니다. 주식투자학이 없기 때문에 학교에서 학문적으로 주식투자를 배울 수 없고 그래서 주식투자 공부가 어려운 것이겠지요. 그래도 주식투자에 도움이 되는 학문은 무엇이 있을까요?

저는 경제학, 경영학(재무관리), 회계학이 주식투자와 가장 연관 있는 학문이라는 생각이 듭니다. 주식시장은 실물경기보다 타이밍은 빠르지만 같은 방향으로 움직이고, 국내 경제, 나아가 글로벌 경제의 영향을 크게 받으므로 경제학을 이해하고 있다면 주식시장을 전체적으로 읽는데 큰 도움이 됩니다. 또한 주식투자로 돈을 벌기 위해서는 결국 주가의 형성 원리를 이해해야 하는데 경영학의 재무관리에서는 여러 가지 주가결정모델을 통해서 기업의 이론적 가치를 어떻게 구하는지 알 수 있습니다.

마지막으로 기업의 재무상태나 경영성과를 알기 위해서 주식투자자들은 재무제표를 보고 해석할 수 있어야 하는데 이때 회계학 지식이 필요합니다. 그래서 경제학, 경영학, 회계학 등의 기초 학문이 주식투자의 기본이라고 생각합니다.

이런 궁금증을 갖고 있는 투자자들이 많습니다. 공부를 해도 끝이 없는데 어느 수준까지 해야 하나요? 저는 공부는 많이 할수록 좋다는 의견이지만 공부에 투입할 수 있는 시간은 누구나 제한적이므로 한 분야에 너무 깊은 공부할 필요까지는 없다는 생각입니다. 회계학이나 경제학을 전공자 수준까지 공부한다고 해도 주식투자 성공과 직결되지 않는다는 것을 주변의 성공한 투자자를 보면 알 수 있습니다. 따라서 기초 용어에서 조금 더 나아가서 기본원리를 이해하는 수준까지만 공부하시고, 나머지 시간에는 종목 선정 방법을 공부하시면서 실전적이고 경험적인 공부를 해나가시는 것이 중요합니다. 주식투자 공부는 스포츠와 비슷하다고 생각합니다. 학문이 아니기 때문에 절대 책으로 마스터할 수 없으며, 오랜 실전 경험과 연습이 필요하다고 강조 드립니다.

주가와 시가총액을 반드시 구분하라

용어와 관련해서 하나 더 말하고 싶은 것은 사전적 정의보다 개념 이해에 충실해야 한다는 것입니다. 예를 들어 '주가'를 설명해보겠습니다. 주가는 '주식의 가격'의 약자입니다. 우리가 사과의 가격이라고 할 때 보통 1개의 가격을 말하고 1박스의 가격을 말하지 않는 것처럼 주식의 가격인 주가도 보통 1주의 가격을 말합니다.

이 주가는 매일 변동합니다. 매일 변동하면서 4가지 가격을 형성하는데, 장 시작했을 때의 가격인 시초가(시가), 장 마감했을 때의 가격인 종가, 장중고점인 고가, 장중 저점인 저가로 차트의 기본인 봉이 그려집니다. 그리고 가격의 변동을 연속해서 반영한 이동평균선과 봉으로 구성된 기본차트(일봉, 주봉, 월봉)에서는 현재와 비교하여 직전 가장 낮은 수준인 전저점, 그리고 직전 가장 높은 수준인 전고점, 1년의 가장 높은 주가인 52주 신고가, 신규 상장 이후 가장 높은 주가인 역사적 신고가를 확인할 수 있습니다.

그리고 주문을 넣을 때도 여러 가지 주문가격이 존재합니다. '지정가'는 지정된 가격으로 주문을 넣겠다는 것이고, '시장가'는 시장가격으로 주문을 넣을 테니 1순위로 사거나 팔겠다는 뜻입니다. 그리고 '예상체결가'는 동시호가시간에 주문접수를 분석하여 체결가를 미리 예상해서 알려주는 가격이고, '시간 외 단일가'는 장이 열려있지 않은 시간에 거래를 종가로 거래할 수 있는 가격입니다. 또 주식의 가격은 이론적인 가치평가를 해서 구한 이론가격이 있고, 실제 시장에서 거래되는 시장가격이 있습니다.

이렇게 중요한 주가에 총주식수를 곱하면 시가총액이 되는데 이것 또한 매우 중요한 개념입니다. 주가는 액면분할이나 무상증자 등 총주식수에 의해서 달라지므로 여러 주식들의 비교가 불가능한 개념입니다. 삼성전자가 액면가 5,000원일 때와 100원일 때 주가가 1/50으로 줄었다고 회사의 시가총액이 준 것은 아니기 때문입니다. 주가는 비교가 불가능한 숫자이지만, 시가총액은 비교가 가능한 숫자이므로 더 중요하다는 개념을 기억하시기 바랍니다.

이익 관련 용어는 확실히 알아야 한다

　주식투자의 목표는 좋은 기업을 찾아서 투자를 하는 것인데, 좋은 기업이란 매출이 꾸준히 성장하면서 높은 이익률을 보이는 기업입니다. 이익이 많이 나는 기업은 배당을 많이 할 확률이 높을 뿐 아니라 배당을 하지 않더라도 내부유보로 재투자되어서 기업이 성장한다면 주가가 오를 수밖에 없습니다. 이익이 이렇게 중요한데 이익을 전혀 찾아보지 않고 투자하는 투자자가 참 많습니다. 그래서 왕초보 시절부터 기업의 이익을 확인하는 습관을 들여야 합니다.

　기업의 이익은 손익계산서에서 확인할 수 있으며, 이익이 매출액대비 많이 나는지, 이익이 전년도에 비해 성장했는지 여부를 반드시 확인하시기 바랍니다. 또한 혹시 이익이 아닌 손실이 났다면 손실이 왜 났는지, 일시적인지 지속적인지를 확인해서 지속적으로 적자가 나는 기업(영업적자기업)에 투자하지 않는 것을 기본원칙으로 세우시기 바랍니다.

용어 설명

◆ 재무제표

현금흐름표란 일정 기간 기업이 경영활동에 따라 발생하는 현금의 흐름을 파악하기 위해 나타내는 표를 뜻한다. 자본변동표란 자본의 규모와 변동 상황을 제공하는 재무제표로 보통 주식 투자를 위해 주주들에게 제공되는 재무제표 서식이다. 재무제표는 기업의 경영상태를 나타내주는 것으로 반드시 작성되어야 하며 감사를 통해 기업의 재무 상태를 분석하고 보고하는 경우도 있다.

◆ 액면 분할

액면 분할이란 납입자본금의 증감 없이 기존 발행주식을 일정 비율로 분할, 발행주식의 총수를 늘리는 것을 말한다. 예를 들어 액면가 5,000원짜리 1주를 둘로 나누어 2,500원짜리 2주로 만드는 경우이다. 주가가 너무 올라 시장에서 거래 자체가 잘 이뤄지지 않는 등 유동성이 낮아질 경우 실시한다. 기존 상법에서는 주식의 액면가격을 5,000원으로 규정했으나 개정 상법에서는 액면가를 100원 이상 기업들이 자율적으로 정할 수 있도록 했다. 상장사들은 주총의결을 거쳐 액면가를 100원, 200원, 500원, 1,000원, 2,500원, 5,000원 중 하나로 정할 수 있다.

주식투자자의 스타일과
주식투자 방법은
각양각색

☑ **MAIN POINT**

주식투자자의 타입에 대해서 공부하고 나는 어떤 타입이며 어떤 전략을 써야
하는지 정확히 파악한다.

주생아, 주린이, 중수, 고수, 슈퍼개미 중에 난 어디쯤?

주식투자자의 타입은 여러 기준에 따라 구별할 수 있는데, 가장 먼저 구분할 수 있는 기준은 주식투자 실력에 따른 것입니다. 주식투자 실력은 지식과 경험으로 이루어진다고 할 수 있고 실력의 결괏값으로 계좌의 수익률곡선이 나타난다고 믿고 있습니다. 단순하게 주식책 1권도 안 읽었으면 주린이, 10년 투자경험이면 고수라고 할 수 있는 것이 아니고, 주식투자의 결괏값인 수익률이 시장수익률을 초과하면 고수, 시장수익률 미만이면 하수라고 하는 것이 맞다고 생각합니다.

시장수익률 미만인 하수들의 공통점은 공부가 아직 부족하거나 경험치가 낮고, 시장수익률 초과인 고수들의 공통점은 지식과 경험이 풍부하다는 것입니다. 그렇다면 지식과 경험을 높여야 하는데 지식을 높이기 위해서는 이론공부가 중요하고 경험을 높이기 위해서는 실전연습이 뒷받침되어야 합니다. 이런 과정을 통해서 주린이에서 중수, 중수에서 고수로 성장하는 것입니다.

누구나 성공 투자라는 꿈을 꾸지만 반드시 현실을 직시해야 하는 이유는 실력에 따라서 투자전략이 달라지기 때문입니다. 왕초보일수록 대중적인 산업의 톱픽종목, 즉 시가총액이 큰 '우량 대형주'에 장기 투자해야 합니다. 그것이 종목 선정의 선택 범위를 좁히고, 매매 타이밍을 잘못 잡을 확률을 낮추기 때문입니다.

단기 매매를 할 것인가?
장기 투자를 할 것인가?

주식투자를 처음 시작했을 때 가장 큰 고민의 시작은 단기 매매와 장기 투자 사이의 선택에 있습니다. 어떤 이는 10년 동안 안 팔 주식을 사서 장기 보유 하는 것이 진짜 주식투자이자 유일한 성공의 방법이라고 말하기도 하고, 어떤 이는 매일 주식을 사고팔아서 큰돈을 벌 수 있다고 말하기도 합니다. 주식투자라는 것이 정답이 없고 주어진 상황에 따라 달라질 수밖에 없다는 점에서 매매와 투자의 차이를 명확히 구분하고 나에게 맞는 전략을 수립할 필요가 있습니다.

매매는 사고팔아서 이익을 내겠다는 것이므로 가격의 변동을 이용해서 수익을 내는 전략입니다. 단기적인 가격의 변동을 잘 관찰해서 종목을 선정해야 하므로 단기 재료나 차트의 모양 등이 중요한 분석 포인트가 되며, 이익 실현이나 손절매 등 과감한 매도 결정도 중요합니다.

반면 투자는 가치 증가에 따른 가격의 상승을 이용해서 수익을 내는 전략입니다. 중장기적인 가치의 증가를 잘 관찰해서 종목을 선정해야 하므로 재무제표상의 중장기적인 성장이 중요한 분석 포인트가 되며, 단기의 가격변동에 흔들리지 않고 성장추세에 대한 믿음을 갖고 보유하는 것이 중요합니다.

그런데 투자 초기에 이렇게 성향을 구분하지 않고 수년간 주식투자를 해온 분들이 매우 많습니다. 단기적인 상승을 기대하고 매매종목을 선정해서 매수를 했는데, 물려버리면 그때부터 재무제표 공부를 하면서 '단기 매매'가 아닌 '장기 매매(?)'를 하는 초보투자자가 대다수입니다.

매매를 단기로 하시는 분들은 반드시 장기 매매는 안 된다고 가슴에 새겨두시기 바랍니다. 또한 장기 투자를 하기 위해서 종목을 매수했는데, 매일매일 주가를 확인하며 오르면 좋아하고, 떨어지면 슬퍼하다가 한 달도 안 되서 매도해버리는 단기투자자들도 부지기수입니다. **단기 매매와 장기 투자는 종목 선정부터 투자 기간까지 완전히 다른 전략이 필요하므로 매수 전에 확실히 이해하고 종목 선정에 임해야 합니다.**

동학개미와 서학개미의 장단점을 알자

2020년 코로나19 이후로 주식투자자가 급증하면서 '동학개미'라는 말과 함께 '서학개미'라는 말도 쓰이고 있습니다. 국내 주식투자가 아닌 해외 주식투자, 특히 미국 주식투자를 하는 투자자를 일컫는 용어입니다. 국내 주식투자를 시작한지 얼마 안 되는 투자자들이 해외 주식투자를 고민하는 상담을 가끔 받습니다. "한국 주식보다 미국 주식이 더 좋은 것 같아요. 미국 주식투자 할까요?"

우리나라 주가 지수와 미국 주가 지수를 단순 비교하면 미국 증시가 평균적으로 우상향의 각도와 기간이 더 나은 것이 사실입니다. 하지만 미국 주가 지수 ETF가 아닌 종목투자를 한다면 이야기는 달라집니다. 저는 **해외 주식을 투자함에 있어서 세 가지는 반드시 이해할 필요가 있다**고 생각합니다.

첫째는 접근성입니다. 국내 주식을 투자할 때 리포트, 공시, 뉴스, 실생활에서 접근 등과 비교하여 해외 주식의 접근성을 보면 보다 떨어지는 것이 사실입니다. 따라서 해외 주식에 투자하고 싶다면 자신만의 종목 선정 루틴을 만들어 놓을 필요가 있습니다.

슈퍼개미의 왕초보 주식수업

둘째는 환율에 대한 이해입니다. 국내 주식에 원화로 투자한다면, 미국 주식에는 달러로 투자를 하기 때문에 환율의 등락에 따라 환차익이나 환차손이 발생하게 됩니다. 시기에 따라 주가의 변동에 따른 손익보다 환율의 변동에 따른 손익이 더 클 수 있으므로 환율에 대해서 관심을 가져야 할 것입니다.

셋째는 비용차이입니다. 해외 주식에 투자하기 전에 국내 주식 투자와는 다른 거래수수료와 세금의 차이를 미리 인식하기 바랍니다.

그렇다면 어떤 투자자가 해외 주식투자에 적합할까요? 투자금액이 커서 글로벌 투자 비중을 고려해야 하는 투자자이거나, 앞서 언급한 접근성이나 환율, 세금 등에 대한 지식이 남들보다 뛰어난 투자자가 해야 성공할 확률이 높습니다. 따라서 무조건 미국 주식에 투자해야 한다는 생각은 버리시고, 우리나라 주식투자나 미국 주식투자나 성공의 요인은 다르지 않다는 것을 알고 시작하시기 바랍니다. 투자 대상과 상관없이 모든 투자의 성공법칙은 아는 만큼 보이고, 그때 성공이 가까워지는 것이기 때문에 공부만이 살길입니다.

주식투자와 ETF투자의 가장 큰 차이점은 바로 이것

ETF Exchange Traded Fund는 펀드를 주식처럼 거래가 가능하도록 만든 상품입니다. 즉 과거부터 존재했던 간접 투자 상품인 펀드를 주식시장에서 직접 거래할 수 있게 만들었습니다. 그렇다면 ETF는 직접 투자일까요? 간접 투자일까요? 당연히 간접 투자 상품이지만, 매매의 관점에서는 직접 투자 상품이 될 수 있다고 생각합니다.

왜냐하면 ETF에 포함되어야 할 종목 선정을 내가 직접하는 것은 아니지만, 사고파는 타이밍은 직접 선택하기 때문입니다. 조금 쉽게 예를 들면 2차전지 ETF에 투자를 할 때 어느 2차전지 종목을 매수할지 직접 종목 선정을 하지 않아도 됩니다. 하지만, 매일 변동하는 주가에서 언제 사야 할지, 언제 팔아야 할지 타이밍은 직접 결정을 해야 한다는 뜻입니다.

그렇다면 ETF는 어떤 투자자에게 적합할까요? 종목 선정을 직접할 시간이 여유롭지 못한 분들 또는 지식과 경험이 낮은 초보투자자에게 적합합니다. 직접 투자와 ETF의 가장 큰 차이점은 평균값을 목표로 하는가, 평균값 이상의 초과수익을 목표로 하는가입니다. 예를

슈퍼개미의 왕초보 주식수업

들면 은행이자는 은행에 저축한 모든 사람들에게 평균값의 이자를 동일하게 지급합니다. 하지만 주식시장에서는 은행보다 높은 평균값을 주기는 하지만 모든 사람들에게 동일한 수익률을 주지는 않습니다. 어떤 투자자에게는 평균값보다 높은 수익률을 주지만, 어떤 투자자에게는 평균값보다 낮은 수익률 심지어는 마이너스 손실을 안겨주기도 합니다.

따라서 은행이자보다 조금 높은 주식시장 평균값을 추구하는 투자자는 ETF투자를 하는 것이 낫고, 주식시장의 평균수익률 이상을 추구하는 투자자는 직접 투자를 하는 것이 더 좋은 선택이 될 것입니다.

MENTOR'S TIP •••

· 나의 투자 타입에 대해서 명확하게 정리를 해본다
· ETF의 종류에 대해서 찾아본다

용어 설명

◆ 2차전지

사용하고 난 후 다시 충전해 계속 사용할 수 있는 재충전식 전지를 말한다. 리튬이온전지, 리튬폴리머전지, 납축전지, 알칼리축전지, 니켈-수소전지 등이 2차전지에 속한다. 전류의 흐름에 의해 물질이 산화 및 환원되고 물질의 산화 및 환원에 의해 전기가 생성되는 과정이 반복적으로 이뤄질 수 있게 재료를 조합시킨다. 휴대폰, 노트북컴퓨터, PDA 뿐 아니라 전기자동차에도 사용된다.

5장

성공 투자의
절대법칙을
기억하라

☑ **MAIN POINT**

성공 투자를 위해서 꼭 지켜야 할 네 가지 절대법칙인 분산 투자, 톱다운,
종목 선정, 공부의 중요성에 대해서 그 논리를 정확히 이해한다.

집중 투자보다
분산 투자를 해야 하는 이유

분산 투자와 집중 투자를 나누는 기준은 무엇일까요? 당연히 투자하는 종목의 숫자일 것입니다. 몇 종목부터 분산 투자인지 명확하게 말할 수는 없습니다. 그 이유는 투자자의 관리능력과 금액에 따라 최적의 종목 숫자가 달라지기 때문입니다. 그럼에도 불구하고 한 종목은 정말 위험한 몰빵 투자이고, 적어도 세 종목 이상이 되어야 포트폴리오 분산효과를 누릴 수 있다고 생각합니다. 주변을 보면 "난 언제나 한 종목 몰빵이야!"를 외치는 투자자를 흔히 볼 수 있습니다. "몰빵은 위험하지 않아?"라고 물으면 대답은 한결같습니다. "이 종목은 확실해!"

우리는 재테크 세계에서 확실한 것은 없다는 것을 너무나 잘 알고 있습니다. 이론적으로 무위험 자산에는 매우 낮은 무위험 수익률이 존재하고, 주식이라는 위험 자산에는 무위험 수익률에 위험 프리미엄이 더해져 기대 수익률이 높을 수밖에 없습니다. 프리미엄은 거저 얹어지는 것이 아닙니다. 이 세상에 확실한 위험 자산은 없다는 뜻입니다. 확실하지 않은 한 종목에 전 재산을 거는 것은 바보 같은 짓입니다. 물론 예외는 존재합니다. 주식투자 금액이 0원이 되어도 괜찮을 정도의 적은 금액인 경우입니다.

저는 군대에서 약 10만 원 돈을 가지고 처음 주식 계좌를 만들었습니다. 군 제대 후에도 큰 시드머니 없이 월급에서 일정액을 적금을 붓듯이 주식 계좌에 넣어서 주식투자를 했습니다. 적은 돈으로 빨리 큰돈을 벌고 싶어서 미수와 신용으로 큰 레버리지를 쓰면서 한 종목 몰빵투자를 해나갔는데 운이 좋아 단기간에 큰돈을 만들 수 있었습니다.

하지만 큰돈이 만들어졌다고 생각한 순간, 잘못된 종목 선정으로 매수액의 40퍼센트 정도 손실을 입었습니다. 그 당시 저는 더 이상 없어져도 되는 적은 돈이 아니기 때문에 무일푼에서 만들어낸 이 자산을 잘 지켜야 된다는 생각을 했고, 분산 투자의 원칙을 지켜야겠다는 결심을 했습니다. 이후 지금까지 20년 동안 이 원칙을 어긴 적은 단한 번도 없습니다. 다 잃어도 되는 소액이라면 상관없지만 지켜야 될 중요한 돈이라면 분산 투자의 원칙을 반드시 기억하시길 바랍니다.

톱다운으로
주식시장을 분석하자

톱다운top-down 분석과 보텀업bottom-up 분석 중에 톱다운 분석을 절대 원칙이라고 하기에는 무리가 있어 보일지도 모르겠습니다. 하지만 저의 20년 투자 경험으로는 보텀업보다 톱다운이 절대적으로 유리한 전략이라는 생각에 지켜야 할 두 번째 성공 투자 절대법칙으로 꼽았습니다. 전통적인 가치투자자들은 시장의 움직임을 예측할 수 없고, 예측할 필요도 없다고 합니다.

그런데 제가 겪은 주식시장은 그렇지 않았습니다. IMF경제위기, 밀레니엄파동, 글로벌 금융위기, 코로나위기 등 큰 하락장을 떠올려보면 분명히 전조 현상이 있어서 빠져나갈 시간, 즉 골든타임은 존재했으며, 빠져나가지 못해 폭락을 맞았다면 아무리 좋은 우량주를 가지고 있었어도 큰 손실을 면하지 못했다는 겁니다.

'매에 장사 없다'는 말처럼 폭락장을 이기는 투자자는 없습니다. 손실을 최소화시키려는 노력을 할 뿐이지요. 경제학에서 경기 변동론과 경제 성장론을 공부하면 경제는 이렇게 변동하고 이런 이유로 성장한다는 것을 알 수 있습니다. 주식시장은 경기의 선행 지표이므로 경기 변동과 경제 성장을 읽어내는 매의 눈을 가진다면 주식시장에서의 예측력을 높일 수 있습니다. 경기변동을 확실히 읽어내서 상승장에만 투자하면 가장 좋겠지만, 그것이 신의 영역이고 불가능에 가깝다면 적어도 상승장에서 투자 비중을 높이고, 하락장에서 투자 비중을 줄이려는 노력은 해야 합니다.

시장 분석과 함께 톱다운에서 중요한 것은 종목 분석 이전에 산업 분석을 하는 것입니다. 2,000개가 넘는 종목 중에서 선정하는 것과 산업 분석 후 그 안에 속한 종목을 분석하는 것은 주도산업에서 종목 선정이 가능하고, 포트폴리오 분산효과를 누릴 수 있다는 점에서 매우 중요합니다. 산업 분석 없이 종목 선정을 하면 동일한 산업에서 중복으로 매매하거나 또는 사양 산업 종목에 투자하는 과오를 범하기 때문입니다. 그래서 분산 투자를 절대법칙으로 지키고 있는 투자자들은 톱다운 분석이 분산효과에 훨씬 유리하다는 것을 알게 됩니다.

타이밍보다 종목 선정이
훨씬 중요하다

　종목 선정이 중요하다는 투자자도 있고, 매수·매도 타이밍이 중요하다는 투자자도 있습니다. 저는 주식투자에 있어서 종목 선정 80퍼센트, 매수 타이밍 5퍼센트, 매도 타이밍 15퍼센트 비율로 중요도에 차이가 있다고 생각합니다. 주식투자에서 성공하는 방법은 종목을 선정해서 매수하고, 매수 가격보다 더 비싸게 파는 것이 유일한 방법입니다. 즉 가장 먼저 해야 하는 것이 종목 선정입니다. 종목 선정을 한다는 것은 매수 후 주가 상승을 기대한다는 것입니다. 종목 선정이 잘되었다면 주가 상승을 믿고 기대하면 됩니다. 특히 매수 타이밍이 어렵다고 하는 것은 정말 이해하기 힘든 일입니다. 종목 선정은 현재 주가를 기준으로 고려하기 때문입니다. 현재 주가의 수준과 위치가 매력이 있기 때문에 종목 선정을 했다면 선정하자마자 타이밍 고민 없이 매수하면 됩니다. 매수 타이밍을 고민한다면 자신이 직접 종목 선정을 하지 않았을 확률이 높습니다. 누군가가 건넨 정보로 종목 선정을 했기 때문에 매수 타이밍 잡기가 어려운 것입니다.

　매수 타이밍에 비해서 매도 타이밍은 조금 더 어렵고 조금 더 중요합니다. 그 이유는 매수 전에는 현금을 보유하고 있으므로 흔들림 없이 마음이 편한 상태에서 매수 타이밍을 잡지만, 매수 후에는 종목을 보유하고 있으므로 주가의 변동에 따라 마음이 불안한 상태가 되기 때문에 원칙을 어기고 뇌동 매매를 하게 되는 경우가 많습니다. 따라서 2,000종목 중에 1종목을 선택하는 것이 1종목을 언제 팔지 타이밍을 결정하는 것보다 훨씬 중요합니다. 많은 투자자들이 타이밍이 더 중요하다고 착각하는 이유는 종목 선정을 너무 쉽게 해왔기 때문이겠지요. 정말 최선을 다해서 종목 선정을 한다면 그때부터는 타이밍이 너무 쉽게 느껴질 수 있습니다.

그럼에도 불구하고 **타이밍이 어려운 분들에게 매도 타이밍 잡는 법을 알려드립니다.** 첫째, **분할 매도입니다.** 분산 투자로 분산 효과를 누릴 수 있는 것과 마찬가지로 분할 매도로 시점의 분산 효과를 누릴 수 있습니다. 둘째, **매수 이유가 없을 때 매도하시기 바랍니다.** 매수 종목 선정을 직접 했다면 그 이유를 정확히 알아야 합니다. 매수할 이유가 사라져버렸다면 보유할 이유도 없다는 것입니다. 보유할 이유가 없어진 종목은 가차 없이 매도하면 됩니다. 셋째, **이론적으로는 알겠지만 실행이 어려운 분들은 '%접근법'을 이용하시기 바랍니다.** 즉, 매수를 할 때 매수가價에 일정 퍼센트를 곱해서 이익 실현 매도 가격과 손절 매도 가격을 미리 정해놓고 그 가격에 왔을 때 기계적으로 매도하면 됩니다. 여기서 주의할 점은 항상 이익률을 손해율보다 높게 정해놓아야 한다는 것입니다. 꼭 기억하세요. '이익은 길게, 손실은 짧게'.

주식투자 공부하면 성공 투자 가능하다

성공 투자의 절대법칙에서 누구도 부인할 수 없는 제일 중요한 법칙은 주식투자 공부를 열심히 하면 성공 투자가 가능하다는 것입니다. 우리는 모든 분야에서 재능을 갖고 노력을 하는 사람이 1등을 하는 것을 보았습니다. 등수가 명확하게 드러나는 스포츠 분야가 특히 그렇습니다. 올림픽에서 1등을 한다는 것은 세계에서 그 종목을 가장 잘한다는 것이고 금메달을 목에 건 선수는 노력하는 천재일 것입니다. 타고난 재능에 노력까지 하니 세계 최고가 된 것이지요.

그렇다면 주식투자의 경우에도 마찬가지로 노력이 중요하지만 타고난 재능도 중요할까요? 네, 그렇습니다. 주식투자로 세계 1등 부자가 되겠다는 꿈을 실현하려면 말이지요. 하지만 우리의 꿈은 세계 1등 부자가 아닙니다. 평범한 주식투자자의 꿈인 10억 부자, 100억 부자는 타고난 재능이 없더라도 노력으로 충분히 도달 가능한 액수라고 생각합니다. 재능 없이 1등은 힘들지만, 노력하면 상위권은 가능하다는 것을 반드시 명심하세요. 주식투자에서 실패했다면 운이 나빠서도, 재능이 없어서도 아닌 노력을 안 해서입니다. 주식투자에서 성공했다면 운이 좋았을 수도, 재능이 있었을 수도 있지만 노력은 반드시 했을 것입니다.

그렇다면 어떤 노력을 해야 할까요? 주식투자에 대한 지식과 경험을 쌓으려고 노력하면 됩니다. 지식은 책과 증권사리포트를 읽으면서 쌓아 나가시면 됩니다. 경험은 어떻게 쌓을까요? 시간이 지나지 않고서는 경험할 수 없는 부분이 많습니다. 물론 모든 투자자들에게 흘러가는 시간이 경험으로 적립되지는 않습니다. 한손에는 HTS, 한손에는 DART를 가지고 시장을 분석하고 예측하고 대응하는 투자자들에게 시간이 돈으로 바뀌어 돌아올 것입니다.

MENTOR'S TIP ● ● ●

· 4가지 절대법칙 중 그동안 지키지 않았던 법칙이 있다면 왜 못 지켰는지 적어보기
· 4가지 절대법칙 외에 앞으로 지키고 싶은 나만의 절대법칙 만들기

용어 설명

◆ 포트폴리오

원래는 서류가방 또는 자료 수집철이란 뜻이나 투자론에서는 하나의 자산에 투자하지 않고 주식, 채권, 부동산 등 둘 이상의 자산에 분산 투자할 경우 그 투자 대상을 총칭하는 것으로 경제주체가 보유하고 있는 금융자산 등 각종 자산들의 구성을 의미한다. 1952년 마코위츠(H. M. Markowitz)가 '포트폴리오의 선택'이라는 논문을 발표한 이후 이에 입각한 투자분석이 본격화되었다. 예컨대 금융시장에서 경제주체는 포트폴리오 이론에 따라 자신의 효용극대화를 위해 위험 및 수익에 저마다 다른 수많은 자산들의 보유 비중을 결정하는 투자형태를 의미한다고 볼 수 있다.

◆ 레버리지

안전성을 추구하는 저축과 달리, 투자에서는 종종 레버리지(leverage) 효과가 발생하게 된다. 영어로 'leverage'란 지렛대를 의미한다. 누구나 아는 바와 같이 지렛대를 이용하면 실제 힘보다 몇 배 무거운 물건을 움직일 수 있다. 금융에서는 실제 가격변동률보다 몇 배 많은 투자수익률이 발생하는 현상을 지렛대에 비유하여 레버리지로 표현한다.

성공 투자를 위한
똑똑한 공부법

☑ **MAIN POINT**

성공 투자를 위해서 공부를 해야 한다는 필요성을 절감하고 어떤 공부를
해야 하는지 정확히 파악한다. 매일매일 실천한다.

주식 관련
스테디셀러는 꼭 보자

성공적인 투자를 위해 공부가 중요하다고 강조하면 다음에 따라오는 질문이 있습니다. '무슨 공부를 해야 하는지 모르겠어요!' 정말 되묻고 싶습니다. 무엇을 공부해야 하는지 모르는 것인지, 아니면 공부를 하기 싫은 것은 아닌지 말입니다. 우리가 모든 공부를 할 때 가장 기본이 되는 도구는 무엇일까요? 예외가 있긴 해도 대부분 '책'입니다. 여러분들이 지금 이 책을 읽는 것도 주식 공부를 하고 있는 것이지요. 맞습니다. 수학과 영어를 수학책, 영어책으로 공부하듯이 주식은 주식 책으로 공부하면 됩니다. 그럼 다음 질문이 따라옵니다. '어떤 책을 읽으면 되나요?' 간단합니다. 남들이 많이 보는 베스트셀러 특히 오랫동안 사랑받고 있는 스테디셀러 보면 됩니다. 온라인 서점의 스테디셀러 메뉴에서 순서대로 읽으시면 됩니다.

제가 스테디셀러를 추천하는 이유는 두 가지입니다. 첫째, 많은 사람이 본 것을 나도 알고 있어야 한다는 뜻입니다. 주식투자자가 가져야 할 가장 중요한 능력 중 하나가 공감 능력입니다. 다른 주식투자자가 어떤 생각을 하고 있는지 왜 그런 행동을 하는지를 이해한다면 시장을 읽는 눈이나 종목을 보는 눈이 더 좋아질 것입니다. 둘째, 오랜 기간에 걸쳐 사람들이 찾는다는 것은 적어도 주식투자에 기본적으로 적용되는 원칙이 많이 담겨 있는 책이라는 뜻입니다. 물론 주식시장은 살아있는 유기체의 모습을 하고 있어서 하루하루 다르게 느껴지지만, 그 흐름을 관통하는 원칙은 반드시 존재합니다. 우리는 전설의 투자자들이 쓴 스테디셀러의 행간에서 그 원칙을 발견할 수 있습니다.

책을 읽는 순서를 궁금해하시는 분들도 많은데 처음에는 쉬운 책부터 읽으시기 바랍니다. 우리가 수학을 배울 때 처음에는 숫자를 배우고, 영어를 배울 때 처음에는 알파벳을 배우듯이 주식투자를 배울 때도 기초부터 튼튼히 해야 합니다. 그런데 처음부터 너무 어려운 책을 읽다보면 진도도 나가지 않고 싫증을 느끼게 되며 주식 공부를 점점 멀리하게 됩니다. 책의 목차와 앞부분을 보면서 쉽게 읽히는 책을 고르시는 것이 좋습니다. 책을 몇 권이나 읽어야 되냐는 질문도 받을 때가 있는데 많이 읽을수록 좋습니다. 몇 권을 읽어야 할지 궁금해하지 마시고 계속 책으로 주식 공부 하는 습관을 들이시기 바랍니다.

증권사리포트는
약인가? 독인가?

책을 읽는 것은 주식에 대한 철학과 투자원칙을 정립하는 데는 큰 도움이 되지만 실전 투자와는 조금 성격이 다릅니다. 예를 들면 수영을 잘하고 싶어서 1년 내내 수영에 관한 책을 읽고 이론을 마스터했다고 해도 물에 처음 들어가자마자 수영을 잘할 수는 없는 것과 마찬가지입니다. 이론과 실전은 다르기 때문입니다. 주식 책으로 이론을 공부한다면 실전은 무엇으로 공부할 수 있을까요? 증권사리포트, 다트(전자공시시스템), 그리고 HTS를 보면서 공부하면 됩니다.

증권사리포트는 초등학생들이 매일 공부하는 학습지라고 생각하면 됩니다. 매우 유능한 분들이 산업별로 파트를 맡아서 양질의 산업분석과 종목 분석리포트를 매일 제공하는데 안 볼 이유가 없습니다. 특히 증권사리포트를 매일 보다보면 톱다운 분석에 익숙해지게 됩니다. 왜냐하면 증권사리포트에는 종목 분석리포트만 있는 것이 아니라 산업 분석 나아가 시황 분석리포트가 있기 때문입니다. 초보시절 내가 직접 할 수 없는 부분을 전문가들이 상세히 분석해 놓은 자료이므로 초보일수록 반드시 증권사리포트를 읽기 바랍니다.

슈퍼개미의 왕초보 주식수업

증권사리포트의 시황 분석과 산업 분석은 약으로만 쓰이지 독이될 것은 없는데 종목 분석은 사용하는 투자자에 따라 독으로 쓰일 수도 있습니다. 종목 분석리포트를 무조건 맹신하고 따라서 매수하지마시고 종목 분석을 어떤 방법으로 하였고, 투자 아이디어는 무엇이었는지를 공부하시기 바랍니다. 종목 분석리포트의 투자 아이디어와종목 분석 방법을 계속 따라하다 보면 나만의 투자 아이디어와 나만의 종목 분석 기법이 만들어질 것이며 스스로 선택하고 스스로 책임지는 투자자가 되어 성공 투자에 한걸음 다가갈 수 있게 될 것입니다.

검색어에
다트시스템이 있다니…

    TV조선의 '아내의 맛'이라는 프로그램에 주식투자 전문가로 출연을 한 적이 있습니다. 그 당시 주식투자를 하면서 꼭 봐야 할 것으로 전자공시시스템인 DART를 말한 적이 있는데, 방송이 나가고 나서 '다트'가 검색어 1위에 한동안 올라있었습니다. 실시간 검색어 서비스는 종료됐지만, 그 당시 제 이름보다 더 위에 있어서 많이 아쉬웠던 기억이 나네요. 물론 '다트'라는 말을 모르고 '전자공시시스템'을 알고 있는 투자자였다면 제가 축약어로 말했기 때문에 뭐라고 할 수 없지만, 만약 '전자공시시스템' 자체를 모르는 투자자가 많아서 검색어 1위를 한 것이라면 많은 투자자들은 반성을 해야 할 것입니다.

    우리가 봐야 하는 많은 공개정보들 중에 원본 데이터라고 할 수 있는 것이 바로 '공시'입니다. 공시를 보고 애널리스트가 리포트를 쓰고, 기자가 경제뉴스를 쓰며 투자자들이 종목의 분석을 합니다. 저는 10년도 훨씬 넘은 이전에 전자공시시스템에 여러 가지 중요 단어에 대한 알람기능을 두어서 누구보다 빠르게 중요공시를 보고 단기 매매에 크게 성공한 시기가 있었습니다. 요즘에는 많은 사람들이 공시를 중요하게 생각해서 전처럼 빠르게 보는 것은 불가능하지만 여전히 공시를 분석하고 주가에 미반영된 재료를 찾아서 매수 종목 선정에 이용하는 전략은 가능하다고 생각합니다. 주식투자자가 스포츠 다트보다 전자공시시스템 다트를 먼저 떠올려야 하는 이유를 반드시 기억하시기 바랍니다.

오락가락 경제뉴스에
흔들리지 말자

앞에서 MTS보다 HTS에서 더 많은 정보를 찾아서 공부할 수 있다고 했습니다. HTS에서 볼 수 있는 정보의 장점은 살아있는 유기체와 같은 주식시장의 움직임 그리고 종목들의 주가 변동을 장중에는 실시간 주가 기준으로 장마감 이후에는 마감 종가기준으로 살펴볼 수 있다는 것입니다. 기업의 사업내용에 관한 원본데이터가 '다트'라면 기업의 주가에 관한 원본데이터는 'HTS'입니다. 가치 분석과 가격 분석은 주식투자자가 평생 해야 할 숙제이므로 한손에는 다트 한손에는 HTS를 들고 수시로 들어가서 보면서 중요 정보를 체크하는 습관을 들여야 합니다.

HTS에 많은 메뉴 중에 무엇을 봐야 하는지를 궁금해하시는 초보 투자자가 많습니다. 무엇을 봐야 하는지 보다 중요한 것은 어제의 내용과 오늘의 내용이 어떤 변동을 일으키는지 입니다. 마치 다른 그림 찾기에서 두 그림의 차이점을 찾는 것처럼 다른 점을 찾아보세요. 예를 들면 시가총액 메뉴를 매일 보다보면 시가총액 상위기업 중에 어떤 기업의 순위가 올라가는지 확인할 수 있으며 업종의 상승 탄력을 확인하며 중장기적으로는 성장 산업을 추적할 수도 있습니다. 또한 상승률 상위 종목들을 매일 보다보면 테마주가 초기에 어떻게 형성되고 중기에 어떻게 확산되어 말기에 어떻게 소멸되는지를 공부할 수 있습니다. 이밖에도 매매 동향, 거래 대금, 역사적 신고가 등 많은 유용한 메뉴들이 있으며 메뉴들을 모두 눌러보시고 이해가 안가는 기능들은 이용하는 증권사의 콜센터에 연락하면 친절한 답변을 들을 수 있습니다.

MENTOR'S TIP ● ● ●

· 여태까지 읽은 주식 책을 정리해보고 앞으로 읽어야 할 책 목록을 작성해보기
· DART와 HTS를 적어도 1주일에 1회 이상 들어가서 중요 정보 확인해보기

 **용어 설명**

◆ **역사적 신고가**

주가가 과거에 없었던 높은 수준을 나타낼 때 그 가격을 신고가라고 한다. 신고가에는 여러 종류가 있을 수 있는데, 거래소가 생긴 이후의 최고가를 역사적 신고가라고 하고, 금년에 들어서의 최고가를 연초 이래의 신고가라고 하며, 작년 이후의 최고가를 작년 이래의 신고가라고 하는 등이다. 보통은 증자로 인한 권리락 후에 형성된 주가의 최고 시세를 신고가라고 한다.

7장

성장주에
투자하라

☑ **MAIN POINT**

초보투자자들이 가장 궁금해하는 여러 가지 주식의 종류에 대해서 공부하고 이해하도록 한다.

보통주와 우선주의
가장 큰 차이는 무엇일까?

　주식투자자들이 처음에 종목을 검색하면서 종목 이름에서 가장 궁금해하는 것이 있습니다. "삼성전자와 '삼성전자우' 두 종목이 별도로 거래가 되고 있는데, '우'가 붙은 것은 대체 뭐지?" 하는 궁금증입니다. '우'가 붙은 주식은 우선주입니다. 우선주와 대비되는 개념은 보통주입니다. 보통주는 주식의 기본 권리인 의결권이 있는 그야말로 보통의 통상적인 주식을 뜻합니다. 이에 비하여 우선주는 의결권이 없는 반면 이익을 우선해서 배당받거나 더 높은 이익을 배당받을 권리가 있는 주식을 말합니다.

　그렇다면 무엇에 투자하는 것이 올바른 투자전략일까요? 시가배당률만 본다면 보통주보다 싸게 거래되는 우선주를 살 필요가 있습니다. 같은 배당을 받지만 주가가 더 싸게 거래되므로 배당률이 더 높기 때문입니다. 매매 차익을 고려한다면 보통주와 우선주의 주가 차이인 괴리율을 기준으로 판단해야 합니다. 보통주와 우선주의 주가 차이가 적을수록 보통주 투자가 유리하고 주가 차이가 클수록 우선주 투자가 유리하다는 뜻입니다. 즉 내가 배당투자를 한다면 배당성향이 높은 기업의 우선주가 보통주보다 싼 기업을 찾는 것이 좋은 전략이라는 뜻입니다.

때로는 우선주가 보통주보다 훨씬 높은 주가를 형성할 때도 있습니다. 이는 대부분 투기적 수요가 붙은 경우입니다. 우선주는 보통주보다 주식수가 훨씬 적으므로 시가총액이 낮습니다. 낮은 시가총액은 세력들이 주가를 움직이기에 좋다는 뜻입니다. 가끔 시가총액이 매우 낮은 우선주가 비정상적인 주가 움직임을 보이며 급등을 하는 경우가 있는데 투자 관심 대상으로 접근하지 않길 바랍니다.

고배당주는 좋고
저배당주는 나쁘다?

앞서 잠깐 배당에 관한 이야기를 했는데, 배당성향에 따라서 고배당주와 저배당주 혹은 무배당주로 나뉠 수 있습니다. 원칙적으로 주식투자자는 주식투자를 통해서 두 가지 이익을 얻을 수 있습니다. 배당과 매매 차익입니다. 기업의 입장에서 매년 당기순이익이 발생한다면 당기순이익을 사용하는 방법은 두 가지입니다. 주주에게 배당하거나 또는 기업에 내부 유보를 시켜 재투자하는 것입니다. 배당으로 사외 유출되면 주가 상승에 영향을 미치지 않고 내부 유보하여 재투자에 성공한다면 주가는 상승할 것입니다.

따라서 고배당주가 좋고 저배당주 또는 무배당주가 나쁘다고 말할 수 없고 상황에 따라 다릅니다. 기업이 성장하고 있고 재투자 수익률이 높은 회사라면 배당을 하지 않는 것이 기업 입장이나 주주 입장에서 유리할 수도 있습니다. 워런 버핏Warren Buffett의 버크셔 해서웨이 Berkshire Hathaway Inc.가 배당을 하지 않지만 높은 재투자 수익률로 주가가 우상향하고 있는 가장 대표적인 사례입니다.

배당투자를 할 것이냐, 매매 차익투자를 할 것이냐에 따라 선택하면 되는데 배당투자에서 가장 중요하게 생각해야 할 기준은 배당의 지속성과 시가배당률입니다. 그리고 그것보다 더 중요한 것이 있습니다. 배당투자를 하기로 결심했다면 주가의 변동에 상관없이 장기 투자를 해야 배당 수익이라는 열매를 얻을 수 있다는 점을 명심하시면 좋겠습니다.

대형주 vs. 중소형주
어디에 투자할까?

왕초보 주식투자자일수록 대형주를 살지 중소형주를 살지 고민을 많이 합니다. 그 특성을 정확히 이해하고 전략을 세워야 합니다. 대형주는 중소형주에 비해서 주가 움직임이 무겁고 느립니다. 다른 표현으로는 중소형주에 비해서 매우 안정적이라 할 수 있습니다.

따라서 왕초보시기에는 대형주에 투자하는 것이 바람직합니다. 종목 선정의 선택지를 줄이고 대형주에 포커스를 맞추어 종목을 공부하고 투자하는 것이 실패의 확률을 낮추는 것이라 할 수 있습니다. 그런데 초보 시절에 주변 지인들의 권유나 족집게 도사(?)들을 보며 1,000억 원 미만의 중소형주에 투자하는 경우가 많은데 걸음마도 배우기 전에 뛰고 싶은 마음이 종목 선택에 나타나는 것입니다. 느린 대형주보다 빠른 중소형주를 선택하지만 하락의 속도 또한 그렇다는 것을 명심해야 합니다. 즉 초보일수록 대형주에 투자하고 종목 선택의 능력이 커지면 중소형주 공부를 하는 것이 순서상 맞습니다.

또한 대형주와 중소형주는 시장상황에 따라 유불리가 달라집니다. 주식시장이 상승장일 때는 지수관련 대형주가 선봉에 서서 지수를 끌어올리므로 대형주가 더 유리한 시기입니다. 반면 주식시장이 조정장일 때는 지수 상승에 제한이 있으므로 중소형주가 더 유리한 시기입니다. 톱다운으로 시장상황을 분석하면서 포트폴리오의 대형주와 중소형주 비중을 조절할 필요가 있습니다.

대형주, 중소형주와 관련하여 종목 선정의 기법을 알려드리면, 일반적으로 대형주가 먼저 움직이면 시차를 두고 중소형주가 움직이는 현상이 자주 나타납니다. 예를 들어 삼성전자가 움직이면 반도체 소부장주가 움직이고, 현대차가 움직이면 자동차부품주가 움직입니다. 이러한 주식시장의 메커니즘을 기억한다면 종목을 선정할 때 좋은 기준이 될 것입니다.

성장주를 찾아내는
여러 가지 방법들

성장주와 가치주 중에 무엇에 투자하는 것이 더 좋은지는 주식시장의 영원한 화두입니다. 이는 시장의 상황과 투자자의 기호에 따라 달라지는 것이므로 정답은 없습니다. 오랫동안 주식시장에서 살아남은 성공한 투자자들은 자신만의 노하우와 철학이 분명한데, 저는 20년 이상 주식시장에서 살아남은 투자자로서 성장주 투자를 훨씬 선호합니다. 그 이유는 성장주 투자가 주식투자의 본질에 보다 잘 어울리는 투자전략이기 때문입니다. 그래서 제가 운영하는 '슈퍼개미 이세무사TV' 유튜브 채널에서는 매달 한 번씩 '이달의 성장주 투자주 전략'이라는 영상을 올리고 있습니다.

가치주는 기업의 현재 가치보다 낮은 가격에 거래되는 주식이고 성장주는 현재의 기업 가치보다 미래의 기업 가치가 더 커지리라고 예상되는 주식을 말합니다. 투자전략상 가치주 투자를 하면 현재 가치보다 낮은 가격에 거래되는 주가가 현재 가치만큼 상승하면 매도해야 합니다. 반면 성장주 투자를 하면 현재의 기업 가치보다 미래의 기업 가치가 계속 커지므로 성장이 멈추지 않는 한 매도를 고려할 필요가 없습니다. 가치주의 목표수익률은 현재 가치보다 낮게 거래된 그 폭만큼이지만 성장주는 피터 린치 Peter Lynch 가 말한 텐배거 Ten Bagger 종목(10배 수익률)이 될 수도 있습니다. 좋은 종목에 투자해서 장기간 보유하는 주식투자의 본질에 성장주 투자가 더 적합하다고 생각하는 이유입니다.

따라서 최적의 포트폴리오를 구축하는 관점으로 접근한다면 미래 성장 산업을 열심히 찾아내고, 그 성장 산업의 톱픽 종목을 골라내는 것이 좋습니다. 성장 산업의 톱픽 종목 중에는 예상과 달리 성장이 일찍 멈추어 작은 이익 또는 손실로 전환할 확률도 있지만 포트폴리오 전체 종목 중에서는 가치주 투자나 배당주 투자보다 훨씬 큰 이익을 내게 해주는 효자 종목으로 포함될 확률이 매우 높습니다. 주식은 현재보다 미래의 꿈을 먹고 크는 나무와 같습니다. 현재 가치보다 미래 가치를 더 중요하게 보는 성장주 투자에 대한 철학을 가져보시길 권해드립니다.

MENTOR'S TIP • • •

· 시가총액 상위 종목들의 우선주가 있는지 조사해보고 괴리율 계산하기
· 보통주와 우선주의 시가배당률 계산하기
· 최근 시장에서 통상적으로 구분되는 성장주와 가치주 구별해보기

용어 설명

◆ 괴리율

① 보통주와 우선주 간의 차이, ② 전환사채의 시장가격과 패리티간의
차이를 나타내는 것으로 전환사채의 고·저평가 여부를 알려주는 지표
이다. 이 때 패리티란 전환사채를 주식으로 전환할 때 전환가격에 대한
주가의 비율을 말한다. 괴리율이 (+)로 나타나면 전환사채의 시장가격이
높게 형성되어 있어 이 가격으로 전환사채를 매입하여 즉시 주식으로 전
환하여 매각하면 매매차손이 발생하며, 반대로 (–)로 나타나면 전환사채
의 시장가격이 낮게 형성되어 있는 것으로 재정이익을 획득할 수 있다.

8장

이 시대의 진정한
성장 산업은
무엇인가?

☑ **MAIN POINT**

현재 시장에서 성장 산업에 포함되는 4가지 산업들의 성장 근거를 공부하고
포트폴리오 구축에 적용해본다.

우리나라 제1의 산업은
반도체이다

주식투자자뿐 아니라 우리나라 국민이라면 삼성전자가 우리나라 최고의 기업이라는 것에 동의할 것입니다. 삼성전자는 2021년에 처음으로 500조 원을 돌파하며 압도적인 시가총액 1위를 오랜 기간 유지하고 있습니다. 삼성전자와 함께 우리나라 반도체 산업을 이끌어가는 SK하이닉스는 시가총액 2위 기업으로 100조 원을 돌파했습니다. 우리나라 산업에서 수출 비중 1위를 차지하는 것 역시 반도체 산업입니다. 그래서 우리나라 증시는 세계의 반도체 업황에 따라 연동하여 움직일 확률이 높은데, 최근 반도체 업황이 4차산업혁명과 연동되어 살아나고 있습니다.

4차산업혁명 시대를 맞아 인공지능, 자율주행 차, 빅데이터 등의 산업이 발전하면서 비메모리 반도체의 중요성이 커지고 있습니다. 반도체는 크게 메모리와 비메모리 분야로 나뉩니다. 우리나라 반도체 산업은 그동안 메모리 시장의 점유율이 높았었는데, 이제 비메모리 반도체 시장에 진입하고 있고 그 성과가 나오고 있습니다. 기업들의 이러한 발 빠른 대처에 정부도 적극적으로 미래 먹거리로 '비메모리 반도체' 산업을 선정하여 지원하고 있습니다. '미래 산업의 쌀'이라고 할 수 있는 비메모리 반도체의 성장과 우리 기업들의 성공적인 진입 타이밍이 맞물린 것은 참으로 다행스러운 일이라고 생각합니다. 주식투자 최적 포트폴리오에도 반도체 관련주를 반드시 포함시켜야 하는 이유입니다.

우리 반도체 산업을 성장시킨 또 하나의 사건은 일본이 한국에 한 수출 규제(경제보복)입니다. 일본의 치졸한 압박은 정반대의 효과로 나타났는데, 반도체 산업의 소재, 부품, 장비 기업들 중에서 강소기업을 탄생시킨 것입니다. 주식시장에서는 이제 '소재' 기업, '부품' 기업, '장'비 기업을 통칭하여 반도체 소부장이라고 부르고 있습니다. 이러한 이유로 반도체 중소형주 종목을 분석할 때는 '국내 유일', '부품 국산화' 이런 키워드가 있는 종목을 집중 연구해야 합니다. 비메모리 시장의 성장과 우리나라 반도체 기업들의 진입 성공, 그리고 반도체 소부장 강소기업의 탄생은 여러분의 최적 포트폴리오에 반도체 관련주를 반드시 포함시켜야 하는 이유입니다.

향후 최대
주력 산업은 자동차

최근 수년간 글로벌 주식시장에서 가장 '핫'했던 기업은 '테슬라'이며 가장 핫했던 인물은 '일론 머스크_{Elon R. Musk}'입니다. 그 이유는 무엇일까요? 단순히 성능 좋은 자동차를 만들고 자동차 산업을 발전시켰고, 자신의 기업을 성장시켰기 때문일까요? 일론 머스크가 테슬라를 통해서 우리에게 미래를 보여주었기 때문이라고 생각합니다. 테슬라가 보여준 미래형 자동차는 연료와 주행으로 나눌 수 있습니다.

먼저 연료의 미래화로 테슬라를 선두로 한 많은 완성차 기업들이 앞다투어 전기차 시장에 진입하고 있습니다. 가장 큰 이유는 세계 각국 정부의 탄소 제로 정책 때문이며 지금은 선택사항인 가솔린차에서 친환경차로의 전환이 의무가 되는 시기가 다가오기 때문입니다. 테슬라를 잡기 위해서 폭스바겐, GM, 포드 등 글로벌 완성차 업체들이 전기차 신차를 발표하고 있으며 우리나라의 현대기아차도 이에 뒤지지 않는 노력을 하고 있습니다. 특히 전기차의 가장 큰 약점이 배터리 비용과 충전 시스템이었는데 시간이 지날수록 2차전지 비용을 절감하고 충전 시스템이 전국적으로 구축되면서 전기차를 이용할 때의 불편함이 완화되고 있습니다.

연료의 미래화가 이미 진행된 지 오래라면, 주행의 미래화인 자율주행은 이제 시작인 만큼 주식투자자라면 반드시 관심을 가져야 합니다. 전기차 분야는 기존 완성차 업체들이 성장시키고 있다면 자율주행 분야는 우리가 잘 알고 있는 빅테크 기업들이 너도, 나도 참여하고 있습니다. 구글, 인텔, 아마존, 애플까지 모두 자율주행차 시장에 뛰어든 것은 자율주행이 막연한 것이 아니라 시간문제이고 반드시 맞이할 미래 세계임을 보여줍니다.

또한 자율주행의 수요는 대체가 아니라 신규 수요 창출이 가능한 것으로, 20년 전 진화기와 유선통신을 사용했던 과거와 스마트폰과 무선통신을 사용하고 있는 현재를 비교하면 됩니다. 스마트폰과 무선통신이 1990~2000년 밀레니엄 시대를 기점으로 폭발적인 성장을 보여줬듯이 향후 다가오는 미래에서 자율주행차와 AI기술이 폭발적으로 성장하리라는 것은 자명한 일입니다. 주식투자자의 한사람으로서 우리나라에서 자율주행의 미래를 선도할 빅테크 기업이 탄생하길 간절히 바랍니다.

제약바이오도
주목하자!

　우리나라에서 최근 10년간 가장 비약적인 발전을 한 산업은 무엇일까요? 제약바이오 산업입니다. 불과 5년 전만 해도 시가총액 10위 안에 한 종목도 없었는데 이제는 제약바이오 기업 중에 삼성바이오로직스와 셀트리온 두 종목이나 포함되어 있으며, 코스닥 시가총액 1, 2위는 셀트리온헬스케어와 셀트리온제약입니다.

　제약바이오 산업의 성장은 우리 기업의 측면에서만 볼 것이 아니라 세계적인 흐름으로 봐야 합니다. 세계적으로 노령화가 진행되고 있고, 생명 연장의 꿈이 커지고 있습니다. 특히 4차산업혁명에 따른 첨단기술이 복합된 의료기술의 발전으로 그동안 정복 불가능했던 병들에 대한 신약 개발이 계속 되고 있는 것입니다. 신약 개발의 가치는 재무제표로만 접근하면 고평가 논란에 휩싸일 수밖에 없지만, 생명 연장과 삶의 질 향상이라는 관점에서 접근한다면 새로운 평가방법이 필요하다고 할 수 있습니다. 특히 2020년 초에 시작된 코로나시대는 우리나라 제약바이오 산업 발전의 계기가 되었다는 점에서 제약바이오주에 관심을 가질 필요가 있습니다.

제약바이오주는 다른 업종과 달리 재무제표상의 이익성이 확보되지 않은 종목이 많아서 장기 투자에 주의가 필요합니다. 일단 이익이 없다보니 가치분석으로는 투자할 기업을 찾기 마땅치 않습니다. 또한 전문분야이다 보니 의학적 지식이 없다면 그 기업의 미래가치를 평가하기에도 막막합니다. 그래서 **제약바이오 투자에 가장 중요한 전략은 포트폴리오 분산효과를 노리는 겁니다.** 증권사리포트나 기업공시 내용을 잘 참고하여 신약 개발 가능성이 있는 기업이라고 판단하더라도 투자 비중을 적절히 조절하여 갑작스런 신약 개발 실패와 같은 위험에 대비해야 합니다.

한류열풍 관련
5대 K관련주는 무엇?

〈대장금〉〈겨울연가〉 등 오래전부터 불어왔던 '한류열풍'이 식지 않고 있습니다. 아니 오히려 더 강해지고 있는 느낌입니다. 최근 한국문화의 위상을 드높였던 것은 방탄소년단 BTS의 세계적인 인기와 〈기생충〉의 아카데미 작품상 수상입니다. 이를 계기로 아시아권에만 머물렀던 한류가 아시아를 넘어 세계로 확산되고 있습니다. 한류 열풍과 K-관련주의 선봉은 당연히 K-엔터입니다. 특히 최근에는 넷플릭스를 비롯한 OTT Over The Top 업체에 작품계약을 하는 엔터사들이 늘어나면서 더욱 주가에 긍정적인 요인으로 작용하고 있습니다.

몇 년 전부터 삼양식품의 '불닭볶음면'이 해외에서 성공하면서 중국에서 이미 성공한 오리온 초코파이에 이어서 음식료 한류 열풍의 주역이 된 바 있습니다. 또한 위에 언급한 〈기생충〉에 나오는 '짜파구리' 덕분에 세계인들이 '짜파게티'에 관심을 보여 농심의 매출이 급증했습니다. 한국의 엔터 산업이 세계로 뻗어나갈수록 배우나 가수들이 소비하는 소비재의 히트상품 가능성이 높아지므로 K-푸드, K-패션에 관심을 가질 필요가 있습니다.

나머지 K-관련주는 K-뷰티와 K-게임입니다. 뷰티 산업과 게임 산업은 이미 2015년에 한차례 큰 성장을 거둔바 있으며 그 당시 화장품 관련주와 게임 관련주의 주가는 급등했습니다. 그 이유 역시 세계화였습니다. 특히 중국에서 온 '유커'들이 면세점과 명동거리에서 박스 단위로 화장품을 사가면서 화장품 산업이 급성장을 이루었었는데, 이후 한한령 限韓令과 코로나19로 인하여 매출이 급감했습니다. 한한령이 해제되고 코로나19가 종식되면 다시 부각할 수 있다는 점을 기억하시기 바랍니다.

MENTOR'S TIP ● ● ●

· 또 다른 성장 산업이 있는지 알아보고 성장 근거를 적어보자
· 나의 포트폴리오에서 성장 산업의 비중을 계산해보자

 **용어 설명**

◆ **비메모리 반도체**
정보를 저장하는 용도로 사용되는 메모리 반도체(D램, 낸드플래스 등)와 달리 정보를 처리하기 위해 제작된 반도체. "시스템 반도체"라고 불리기도 한다.
주로 연산, 추론 등 정보 처리 목적으로 쓰인다. 컴퓨터의 두뇌로 불리는 중앙처리장치(CPU), 스마트폰에서 CPU 역할을 하는 애플리케이션프로세서(AP), 자동차에 들어가 다양한 기능을 조정하는 차량용 반도체, 전력용 반도체, 이미지센서, AI 반도체 등이 대표적이다.

2부

정보 분석
어떻게
해야 할까?

"정보는 힘이다!"

이제는 정보화 시대라는 말이 구태의연하게 느껴질 정도로 빛보다 빠르게 쏟아지는 정보가 홍수처럼 넘쳐납니다. 길거리를 다니는 사람들은 손에 든 스마트폰을 들여다보고 있습니다. 집에 있어도 TV보다는 컴퓨터 앞에서 모니터에 집중합니다. 모두 무엇인가 알고 싶고, 무엇인가 알아야 하기 때문에 스마트폰과 컴퓨터에 집중하고 있겠지요. 그렇게 얻은 수많은 정보들 중에서 좋은 정보, 나쁜 정보, 거짓 정보가 무엇인지 구분하기가 쉽지 않습니다. 일상생활에서 많은 양의 정보를 빠르게 습득하고 살아가듯, 주식시장도 다르지 않습니다. 아니, 주식시장은 더하죠. 그곳은 정보의 전쟁터입니다.

주식시장 참여자들은 정보 하나에 울고, 웃습니다. 기가 막힌 타이밍에 나온 호재로 주가가 폭등하기도 하고 어이없는 순간에 나온 악재로 하한가로 추락하기도 합니다. 남들보다 조금 더 빠르게 정보를 얻기 위해 '찌라시'를 구독하기도 하고, 거짓 정보에 시달리기 싫어서 정보와 담 쌓고 살기도 합니다. 또는 정보전에 뛰어들어 전장을 넘나들며 호재와 악재를 구별하는 재료 소믈리에 자격증을 취득해서 성공하는 투자자도 있습니다. 당신은 어느 쪽에 해당되나요?

맛있는 음식을 만들기 위해서는 신선한 재료를 사용해야 하듯, 주가의 상승에 재료는 매우 큰 영향을 미칩니다. 특히 단기적인 상승에는 그러합니다. 하루에 쏟아지는 수천 가지 정보 중에 어떤 정보가 유의미하고 주가를 끌어올리는 호재가 되는지 정확하고 빠르게 판별하기 위한 방법을 2부에서 소개합니다. 대중에게 공개되는 가장 중요한 정보인 증권사리포트, 뉴스, 공시뿐만 아니라 HTS 정보와 생활 속 정보를 어떻게 이용할지에 대해 알아봅니다. 또한 반영정보와 미반영정보라는 개념을 도입하여 무엇이 중요한 정보인지 생각해봅니다.

보통 주식투자의 기법을 기본적 분석과 기술적 분석으로 나누는데, 전자를 주로 이용하면 가치투자자, 후자를 주로 이용하면 차트 매매자라고 부릅니다. 하지만 최근에는 이런 분석만큼이나 매우 중요한 것으로 정보 분석을 꼽는 성공한 투자자들이 많습니다. 그 중요성이 매우 부각된 만큼, 이 책에서도 정보 분석을 본격적으로 다루는 것이 적절하다고 판단했습니다. 하루하루 바뀌는 주가의 단기 변동 이유를 생각하며, 이를 토대로 성공 투자에 다가가기를 바랍니다.

효과적으로
정보를 분석하는
방법

☑ MAIN POINT

정보 분석이 중요한 이유를 이해하고, 공개된 정보이지만 아직 주가에 반영되지 않은 미반영정보를 찾는다.

효율적 시장 가설과 랜덤워크 이론

　오늘날 우리는 수많은 정보의 홍수 속에서 살아가고 있습니다. 산업 분야에서도 정보는 매우 중요하여 산업스파이 문제가 계속 대두되고 있습니다. 주식시장에서는 찌라시라는 이름의 수많은 정보들이 초보 투자자들의 주머니를 털어 가는 세력의 도구로 이용되고 있습니다. 과연 정보는 투자자에게 약일까요, 독일까요? 널리 알려진 두 이론을 통해 정보에 대해 어떤 자세를 가져야 할지 생각해봅시다.

　첫째, 효율적 시장 가설입니다. 이는 주식시장의 가격은 이용 가능한 정보를 충분히 즉각 반영하고 있다는 것인데요. 즉, **어떤 투자자라도 정보를 기초로 한 거래에서는 초과 수익을 얻을 수 없다는 말입니다.** 효율적 시장 가설은 정보의 범위에 따라 세 가지로 시장을 구분합니다.

　약형 시장: 가격이나 수익 등 역사적 정보에 기초한 거래에 의해 초과 수익을 얻을 수 없음.

　준강형 시장: 공식적으로 이용 가능한 정보에 기초한 거래에 의해 초과 수익을 얻을 수 없음.

강형 시장: 모든 이용 가능한 정보에 기초한 거래에 의해 초과 수익을 얻을 수 없음.

과거의 정보인지, 혹은 현재의 정보인지, 또는 공식적인지, 비공식적인 내부 정보인지에 따라 시장의 형태가 달라진다는 사실에 주목할 필요가 있습니다. 시장이 발전할수록 과거 정보뿐만 아니라 현재의 정보도, 공개정보뿐 아니라 비공개정보까지도 가격에 즉각 반영된다는 것이죠.(약형 시장 → 준강형 시장 → 강형 시장)

둘째, 랜덤워크 random walk 이론입니다. 주가는 술 취한 사람의 걸음걸이처럼 제멋대로 움직이므로 아무도 예측할 수 없다는 뜻입니다. 누구도 불규칙적으로 움직이는 주가를 예측할 수 없으므로 주식투자로는 수익을 얻을 수 없다고 강조했다는 점에서 효율적 시장 가설과 상통합니다. 실제로 미국에서 펀드매니저와 원숭이의 투자 대결 실험이 있었습니다. 펀드매니저는 여러 정보를 검토한 후 상승하리라고 판단한 종목을 선택했고, 원숭이는 종목이 그려진 다트판에 다트를 던져서 투자할 종목을 선택했습니다. 결론적으로, 원숭이가 이겼습니다.

이 두 이론이 검증된 사실이라면 주식투자를 할 이유가 없겠지요. 모든 정보가 가격에 반영되어 있고 주가는 만취한 사람의 걸음걸이처럼 오르락내리락하는 것이라면 말입니다. 하지만 주식시장은 책 속의 이론처럼 움직이지 않습니다. 이는 주식을 책으로만 배운 사람들이 성공할 수 없는 이유이기도 합니다.

슈퍼개미의 왕초보 주식수업

그렇다면 위 가설에서 무엇을 깨달을 수 있을까요? 굳이 워런 버핏을 떠올리지 않더라도 성공한 투자자들은 많습니다. 그들은 효율적 시장 가설과 랜덤워크 이론이 현실적이지 않으며, 주식시장의 가격이 정보를 충분하고 즉각적으로 반영하지 못한다고 믿은 것은 아닐까요? 따라서 정보에 의해 수익을 낼 수 있기 때문에 정보란 무엇인지 공부해야 하는 것입니다.

주식시장에서의 정보는 불평등을 야기합니다. 개인 투자자는 기관이나 외국인보다 고급 정보에 접근하기가 어렵습니다. 그렇기 때문에 정보 분석을 소홀히 해서는 안 되는 것입니다. 근거 없는 찌라시 정보에 따라 투자하는 어리석음을 반복해서는 안 되며, 정보의 불평능을 인정하고 스스로 정보를 수집하고 분석하는 능력을 키워나가야 합니다.

공개정보와 미공개정보가 주가에 영향력을 끼친다?

여기서 말하는 미공개정보는 크게 두 가지 의미가 있습니다. 법적 의미의 미공개정보는 자본시장법에 따른 미공개 중요 정보를 뜻하는데, 이를 가지고 주식 거래를 하면 불법행위가 됩니다. 이 책에서 언급하는 또 다른 의미의 미공개정보는 이런 정보가 아닌, 모두에게 동시에 공개되지 않은 정보입니다. 대표적인 공개정보인 공시, 언론사 뉴스, 증권사리포트 등의 정보를 제외한 온갖 채널을 통해 전해지는, 공개되지 않은 정보를 말합니다. 흔히 말하는 찌라시, 주식 카페, 주식 블로그, 종목 토론방, 주식 스터디, 지인이 전달하는 소문 등의 정보가 이에 해당합니다.

공개정보와 미공개정보가 주가에 미치는 영향력은 매우 다릅니다. 그래서 미공개정보로 끝나는 정보인지, 공개정보로 확인될 정보인지 잘 구분해야 합니다. 미공개정보가 공개정보가 되는 순간, 굉장한 속도로 주가가 오르는 경우가 있습니다. 그래서 미공개정보가 공개정보가 되는 순간을 판단하는 것이 매우 중요합니다. 주식 격언 중에 "뉴스에 팔아라"라는 격언이 있는데, 무조건 팔아야 하는 것이 아니라

슈퍼개미의 왕초보 주식수업

팔 것인지, 더 보유할지 하는 판단을 냉철하게 내려야 합니다.

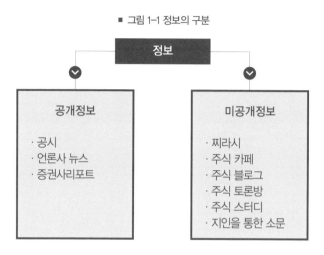

■ 그림 1-1 정보의 구분

이때의 판단 기준은 정보의 크기와 반영 정도, 반영 기간입니다. 정보 크기를 파악하기 위해서는 매일 상승률 상위 종목에 어떤 재료들이 영향을 미쳤는지 공부하는 것이 가장 좋습니다. 그러면 어떤 정보가 어느 정도의 주가 영향력이 있는지 나만의 데이터를 구축하게 될 것입니다. 정보 크기를 파악한 후에는 공개정보가 되기 전에 주가에 이미 어느 정도 반영되었는지, 앞으로 정보가 주가에 반영될 기간이 남아 있는지 고려해야 합니다. 특히 추가적인 재료 공개가 남아 있는지는 더욱 중요한 체크포인트입니다.

미공개정보는 공개정보에 비해 하이 리스크, 하이 리턴 high risk, high return 입니다. 미공개정보는 사실이 아닐 확률이 더 높지만, 사실인 경우 공개정보가 되어 수익이 클 수도 있습니다. 모두가 다 보는 공개정보는 미공개정보에 비해 로 리스크, 로 리턴 low risk, low return 입니다. 다만 정보에 대한 투자자들의 판단은 모두 다르기 때문에 공개정보이면서 아직 주가에 반영되지 않은 정보를 찾는다면 로 리스크, 하이 리턴의 효과를 거둘 수 있을 것입니다.

정보를 입수하는 것보다
중요한 것!

앞에서도 언급했지만, 반영정보와 미반영정보의 구분은 정보가 주가에 반영되었는지 여부로 구분합니다. 반영되었는지는 주가의 상승 여부를 통해 확인할 수 있습니다. 차트를 보면서 재료의 최초 생성 시기와 현재의 주가 상승 여부를 비교하여 아직 주가가 오르지 않았다면 미반영정보이고, 주가가 오른 상태라면 반영정보일 확률이 높겠지요.

주가에 이미 반영된 재료라고 판단되면 매집 세력의 유무를 확인합니다. 매집 세력을 확인하려면 기관이나 외국인 매매 동향 메뉴에서 지속적인 순매수 여부를 확인하거나 증권사 창구 분석을 통해 개인 세력의 움직임을 파악합니다. 초기 매집의 경우에 주가가 급등락하며 거래를 터뜨리기도 하지만, 보통 매집 중에는 주가 변동이 적고 거래량이 적습니다.

정보 분석에서 중요한 점은 미공개정보이지만 반영정보일 수도 있고, 공개정보이지만 미반영정보일 수도 있다는 것입니다. 물론 일반적으로 공개된 정보는 반영정보일 확률이 높고 미공개정보는 미반영정보일 확률이 높습니다. 주식투자자들에게 공개정보와 미공개정보보다 반영정보와 미반영정보의 구분이 훨씬 중요합니다. 초보 투자자들은 공개된 정보는 다 아는 정보라 생각하고, 미공개정보는 자신만이 아는 정보라 생각하여 바로 매수해버립니다. 그러나 합리적인 주식투자자가 되려면 정보를 어디에서 입수했는가가 아니라 정보의 주가 반영 여부, 즉 반영정보와 미반영정보를 확실히 구분하는 것이 중요합니다.

따라서 주가에 미반영된 정보를 찾는 것이 정보 분석을 하는 가장 큰 목적이며, 미공개정보에 비해 상대적으로 리스크가 적은 공개된 정보 중에서 미반영된 정보를 찾는 것이 1차적인 정보 분석 공부 방법입니다. 공시, 뉴스, 리포트 등 공개된 정보를 분석하여 반영정보인지, 미반영정보인지를 판단하고 미반영정보일 경우에만 매수하면 주식투자의 성공 확률을 높일 수 있습니다.

수집한 정보를
어떻게 구분할까?

수집한 정보를 개별 종목 정보와 시장 전체 정보로 구분할 수 있어야 합니다. 시장 전체 정보의 예로 미국에서 9·11 테러가 일어났을 때 미국 증시뿐만 아니라 아시아, 유럽 등 전 세계 증시가 폭락했던 것을 들 수 있습니다. 우리나라라면, 북한이 미사일 발사 또는 핵실험을 했을 때 증시가 폭락한 경우가 이에 해당합니다. 또는 최근 대북 리스크 감소라는 재료도 역시 이에 해당할 것입니다. 이와 같이 시장 전체에 영향을 미치는 정보인지, 또는 하나의 종목 또는

■ 그림 1-2 2001년 9·11 테러 당시 종합 주가 지수

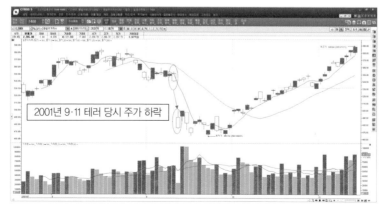

2001년 9·11 테러 당시 주가 하락

개별 산업에 국한된 정보인지 구분하는 게 중요합니다.

세계 금융시장의 연동성이 점점 커지고 있습니다. 정보화 시대가 더욱 가속화되면서 정보가 실시간으로 각국의 주가 지수에 빠르게 반영되기 때문입니다. 반면에 시장 전체의 움직임과 종목 움직임의 연동성은 점점 떨어지고 있습니다. 20년 전, 국내 증시는 하루에 상한가 100종목이 동시에 나오고 다음 날은 하한가 100종목이 나오는 등, 시장 전체의 급락과 급등에 따라서 종목의 상승과 하락이 우수수 나오는 쏠림 현상이 굉장히 심했습니다. 그런데 지금은 시장의 변동성이 크다고 해서 종목까지 전체적으로 같은 움직임을 보이지 않습니다. 이는 곧 지수의 변동성이 갈수록 낮아지고 있으며 개별 종목 재료가 더욱 중요해졌다는 의미입니다.

따라서 다른 나라, 특히 미국의 경제 지표 또는 주가 지수를 보면서 우리나라의 지수를 예측하려는 노력을 기울일 필요가 있습니다. 그리고 **종목을 선정할 때 재무제표, 재료, 차트 등 3박자가 맞는 종목들로 최적의 포트폴리오를 구성하면 시장 전체 위험에서 조금은 안전할 수 있다는 것을 기억해야 합니다.**

업종 정보의 성격은 개별 종목 정보와 시장 전체 정보의 사이라고 보면 됩니다. 과거에 비해서 업종의 중요성이 갈수록 높아지고 있습니다. 최근에는 수익률을 높이기 위해 시장 전체 정보보다 업종 정보에 대한 분석이 중요해졌습니다. 예를 들어 2017년 상반기에는 반도체업종, 하반기에는 제약바이오업종, 그리고 1년 이상 업종 내 호재를 갖고 움직이는 전기차 관련 주들의 움직임을 보면 이해가 빠를 것입니다.

이러한 업종들의 흐름을 읽어내려면 특정 기간 동안 주가 움직임의 추세를 보면서 어떤 업종이 강한지 확인해야 합니다. 매일 업종 등락 현황이나 상승률 상위 종목의 흐름을 보면서, 업종 내 종목들의 동반 상승의 힘이 강하고 주도주 성격의 종목이 추세적으로 상승한다면 해당 업종에 관심을 가질 필요가 있습니다. 이렇게 포착된 업종은 증권사리포트 등을 통해 연구, 분석한다면 수익률 향상에 상당히 도움이 될 것입니다.

마지막으로, 국내 주식시장의 시장 전체 위험 중 경험상 가장 중요한 네 가지가 있습니다. 첫 번째로 글로벌 경제 위기입니다. 과거 1997년 IMF, 2008년 미국 금융위기, 2012년 그리스 금융위기 등 다른 나라의 경제 위기에 의해 우리나라도 영향을 받아 주가가 하락하는 시장 전체 위험을 말합니다. 두 번째는 미국의 금리 인상이 글로벌 경기 위축

■ 그림 1-3 2008년 미국발 글로벌 금융위기 당시 종합 주가 지수

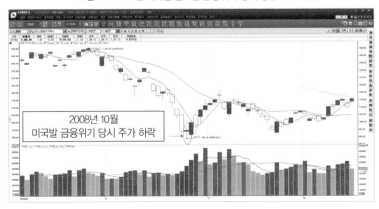

과 우리나라 금리 인상으로 이어지는 위험입니다. 세 번째는 지정학적 리스크로, 우리나라의 경우 남북이 대치하는 상황으로 인한 리스크가 대표적인 예입니다. 과거 북한의 핵실험, 미사일 발사, 개성공단 폐쇄 등 남북 관계가 경색될 때 주가가 크게 영향을 받았던 것을 보면 알 수 있습니다. 물론 앞으로 북미 정상회담을 통한 북한의 핵 폐기와 종전선언 등 단계적인 비핵화가 계획대로 이루어진다면 지정학적 리스크가 크게 줄어들지 않을까 기대해봅니다. 네 번째는 천재지변에 의한 악재입니다. 2020년 2월과 3월, 코로나19가 발생하면서 글로벌 증시가 동반 하락하였고, 우리 증시도 큰 폭으로 하락했습니다. 물론 그 이후 세계 각국의 재정정책과 제로금리정책으로 유동성 장세가 시작되면서 강한 반등을 했지만, 새로운 바이러스 등 앞으로 또 다른 천재지변에 의한 시장리스크는 언제든지 발생할 수 있으니 주의해야 합니다.

MENTOR'S TIP ● ● ●

· 시작은 주식시장에서 정보의 중요성에 대한 믿음 갖기
· 과정은 정보를 볼 때 미반영정보를 찾는 노력 기울이기
· 결과는 정보가 주가에 반영될 때 그 열매를 내 것으로 만들기

슈퍼개미의 왕초보 주식수업

용어 설명

◆ 랜덤워크 이론
주가는 동전 던지기처럼 무작위로 움직이기 때문에 추세나 반전 신호를 찾으려는 노력은 모두 허사라는 이론으로, 추세도 우연한 흐름에 의해 만들어진다고 주장하는 이론이다.

◆ 자본시장법
정식 명칭은 '자본 시장과 금융투자업에 관한 법률'이다. 금융 시장 간 칸막이를 허물어 모든 금융투자회사가 다양한 금융 상품을 취급하도록 하기 위해 종전의 6개 법을 통합한 법률로, 2009년부터 시행되었다.

◆ 매집
어떤 의도를 갖고 일정한 주식을 대량으로 사 모으는 것을 말한다. 경영권의 지배 또는 경영 참가를 목적으로 보유 주식을 늘려가는 경우도 있고, 대량 매집으로 주가를 올려놓고 고가로 팔아 매매 차익을 얻으려는 경우도 있다.

◆ 창구 분석
특정 증권사 창구를 이용하여 드나드는 매수와 매도 세력이 일정 기간 동안 어떤 동향으로 움직였는지 분석하여 세력의 의도를 판단하는 방법을 말한다.

2장

정보 분석의 시작은
증권사리포트로!

☑ **MAIN POINT**

증권사리포트는 톱다운(top-down) 방식을 가르쳐주는 좋은 스승이므로, 리포트에서 시황 분석, 산업 분석, 종목 분석 등을 공부하여 내 것으로 만드는 방법을 알아보자.

증권사리포트는
좋은 스승이다

　증권사에서 발행하는 리포트를 정보 분석에서 첫 번째로 소개하는 이유는 증권사리포트가 정보 분석 공부에 가장 좋은 스승이기 때문입니다. 초보 투자자들이 많이 하는 질문이 "주식 공부를 하고 싶은데 무엇을 해야 할지 모르겠어요"라는 것인데, 제가 추천하는 주식 공부 방법은 두 가지입니다. 하나는 시중에 나와 있는 주식 관련 입문서를 비롯하여 주식 관련 책을 보는 것이고, 또 하나는 증권사리포트를 보는 것입니다. 특히 증권사리포트에는 아래와 같은 양질의 정보가 포함되어 있습니다.

　첫째, 글로벌 증시에 대한 내용입니다. 대부분 미국 증시에 관한 내용이 가장 많습니다. 경제 단위 크기에 따라 유럽 증시가 있고 일본, 중국 등 아시아 증시가 있습니다. 우리나라보다 후발국에 속하는 아시아 증시는 별로 중요하게 다루어지지 않습니다. 경험이 많은 투자자들은 HTS의 지수 차트만 봐도 글로벌 증시 상황을 파악할 수 있지만, 경험이 적은 초보 투자자들은 그렇지 않습니다. 따라서 증권사리포트에서 다루는 글로벌 증시 분석을 통해 왜 미국 지수가 떨어졌는지, 지금 글로벌 경제 동향은 어떤지 파악하는 것은 초보 투자자들이 글로벌 증시 상황을 아는 데 큰 도움이 됩니다.

■ 그림 2-1 증권사리포트

둘째, 국내 증시에 대한 내용입니다. 매매 동향을 통해 외국인과 기관이 어떻게 우리 증시를 바라보고 대처하고 있는지, 또 우리나라 금리는 어떻게 움직이는지, 원달러 환율은 어떤지, 지수 차트가 어떻게 흘러가고 있는지, 선물과 옵션 등 파생시장의 메이저 포지션은 어떤지 등 많은 정보를 알 수 있습니다. 증권사리포트에서 국내 증권사는 시황을 어떻게 보고 있는지 매일 살펴보다 보면 거시적인 시각으로 시장을 바라보는 능력이 높아질 것입니다.

이때 특히 중요한 것은 시황을 좋게 보고 있는지 여부입니다. 그에 대한 판단의 근거를 내 것으로 만들어나가야 합니다. 물론 국내 증권사의 시황에 대한 시각은 대부분 긍정적이라는 사실을 염두에 두고 리포트를 읽기 바랍니다. 하지만 자주 접하다 보면 미묘한 뉘앙스 차이를 읽어낼 수 있게 됩니다.

셋째, 산업 분석과 종목 분석에 대한 내용입니다. 예전의 증권사 리포트는 산업 분석과 종목 분석을 각각 다루는 경우가 많았지만, 최근에는 산업 분석을 통해 톱픽 top-pick, 최우수 종목까지 소개하는 톱다운 방식의 리포트가 늘어나고 있습니다. 예를 들어 반도체업종이 어떤 상태이고 음식료업종은 어떤 상태인지 설명하며, 그중에 톱픽 종목은 무엇인지 알려줍니다. 이를 통해 산업과 종복을 보는 증권사 애널리스트의 안목을 배울 수 있습니다. 다만, 종목 분석의 경우 매도보다는 매수에 치중된 리포트가 훨씬 많다는 한계점을 인식하고, 리포트의 행간의 의미에 주목하기 바랍니다.

주식시장은 살아 있는 유기체의 집합이며, 매일이 생방송입니다. 이미 쓰여진 주식 관련 책에서는 결코 얻을 수 없는 실전적인 지식 습득이 가능하다는 점에서 증권사리포트를 좋은 스승으로 여기고 매일 읽어나가길 권합니다. 이를 통해 매일 주식을 공부하는 성실함을 지켜나갈 수 있을 것입니다.

주식시장의 상황은
어떤지 분석하자

시황은 말 그대로 주식시장의 상황을 의미합니다. 증권사리포트의 시황은 구체적으로 어떤 내용을 담고 있는지 알아보겠습니다. 먼저 글로벌 경제의 연동성이 매우 높아진 시대이므로, 해외 증시 중에서도 상대적으로 중요도가 높은 국가의 증시에 대한 정보를 중요하게 다룹니다. 요즘에는 해외 주식에 직접 투자하는 사람도 많지만, 해외 주식에 투자하지 않는다 해도 해외 증시 정보는 중요합니다. 해외 증시, 국가 간 환율 등의 정보는 국내 증시의 움직임과 밀접한 관련이 있기 때문입니다.

해외 증시와 관련한 시황을 자주 읽으면 해외 증시와 환율이 국내 증시에 미치는 영향을 이해하는 데 많은 도움이 됩니다. 미국을 비롯한 글로벌 금리가 인상되는 시기에는 금리에 대한 전망도 많이 나옵니다. 미국의 금리 인상이 우리나라의 금리 인상에 어떤 영향을 미치는지, 원달러 환율에 어떤 영향을 미치는지, 좋은 공부가 될 것입니다.

다음으로 해외 상품 선물 시장 등을 분석하기도 합니다. 오일, 금, 구리, 농수산 선물 등을 분석하면 수혜 업종이나 피해 업종이 자연스럽게 도출되는 경우도 있습니다. 특히 유가의 움직임은 다른 상품보다 매우 비중 있게 다루어집니다.

■ 그림 2-2 증권사 시황

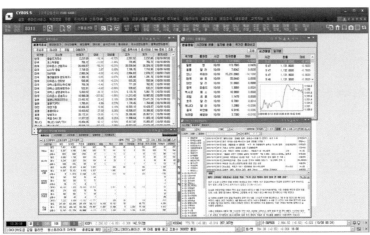

국내 증시의 투자 주체별 매매 동향을 통해 기관이나 외국인이 시장을 바라보는 시각을 설명하기도 합니다. 증권사에 따라서는 추세 지표 등을 이용한 기술적 분석을 토대로 저항선과 지지선을 설정하고, 예상되는 국내 증시의 저점과 고점을 제시하는 경우도 있습니다. 채권 시장과 외환 시장의 지표 등 여러 경제 지표를 통해 국내의 경기 상황을 진단하고 예측하며, 경제 정책을 다루기도 합니다. 또한 선물 옵션 만기일을 앞두고는 메이저들의 포지션을 분석함으로써 갑자기 등장할 변동성을 경고하기도 합니다.

이처럼 증권사리포트는 국내외의 여러 변수를 통해 국내 증시의 방향을 종합적으로 판단합니다. 여러 증권사의 리포트를 꾸준히 비교·분석하며 읽는다면 증권사별 국내 증시에 대한 시각을 알 수 있고, 시황을 보는 눈을 키워나갈 수 있습니다. 참고로 증권사리포트는 특성상 강한 확신을 가지고 분석하기보다는 확률적으로 분석합니다. 그래서 보기에 따라서는 모호한 표현들로 가득하여 한 번만 보고 판단하기는 쉽지 않습니다. 꾸준하게 리포트를 읽어나가면서 행간을 읽을 수 있는 능력을 키워 스스로 증시를 바라보는 안목을 갖추어나가야 합니다.

슈퍼개미의 왕초보 주식수업

종목 분석보다 산업 분석에
더 주목해야 하는 이유

일반적으로 산업 분석을 한 후 그 산업의 톱픽 종목을 지목하는 경우와 일반 종목 분석만 하는 두 가지 방식이 있습니다. 최근에는 산업 분석과 더불어 톱픽 종목을 선정하는 형식으로 양질의 리포트가 많이 나오고 있습니다. 강세장의 가장 큰 특징 중 하나가 내장 테마주에서 주도주가 흐름을 이어나가는 것이기 때문입니다. 따라서 증권사 리포트를 볼 때는 종목 분석보다 산업 분석에 더 관심을 가져야 합니다. 유망 산업과 산업 내 톱픽 종목 찾기를 연습하는 것이 정말 중요하지요.

강세장을 앞에서 이끄는 주도주는 보통 대장 업종 또는 테마에서 형

1999~2000	SK텔레콤과 새롬기술 등을 중심으로 한 신기술주
2005~2007	현대중공업과 OCI(동양제철화학)을 중심으로 한 중공업과 대체에너지
2009~2011	기관 선호주가 움직였던 차화정 장세의 주역인 자동차주, 화학주, 정유주
2017~2018	현재 진행 중인 반도체주, 전기차 관련주, 제약바이오주, 대북 관련주
2020~2021	코로나 관련주, 반도체 관련주, 2차전지 관련주, 인터넷 관련주

성됩니다. 과거의 기억을 떠올려 보면 앞 장의 표와 같이 정리해볼 수 있습니다.

다만 과거의 상승장에서는 주도주가 탄생하면 처음부터 끝까지 장을 이끌었던 경우가 많았는데, 최근의 흐름은 약간 달라졌습니다. 정보가 주가에 미치는 속도가 빨라져서 주도 테마주가 좀 더 빠르게 바뀌는 것은 아닌가 싶습니다. 따라서 주도 테마주 내에서의 종목 분석도 중요하지만, 현재 주도주가 언제 끝나고 다음엔 언제, 어떤 주도주가 나올지 주도주 분석이 더욱 중요하다고 봅니다.

스스로 종목을 선정하는 방법

종목 분석 리포트는 관심 종목과 추천 종목으로 구분할 수 있습니다. 관심 종목은 현재 주가 대비 목표가가 없거나 낮은 주가를 제시한 종목으로, 관심 또는 중립 의견에 대한 정보를 담고 있으며 경우에 따라서는 매도 의견을 제시하기도 합니다. 추천 종목은 현재 주가 대비 목표 주가가 높아서 보통 매수 의견에 대한 정보를 담고 있습니다. 증권사마다 의견이 다를 수 있으므로, 종목 분석 리포트를 읽고 특정 종목에 관심이 생겼다면 다른 증권사의 의견을 함께 살펴보는 것이 좋습니다. 과거에는 대부분의 종목 리포트가 매수 리포트였다면, 최근에는 조금씩 매도 리포트가 늘어나고 있습니다.

특히 외국계 증권사의 매도 리포트가 주가에 미치는 영향이 크다는 점을 기억해야 합니다. 외국계 증권사의 매도 리포트는 경우에 따라 달라지지만, 단기적으로 악재 효과가 나오면서 주가가 급락한 후 시간이 흐르면서 그 주가를 회복하는 패턴이 자주 등장하고 있습니다. 즉, 증권사들의 목표가 또는 적정가는 단순한 추정치에 불과하므로 크게 중요한 정보로 받아들일 필요는 없습니다.

오히려 종목 자체보다 종목 선정 이유와 종목 분석 방법에 관심을 가지는 것이 중요합니다. 증권사리포트를 보는 이유는 공부를 하기 위해서입니다. 리포트를 통해 추천해주는 종목으로 수익을 내는 것도 중요하지만, 종목 선정 방법을 배우고 이를 토대로 스스로 종목을 선정하는 투자자가 되어야 하는 것이지요. 수학 문제를 푸는 것에 비유한다면, 종목만 보는 것은 문제의 해답 자체를 외우는 셈이고 종목 선정 이유와 종목 분석 방법에 관심을 갖는 것은 문제 풀이 방법을 논리적으로 이해하는 것과 마찬가지겠지요.

증권사리포트 종목을 매수 종목으로 선정할 때 주의할 사항은 무엇일까요? 증권사리포트는 공개된 정보이므로 반영정보인지, 미반영정보인지 분석하여 판단해야 합니다. "뉴스에 팔아라"라는 주식 격언은 반은 맞고 반은 틀리다고 봅니다. 뉴스에 정보가 공개되었는데 미반영정보라면 이 격언은 거짓이겠지요. 그러나 뉴스에 정보가 공개되었는데 이미 반영된 정보라면 참이 되는 것입니다. 다시 말해, 정보가 공개될 때 무조건 팔라는 것이 아니고 공개된 정보가 주가에 반영되었는지 확인한 후에 주가에 반영된 정보일 경우에만 팔라는 뜻으로 해석해야 합니다. 이렇듯 정보를 확인할 때는 반드시 공개와 미공개, 반영과 미반영 여부를 구분해야 하며, 이는 증권사리포트의 종목 분석을 볼 때에도 당연히 적용됩니다.

증권사리포트의 종목 분석을 볼 때 실적 시즌인지 아닌지에 따라 다르게 볼 필요가 있습니다. 실적 시즌에는 대형주들의 실적이 나오면 대부분의 증권사들이 실적에 대한 분석을 리포트로 내기 때문에 중복 추천이 굉장히 많습니다. 반면 비실적 시즌에 특정 종목에 대해 여러 증권사의 리포트가 나오는 경우가 있는데, 우호적인 리포트가 다수라면 기업에 좋은 변화가 일어나리라는 징조일 수 있습니다.

또한 대형주에 대한 종목 리포트는 단기 주가에 미치는 영향이 미미합니다. 대신, 소형주에 대한 종목 리포트는 단기, 특히 리포트 당일의 주가에 큰 영향을 미치게 됩니다. 따라서 중장기 투자자는 소형주의 리포트가 좋게 나오면 매수 타이밍을 늦추어야 하며, 반대로 단기 매매자는 빠르게 매수 타이밍을 잡아야 합니다. 단기 매매의 경우에는 증권사 창구 분석을 통해 리포트 전후로 특정 창구에서 매수·매도가 집중되었는지 확인할 필요가 있습니다.

또한 증권사리포트의 종목 리포트가 매매에 도움이 된다고 판단된다면, 장마감 후에 추적 조사를 통해 종목 추천 적중률이 높은 애널리스트를 비교 검색해서 데이터화하는 것도 투자 방법 중 하나입니다. 이 세상에는 많은 투자 기법이 있으며, 그중에 나한테 잘 맞는 투자 기법을 찾아 나가는 것이 성공 투자의 출발점이 될 것입니다.

용어 설명

◆ **톱다운 방식**

주식을 선택하는 방법으로, 거시경제 분석을 통해 유망 산업을 선정한
후 세부 기업을 찾아내는 방식. 거시경제, 산업 분석을 통해 유망 산업을
찾아낸 후, 기본적 분석을 통해 개별 기업을 찾아낸다.

◆ **톱픽 종목**

톱픽은 말 그대로 '가장 높은(최고의) 것을 엄선함(선택함)' 정도로 해석
할 수 있다. 유망 종목이나 최고 선호주라고 할 수 있다.

◆ **선물 옵션 만기일**

선물 거래란 매매 대상물을 계약할 때 정한 가격으로 미래의 일정 시점
에 주고받기로 약정을 맺는 거래로, 실제 거래가 이루어지는 일정 시점
을 만기일이라고 한다. 만기일 전에 거래된 계약에 따른 계약 실현은 만
기일에 이루어진다. 선물 계약의 만기일은 분기별로 3, 6, 9, 12월 둘째
주 목요일, 옵션 계약의 만기일은 매달 둘째 주 목요일이다.

슈퍼개미의 왕초보 주식수업

3장

뉴스를 제대로 검색하자

☑ **MAIN POINT**

인터넷 사이트를 통해 뉴스를 검색하고 해석하는 능력을 키우고, 뉴스를 이용한 매매 전략에 대해 공부해보자.

뉴스
찾아보기

이번에는 공개된 정보 중 뉴스 검색에 대해서 알아봅시다. 뉴스를 생성하는 기관을 언론사라고 부릅니다. 예전에는 종이 신문이나 TV에서 뉴스를 접했지만, 인터넷 시대가 열리면서 최근 뉴스 이용자들의 90%가 인터넷으로 뉴스를 접한다고 합니다. 또한 그중 75%가 포털사이트의 뉴스 섹션을 이용한다고 하니 네이버를 비롯한 포털사이트의 사회적 기능이나 역할이 매우 커졌음을 알 수 있습니다. 포털사이트에서 뉴스를 검색하는 경우의 단점은 3류 찌라시 언론사의 뉴스를 사용자가 직접 구분해야 한다는 것입니다. 물론 주류 언론사가 항상 옳다는 것은 아니지만, 신뢰성이 높다는 것은 부인할 수 없는 사실입니다. 다만, 일반 뉴스와 달리 주식투자자는 경제 뉴스를 검색하는 경우가 많으므로, 경제 전문 언론사들에 대해서도 미리 파악해둘 필요가 있으며, 어떤 언론사의 경제 또는 산업 분석의 내용이 좋은지 체크해두어야 합니다.

관심 종목 또는 관심 테마에 대한 뉴스 검색 순서는 사람마다 다를 수 있지만, 효율적인 뉴스 검색 순서는 다음과 같습니다. 먼저,

사용하고 있는 각 증권사 HTS의 종합시황뉴스에서 1차로 검색합니다. 예를 들어, 상승률 상위 종목에 삼성전기가 나왔으면 HTS의 종합시황뉴스에서 삼성전기를 입력하거나 클릭해서 어떤 정보_재료가 영향을 미치고 있는지 검색합니다. 이러한 과정을 통해 핵심 키워드인 '삼성전기와 MLCC _multi layer ceramic condenser'를 도출해내면 MLCC 관련 주에 관심을 가질 것입니다.

그다음에 포털사이트 _네이버, 다음, 구글 등에서 세분화된 검색어를 넣어 2차로 검색합니다. '삼성전기, MLCC'를 포털사이트에서 검색하니 삼화콘덴서가 검색됩니다. 삼성전기→MLCC→삼화콘덴서로 이어지는 연결 고리를 찾아낸 셋이쇼. 중요한 섬은 핵심이 되는 키워드를 통해 빠르고 효율적으로 정보를 찾는 능력을 길러야 한다는 것입니다.

포털사이트를 통한 뉴스를 검색했다면 반드시 뉴스의 사실 여부를 확인해야 합니다. 뉴스와 뉴스가 아닌 것을 구분하고, 뉴스라면 출처를 확인하여 언론사의 신뢰도를 고려합니다. 특히 최근 들어 광고와 홍보성 기사를 싣는 인터넷 언론 매체들이 우후죽순으로 생기고 있기 때문에 돈을 받고 쓰는 기사인지, 사실관계를 쓴 기사인지 확인해서 기사의 진위 여부를 가려야 합니다. 또한 포털사이트에서 검색할 때 검색 결과가 블로그, 뉴스, 카페, 웹사이트 중에서 어느 카테고리에 포함된 내용인지 확인할 필요가 있습니다.

특히 기사의 내용이 시황이나 업종보다 종목에 관한 뉴스일수록 주의해야 합니다. 특히 매수 판단에 결정적인 역할을 한 재료라면 더

■ 그림 3-1 포털사이트 뉴스 검색

NAVER
삼성전기 mlcc
통합검색 뉴스 블로그 이미지 카페 지식iN 동영상 어학사전 더보기 검색옵션
정렬 기간 영역 옵션유지 꺼짐 켜짐 상세검색
연관검색어 삼성전기 영업이익 삼성전기 3분기 삼성전기 주가 mlcc전망 mlcc란 신고
삼성전기 실적 삼성전기 주가 전망 삼성전기 3분기 실적 무라타 mlcc 더보기
뉴스 관련도순 최신순
[더벨] 삼성전기, 車 전장용 MLCC '승부수' 통할까 더벨 2시간 전
삼성전기가 대안으로 삼은 분야는 자동차 전장용 MLCC다. 이는 삼성전기뿐 아니라 글로벌 MLCC 대다수 업체들이 올해 들어 투자를 대거 늘리고 있는 영역이기도 하다. 모바일용 MLCC 성장성이 곧 정체기에 돌입할...
[더벨] 삼성전기, '나홀로 호황'…카메라 줄었지만 MLCC 활기 더벨 2시간 전
실제 삼성전기 MLCC 부문 성장세는 단기간에 엄청나게 뛰었다. 삼성전기의 MLCC 부문을 전담하는 컴포넌트솔루션 사업부의 올 2분기 매출은 8686억원으로 전년 동기 대비 60% 성장한 수준이었다. 카메라모듈과 매출 역전...
"삼성전기, 내년 3분기까지 영업익 연속 성장"-유안타증권 MTN 18분 전
이어 그는 "업체들의 Capa 확대는 대부분 자동차 전방산업을 대상으로 진행돼 초소형 고용량 제품(스마트폰 전방산업)의 공급부족이 더욱 심화될 것"이라며 "MLCC 가격 상승 모멘텀은 삼성전기 등 3~4개 업체가...
3분기 삼성·LG전자 호실적 속…부품업체들도 '활짝'
아이뉴스24 19시간 전 네이버뉴스
삼성전기의 실적 호조는 MLCC(적층세라믹콘덴서)의 계속되는 가격 인상 덕분이다. MLCC는 고질적인 수요 대비 공급 부족으로 인해 가격이 지속적으로 오르는 추세다. 김동원 KB증권 연구원은 "3분기 MLCC ASP...
NH證 "삼성전기, 저가 매수 기회" 한국경제TV 2일 전 네이버뉴스
이규하 NH투자증권 애널리스트는 "삼성전기의 주력 제품인 MLCC는 IT 부품이 아닌 4차산업 필수 부품"이라며 "삼성전기 주가가 스마트폰 수요 둔화, IT 부품 재고 확대 등 IT 사이클의 호황기 정점이 지났다는 우려로...
뉴스 더보기 ›
포스트
적층세라믹콘덴서MLCC 업황분석 - 삼성전기,삼화콘덴서,대주전자... 2018.06.10.
있으며, 삼성전기도 전기차용 MLCC 생산능력을 월 6억개에서 30억개로 5배 증설 중이지만 추가적인 신규투자에 따른 capa 확대는 지연이...
적층세라믹콘덴서 MLCC업황분석
월스트릿파이터 [주식] 종목분석 - Mystic

욱 그러합니다. 시황이나 업종에 관한 뉴스는 조금 사실이 아닌 부분이 있어도 투자 성패에 직접적으로 큰 영향을 미치지는 않습니다. 그

런데 종목에 대한 뉴스는 그 종목을 매수할지 여부에 직접적인 영향을 주게 됩니다. 종목에 대한 뉴스가 사실이 아니라면 큰 손실을 입으며 투자에 실패하게 됩니다.

따라서 뉴스에 나온 종목의 정보를 사실이라고 단정 짓지 말고, 여러 뉴스를 종합적으로 고려해서 사실 유무를 판단해야 합니다. 공개된 정보를 찾아볼 때 정확하고 효율적으로 찾아내고, 뉴스를 사실이라고 단정 짓지 않는 두 가지 습관만 들여도 정보 분석에 큰 도움이 될 것입니다.

미래를 예측하고 싶다면
꼭 확인해야 할 정보

각종 산업별 협회나 전문 사이트에 직접 들어가서 정보를 확인하는 방법은 뉴스 검색보다 더 난이도가 있지만 상황에 따라서 더 유용한 정보를 찾을 수 있습니다. 이 경우에 종목을 선정하는 데 의외의 꿀팁을 얻을 수 있음은 물론이고, 업종 동향을 파악하는 데 많은 도움이 됩니다. 앞에서 설명한 뉴스 검색이 특정 종목의 상승 또는 하락 등 특정 이슈가 생겼을 때 그 내용을 알아보기 위해 사용하는 방법이라면, 각종 전문 사이트의 방문은 평소에 시간 날 때마다 지속적으로 하는 것이 좋습니다.

가장 먼저 강조하고 싶은 점은 청와대와 행정부 각 부처의 사이트를 통해 정부 정책을 참고하고 각종 통계 관련 사이트를 통해 국가 경제를 거시적으로 바라봐야 한다는 것입니다. "정부 정책에 반하지 말라"는 주식 격언이 있듯이, 정부 정책을 정확히 파악하는 것은 향후 업종의 동향을 예측하는 데 도움이 됩니다. 또한 통계청이나 한국은행 등의 각종 지표를 확인하면 우리나라 경기를 파악하고 미래를 예측하는 판단 근거로 활용할 수 있습니다.

다음으로 업종별 정보를 확인할 수 있는 사이트가 있습니다. 게임 전문 순위 사이트에서 최근 게임 동향을 파악한다거나, 에너지 경제 신문에서 에너지 가격과 동향을 확인하고 원자재 가격 정보 사이트에서 원자재 가격 등을 살펴보는 것은 업종 동향을 파악하는

■ 표 3-1 각종 주요 정보 제공 사이트

구분	이름	링크주소
정부부처사이트	기획재정부	http://www.mosf.go.kr
	산업통상자원부	http://www.motie.go.kr
	과학기술정보통신부	http://www.msip.go.kr
	공정거래위원회	http://www.ftc.go.kr
통계사이트	통계청	http://www.kostat.go.kr
	KOSIS 국가통계포털	http://www.kosis.kr
	KOTRA 대한무역투자진흥공사	http://www.kotra.or.kr
	한국은행 경제통계시스템	http://ecos.bok.or.kr
업종별사이트	통신: 한국전자통신연구원	http://www.etri.re.kr
	건설: 대한건설협회	http://www.cak.or.kr
	에너지: 한국석유화학협회	http://www.kpia.or.kr
	음식료, 제약바이오: 식품의약품안전처	http://www.mfds.go.kr
	해운, 조선: 코리아쉬핑가제트	http://www.ksg.co.kr
	제약바이오전자신문: 바이오스펙테이터	http://www.biospectator.com
기타사이트	정책브리핑	http://www.korea.kr
	화학통합뉴스 ChemLOCUS	http://www.chemlocus.co.kr

데 도움이 됩니다. 또한 업종 내에서 관심 종목을 선정하여 해당 종목을 매수하는 이유와 시점을 결정할 때 판단 근거로 사용할 수 있습니다.

예를 들어 에너지 경제 신문에서 정부의 그린 뉴딜정책과 세계 각국의 신재생에너지 산업 지원을 확인하였다면, 우리나라 풍력발전 산업이 성장할 수 있다는 생각을 할 수 있고, 풍력 관련주에 관심을 갖고 매수하여 수익을 낼 수 있습니다.

이처럼 각종 전문 사이트에서 정보를 수집하고 분석하다 보면 미처 알지 못했던 정부의 정책이나 통계 자료를 확인할 수 있고, 산업이나 종목 정보를 접하게 됩니다. 이를 계속 연습하면 정보 검색과 분석 능력이 향상되고, 큰 수익을 안겨주는 매수 종목을 선택할 수 있는 실력이 생길 것입니다.

가끔 도움이 되는
정보도 있다

인터넷 뉴스 등 공개정보 이용법에 대해 설명했다면, 이제는 카페, 블로그, 종목 게시판 등의 미공개정보 이용법에 대해 이야기해보겠습니다. 정보를 검색할 때 포털사이트에서 검색어를 치면, 블로그, 뉴스, 연관 검색어, 카페, 지식백과 등 여러 가지 카테고리의 결과가 뜹니다. 그중 뉴스는 공개된 정보입니다. 물론 카페나 블로그, 종목 게시판도 공개된 정보이긴 하지만, 언론사의 뉴스처럼 모든 사람이 보는 것이 아니라 블로그의 이웃이나 카페의 회원, 종목 게시판 이용자 등 소수의 사람이 보는 것입니다. 또한 언론사의 뉴스에 비해 신뢰도가 높은 편은 아닙니다. 그래서 카페, 블로그, 종목 게시판을 공개정보와 구분 짓기 위해 미공개정보로 분류한 것입니다. 여기서 미공개란 '혼자만 아는 비밀은 아니지만 우리끼리만 안다'는 의미로 이해하면 됩니다.

주식 관련 카페나 블로그, 포털사이트의 종목 게시판에 올라온 정보가 종목의 매수·매도를 결정할 때 중요할까요? 가끔은 그렇습니다. 1장에서 설명했던 것처럼 공개된 뉴스, 공개된 증권사리포트,

공개된 공시는 신뢰도가 매우 높지만 주가에 반영되었을 확률도 그만큼 높습니다. 대부분의 투자자들이 공시, 리포트, 뉴스를 보면서 투자하기 때문입니다. 많은 사람이 동시에 보는 정보이므로 이미 주가에 반영된 부분이 많습니다. 따라서 공개정보에서 미반영된 부분을 찾아 수익을 내는 것이 우리의 숙제입니다.

주식 카페나 주식 블로그는 오래될수록, 투명할수록 좋습니다. 꾸준하게 글이 올라오고 운영자들이 신상을 공개한 곳일수록 신뢰도가 높습니다. 카페 주인이나 파워 블로거들 중 전문가, 성공 투자가를 자칭하며 순진한 네티즌들을 상대로 사기를 친 사례가 너무나 많습니다. 아무도 믿지 않는다는 마음으로 글쓴이의 의도를 파악하여 진위를 가릴 수 있는 안목 또한 필요합니다. 주식 카페나 주식 블로그에서 종목 분석에 대한 글을 읽다 보면 흙 속의 진주처럼 좋은 글을 접하는 경우가 있습니다. "세 사람이 길을 가면 그중에 반드시 스승이 될 만한 사람이 있다"라는 말처럼, 누구든지 내 스승이 될 수 있다고 생각한다면 글 하나가 주식 인생을 바꾸어놓는 계기가 되기도 합니다. 다만 종목 자체에 관심을 갖기보다는 종목을 분석하는 방법에 더 관심을 가져야 합니다.

종목 게시판은 상장 주식 중 전 종목을 확인할 수는 없지만 상한가를 비롯한 당일 급등 종목이나 매수 관심 종목, 보유 종목은 들어가보는 것이 좋습니다. 대표적인 종목 게시판으로는 팍스넷과 네이버 종목 게시판이 있는데, 안티들은 부정적인 반대 글을, 찬티들은 긍정적인 찬성 글을 열심히 올립니다. 안티는 이미 매도했는데 주가가 올라서 배가 아프거나, 사고는 싶지만 원하는 가격대가 아니어서 악성 글을 올려 가격을 떨어뜨리려 글을 올릴 것입니다. 찬티는 보유 중인 종목을 더 비싼 가격에 팔고 싶거나, 중장기적으로 주가 상승을 바라며 글을 올리겠지요. 이런 글을 자세히 살펴보면, 그 종목에 세력이 있는지 확인하는 데 도움이 됩니다. 또한 합리적인 추론이 가능한 정보, 현재는 미공개정보이지만 향후 공개정보로 전환될 호재 또는 악재가 숨어 있는 경우도 있으니 주의하시기 바랍니다.

뉴스를 이용한
매매 전략

뉴스를 검색하면서 재료 공부를 오래 하다 보면 호재와 악재에 대해 어느 정도 윤곽이 잡힐 것입니다. 대표적인 호재는 실적이 좋아지는 경우로, 실적 호전, 흑자 전환, 어닝 서프라이즈earning surprise 등이 있습니다. 또 원재료 가격 하락, 판매 가격 인상 또는 환율의 우호적인 변동 등도 이유입니다.

여러 호재 중에 가장 파괴력이 있는 대형 호재는 신약 개발, 신소재 개발, 신기술 개발, 신사업 진출 등입니다. 주식투자자들이 '새로움'에 얼마나 높은 가치를 부여하는지 알 수 있습니다. 아마도 겪어보지 않은 일, 가보지 않은 길에 대한 예측 불가능성, 측정 불가능성 때문이겠지요. 대표적으로 신약 개발 호재를 주가 상승 모멘텀momentum으로 하는 제약바이오주의 경우에는 재무제표는 매년 영업적자가 지속되는데도 시가총액은 1조 원 이상을 형성하고 있는 종목이 많다는 것을 알 수 있습니다.

또 다른 대형 호재는 외국 자본을 유치하거나 최대 주주가 변경되는 경우입니다. 모두 지분과 관련된 재료로, 주식투자에서 지분

분석이 중요함을 알 수 있습니다. 지분 투자 혹은 지분 변경 등이 있을 때 주가가 급등락하는 경우를 흔히 볼 수 있는데, 특히 최대 주주 변경이나 중국 혹은 미국 자본 유치가 높은 재료 가치를 누린 적이 많습니다.

■ 그림 3-2 HTS 뉴스창

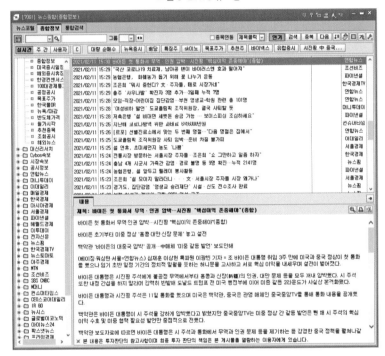

뉴스를 이용할 때는 후속 재료가 나올 것인지 여부를 늘 염두에 두어야 합니다. 후속 재료가 나온다면 스케줄 매매가 가능한 종목이 됩니다. 증권회사의 유·무상증자 일정, 각 산업의 세미나 및 행사, 신규 상장 예정일, 정치나 외교 일정 등 각종 일정을 확인하여 스케줄 매매를 미리 준비해야 합니다. 스케줄 매매 시 주의할 점은 일정이 확정되었는지, 미리 주가에 반영되고 있는지 여부를 확인하는 것입니다. 이 두 가지를 고려하여 예정된 스케줄이 확정되었을 때 선취매했던 종목을 좀 더 보유할지, 즉시 매도할지를 결정합니다.

또한 증권사리포트와 공시를 이용할 때와는 달리 뉴스는 "아무도 믿지 말라"라는 격언을 떠올려야 합니다. 정보의 최초 생성자는 누구이며, 총알받이 또는 설거지를 위한 정보는 아닌지, 다양한 루트를 통해 거듭 교차 확인하며 정보의 정확성을 확보하도록 합니다. 객관적인 사실과 주관적인 의견을 정확하게 구분하고, 객관적인 사실을 기반으로 주관적인 판단을 내리는 연습을 합니다. 이러한 과정을 통해 스스로 판단하는 현명한 투자자로 거듭날 수 있습니다.

마지막으로 스케줄 매매가 아닌 실시간 뉴스 매매 시에는 정확성보다 신속성이 생명입니다. 따라서 속보를 이용한 뉴스 매매는 HTS의 기능을 이용하고, 또한 지정가보다 시장가 매수·매도가 더 효과적일 경우가 많다는 것을 기억해야 합니다. 물론 고위험, 고수익의 관점에서 위험을 얼마나 감수할 수 있는지는 매매 전에 결정해야 합니다. 뉴스 매매 시 1등주를 놓쳤다면 2등주나 3등주 매매를 고려할 수 있지만, 상한가 폭 확대 이후에는 1등주 매매의 승률이 가장 좋습니다. 소형주의 경우 호가 공백을 고려한다면 소량 매매만이 가능합니다.

용어 설명

◆ MLCC
적층 세라믹 콘덴서. 전기제품에 쓰이는 콘덴서의 한 종류로, 금속판 사이에 전기를 유도하는 물질을 넣어 전기를 저장했다가 안정적으로 회로에 공급하는 기능을 한다. 휴대폰을 비롯한 TV, 컴퓨터 등에 필수적인 장치로 세라믹과 금속(니켈)판을 여러 겹으로 쌓는 기술은 난이도가 높다.

◆ 어닝 서프라이즈
기업의 영업 실적이 시장이 예상했던 것보다 높아 주가가 큰 폭으로 상승하는 것을 일컫는다.

◆ 모멘텀
물질의 운동량이나 가속도를 의미하는 물리학적 용어. 주식투자에서는 흔히 주가 추세의 가속도를 측정하는 지표로 쓰인다. 즉, 주가가 상승세를 타고 있을 때 얼마나 더 탄력을 받을지, 주가가 하락할 때는 얼마나 더 떨어질지 예측할 때 이용된다. 개별 종목의 경우에는 해당 종목의 주가 추세에 변화를 줄 수 있는 계기를 의미하기도 한다.

실전 투자에
유용한 공시 검색

☑ **MAIN POINT**

전자공시시스템과 공시 정보, 사업보고서 구성 항목에 대해 알아보고 실전
투자에 유용한 공시 검색법과 기사로 나오는 공시를 배워보자.

4가지 공시 정보를
알아보자

전자공시시스템 DART, Data Analysis, Retrieval and Transfer System 은 상장법인 등이 기업의 주요 사업 정보를 공시 서류를 통해 금융감독원에 제출하고 투자자 등 이해관계자 주주, 채권자, 투자자 등가 제출 즉시 인터넷을 통해 조회할 수 있도록 하는 종합적 기업공시 시스템을 말합니다. 공시란 일정한 내용을 공개적으로 게시하여 일반에게 널리 알리는 것을 뜻하므로 공개정보에 속하며, 그중에서도 가장 신뢰성이 높고 주가 반영도가 높은 정보입니다. 따라서 초보 투자자가 공부를 할 때는 공시부터 꼼꼼히 살펴보는 훈련을 해야 합니다.

먼저, 공시 정보의 종류에 대해 알아봅시다. 전자공시시스템에 접속하면 상단에 정보를 검색하는 곳이 있어서, 이 메뉴를 통해 기업의 다양한 공시를 검색해볼 수 있습니다. 공시는 대분류상 정기 공시, 주요 사항 보고, 발행 공시, 지분 공시, 기타 공시 등으로 구성되어 있습니다.

우선, 정기 공시에서는 일정한 기간에 기업의 사업 내용, 재무 상황, 경영 실적 등을 정기적으로 공시합니다. 기본적이며 가장 중요한

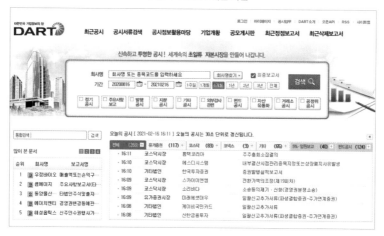

공시라고 볼 수 있습니다. 투자자 입장에서는 재무제표를 포함한 기업의 기본 정보를 알 수 있기 때문입니다. 정기 공시는 사업보고서, 반기 보고서, 분기 보고서 등으로 구성됩니다. 사업보고서는 연간 보고서의 개념으로, 1년에 1회 공시됩니다. 분기 보고서는 분기마다 나오는 것이 아니라 1, 3분기에만 나옵니다. 2분기에는 반기 보고서가 나오고 4분기는 사업보고서가 나오기 때문입니다. 즉, 분기 보고서 → 반기 보고서 → 분기 보고서 → 사업보고서 순으로 공시됩니다. 물론 연간 보고서가 가장 중요하지만, 가장 최근에 나온 보고서 또한 중요합니다.

다음으로 발행 공시는 증권을 공모하기 위한 공시로, 신규 상장을 떠올리면 됩니다. 증권을 발행하여 투자자를 모집하기 위해 투자 내용 등을 알리는 정보를 포함하고 있습니다. 신규 상장주나 공모주

투자에 관심 있는 투자자에게는 중요한 내용입니다. 증권 신고서 _{증권 모}

_{집 매출 전} → 투자 설명서 _{신고서 효력 발생 시} → 증권 발행 실적 보고서 _{발행 완료 시}

등의 단계별로 공시됩니다.

세 번째로, 주요 사항 보고는 경영 활동과 관련된 사항 중 회사의 존립, 조직 재편성, 자본 증감 등 투자 의사 결정에 중요한 영향을 미치는 사실이 발생했을 때 공시합니다.

마지막으로, 지분 공시는 상장 주식 등의 변동 정보를 신속하게 공시하게 하여 기업의 내부자 _{임원·주요 주주}의 미공개정보 이용을 예방하고, 적대적 M&A에 대한 합리적 경영권 방어 등 기업 지배권 시장의 투명성을 제고하고 투자자를 보호하기 위한 공시입니다. 이는 주식의 대량 보유 상황 보고서와 임원·주요 주주 특정 증권 등 소유 상황 보고서 등으로 구분됩니다.

이런 공시 서류에 대한 뉴스가 작성되거나 증권사리포트에서 이를 분석하는 경우가 많은데, 뉴스나 리포트만 보고 공시를 소홀히 하면 문제가 발생할 수 있습니다. 1차 가공을 거친 뉴스나 리포트 분석이 잘못되었을 때 누가 책임을 질까요? "아무도 믿지 말라"는 관점에서 보면 신뢰도가 가장 높은 공시가 모든 정보 중에 가장 중요하다고 할 수 있습니다.

가장 중요한 정기 공시의 보고서 살펴보기

위에서 언급한 여러 공시 중에 가장 중요한 것이 정기적으로 공시되는 보고서입니다. 보고서의 구성 항목 중에서는 재무제표가 가장 중요한데, 재무제표는 4부의 가치 분석에서 다룰 예정이므로 여기에서는 재무제표를 제외한 정보에 대해서 설명하겠습니다.

개요와 연혁에서는 회사의 설립과 사업 내용, 계열회사 등을 개괄적으로 다룹니다. 기초적인 개요이므로 가볍게 읽으면 되고, 중요 사업 내용과 계열회사 등을 빠르게 파악하면 됩니다. 자본금 변동 사항은 우량주일수록 자본금 변동이 거의 없으며, 감자와 유상증자가 반복적으로 등장하는 회사는 주의할 필요가 있습니다. 주식의 총수에서는 자사주 등 주식 발행 현황을 파악하고 배당에 관한 사항에서는 시가배당률과 배당금 등을 확인합니다. 특히 배당주 투자를 선호하는 중장기 투자자는 배당금을 늘리거나 시가배당률을 높게 유지하는 회사에 주목해야 합니다. 사업의 내용 부분은 재무 사항 다음으로 보고서에서 가장 중요합니다. 기업의 사업 구성, 속해 있는 산업의 강점과 약점, 기업의 강점과 약점이 서술되어 있습니다. 또한 설비 능력과 원재료,

■ 그림 4-2 삼성전자 분기보고서

매출 구성이나 조직도, 경쟁 회사 등 다양한 정보도 포함되어 있습니다.

재무제표는 공부하지 않으면 의미 없는 숫자가 나열된 표에 불과합니다. 하지만 사업의 내용은 여러 번 읽으면 충분히 이해할 수 있고 이를 토대로 여러 산업을 이해하고 그 산업에 속해 있는 기업의 위치 등을 판단할 수 있으므로 꼼꼼히 살펴보는 습관을 들이기 바랍니다.

주주에 관한 사항을 살펴보면 기업의 지분 관계를 파악할 수 있으며, 지분 경쟁 가능성이 있는지, 자녀에 대한 지분 승계 과정이 끝났는지 등도 알 수 있습니다.

공시 중에 가장 중요한 공시는 정기 공시의 보고서이며, 보고서에서 특히 중요한 부분은 사업의 내용과 재무에 관한 사항입니다.

공시를 검색하는
방법이 있다

강연회나 스터디를 할 때 DART 사이트에 가봤는지 확인해보면, 의외로 많은 사람이 공시를 직접 찾아본 적이 없다고 답해서 깜짝 놀라곤 합니다. 그러므로 반드시 DART 사이트와 친해지시기 바랍니다. 전자공시시스템 사이트에는 '대한민국 기업 정보의 창 DART'라고 적혀 있는데, 창을 들여다보면 풍경을 볼 수 있듯 DART를 통해 기업의 모습을 볼 수 있습니다. 균형 잡힌 주식 공부, 투자 수익을 내기 위한 가격 분석, 가치 분석, 정보 분석 중 가치 분석의 기반이 되는 재무제표, 기타 기업이 공시하는 중요한 정보를 얻기 위해서는 반드시 DART라는 창을 통해 보이는 풍경을 열심히 살펴봐야 합니다. 풍경을 보기 위해서는 각 메뉴를 이해해야 합니다.

DART 홈페이지의 상단에는 최근공시, 공시서류검색, 공시정보활용마당, 기업개황, 공모게시판, 최근정보보고서, 최근삭제보고서 등 여러 기본 메뉴가 있습니다. 다양한 메뉴를 클릭하여 사이트에서 제공하고 있는 기능과 내용을 확인하면서 사이트 활용에 친숙해지도록 합니다.

최근공시 메뉴에서 전체 또는 시장별로 설정하여 시간순으로 검색하면 날짜별로 볼 수 있습니다. 일괄적으로 올라오는 게시물을 확인하면 증권회사 공시가 많기 때문에 이를 빼고 봐야 합니다. 공시 읽기에 익숙지 않은 투자자들은 매일 시간별로 업데이트되는 전체 기업의 공시를 보는 것이 현실적으로 매우 힘듭니다. 적어도 매수 관심 종목을 선정했다면 공시 내용을 차근차근 확인하면 어떨까요? 중요 공시를 확인하면서 안 좋은 내용이 많으면 매수하지 않고 좋은 내용이 많으면 매수하면 되겠지요.

■ 그림 4-3 통합검색 화면

마지막으로 공시를 검색할 때는 통합검색 메뉴를 활용하는 것이 좋습니다. 통합검색에 특정 단어, 여론에 오르내리는 주제 등을 검색하면 그 단어가 언급된 종목들이 나열됩니다. 예를 들면 대북 관련주가 크게 움직였던 시기에 '철도', '지하자원', '가스관', '남북경협' 등 이슈가 된 검색어를 포털사이트뿐만 아니라 DART 사이트에서 검색하면 남들보다 발 빠르게 관련 종목을 찾아냈을 수도 있었을 겁니다. 정보 검색의 핵심은 신속성과 정확성이므로, 가장 먼저 DART 사이트의 통합검색 메뉴를 활용하는 것은 매우 좋은 매매 전략 중 하나입니다.

기사에서 볼 수 있는
중요 공시

앞부분에서 다룬 지분 공시, 발행 공시, 정기 공시 등은 전자공시 시스템 사이트에서 규정한 항목이지만, 지금부터 설명하는 것은 기사 등으로 다시 재료화되는 공시입니다. 기사로 나오는 공시가 중요한 이유는 모든 공시가 기사화되는 것이 아니고, 주식시장에서 더 중요하다고 판단되는 가치 있는 공시만 선정하여 기사화되기 때문입니다. 그리고 공시 내용이 기사화될 때 주가에 더 강한 영향을 미치겠지요. 아래에는 주로 기사화되는 공시의 종류를 설명하겠습니다.

첫 번째, 조회 공시 요구가 있습니다. 조회 공시 요구는 일종의 시장 감시 시스템으로, 주가가 갑자기 급등했을 때 한국거래소에서 투자자를 보호하기 위해 주가에 영향을 미칠 만한 현저한 시황 변동이 있었는지 상장법인에 확인하여 공시하도록 한 제도입니다. 상한가가 30%로 변경된 이후로 급등주가 많이 나오지 않아서 급등하는 주식은 시장의 주목을 더 많이 받게 되었기 때문에 최근에는 많이 등장하는 공시입니다. 조회 공시 요구를 받게 되면 상장법인에서는 정해진 기간 내에 답변 공시를 해야 합니다.

보통 '주가 급등 사유가 없음'이라는 답변이 많아서 특정 사유 없이 주가가 하락하는 경우가 많습니다. 반면 특정 사안을 진행 중이거나 검토 중이라는 답변과 함께 확정 시 재공시한다는 내용이면 스케줄 매매가 가능하므로 재료가 어떤 식으로 나오는지 지속적으로 검토해볼 필요가 있습니다. 특히 최대 주주 매각이 진행 중인 경우라면 주의해서 볼 필요가 있습니다.

두 번째, 단일 판매, 공급 계약 체결 공시가 있습니다. 여기서 판매란 물건을 파는 것을 말하고, 공급 계약이란 서비스를 공급하는 것을 말합니다. 일정 기간 여러 건을 판매하여 매출이 늘어난 것은 따로 공시하지 않고 분기마다 정기 보고서의 재무제표에 매출액으로 반영되지만, 단일 건의 대규모의 판매와 공급 계약의 공시가 따로 나오는 경우에 투자자는 매출액 대비 규모와 계약 기간 등을 살펴봐야 합니다. 단일 판매 공시에서 매출액 대비 판매 금액의 규모가 중요한 이유는 다음과 같습니다. 예를 들어 A와 B라는 회사에서 100억 원 규모의 판매 계약을 하는데, A사의 연간 매출액이 1조 원일 경우 연간 매출액 대비 1%밖에 안 되므로 중요하지 않은 공시입니다. 이와 달리 B사의 연간 매출액이 200억 원이라면 연 매출의 50%에 해당하므로 매우 중요한 공시이며 호재라 할 수 있습니다.

계약 기간을 살펴봐야 하는 이유는 건설업종 등은 수년간 장기로 계약하는데 공급 계약 금액을 n분의 1로 나누어 연간 매출 규모를 계산해야 하기 때문입니다. 이와 같은 이유로 단일 판매, 공급 계약 체결

공시를 볼 때는 매출 규모와 계약 기간을 꼭 확인해야 합니다.

세 번째, 주식 등의 대량 보유 상황 보고서가 있습니다. 이 공시는 투자자가 대량으로 주식을 보유하게 되어 보유 지분이 전체 주식의 5%가 넘으면 의무적으로 해야 합니다. 단일 종목에 대한 대량 취득, 처분에 관한 정보를 신속하게 공시함으로써 시장의 투명성을 제고하는 한편, 기존의 대주주에게 적대적인 M&A 시도를 공시하게 하여 기업 지배의 공정한 경쟁을 유도하는 데 그 목적이 있습니다. 투자 목적에 따라 단순 투자 목적일 경우 약식으로 작성하고, 경영 참가가 목적일 경우에는 일반 양식으로 작성합니다.

네 번째, 임원 및 주요 주주 _{회사의 주식을 10% 이상 보유한 주주}의 특성 증권 등에 대한 소유 상황 보고서입니다. 임원 또는 주요 주주가 된 날부터 5일 이내에 본인이 소유하고 있는 특정 주식의 소유 현황을 공시해야 하며, 변동이 있는 경우에도 그 내용을 공시해야 합니다. 회사의 내부 정보를 잘 알고 있는 주요 관계자들의 주식 보유 현황은 주가 변동에 영향을 미칠 수 있으므로 조금이라도 수량이 달라지면 공시를 해야 합니다.

다섯 번째, 최대 주주 관련 공시입니다. 주식회사의 의결권은 주주에게 있는데, 1인당 1표가 아니라 1주당 1표의 권리를 주기 때문에 최대 주주는 주식회사에서 가장 많은 의결권을 가지게 되고 주주총회에서 많은 것을 결정하는 매우 중요한 위치에 있습니다. 따라서 최대 주주 변경 재료는 최대 주주가 누구인지에 따라 주가에 미치는 영향이 달라집니다. 기업의 가치를 증대할 만한 사람이라고 판단되면 주가에 큰 영향을 미치게 되겠지요. 예를 들면 대기업의 자금 또는 미국이나 중국 등의 자금이 들어와서 최대 주주가 바뀌면 주가는 상승할 확률이 높습니다.

마지막으로 액면 병합과 액면 분할 공시가 있습니다. 액면 병합과 액면 분할은 기업 가치에는 전혀 영향을 미치지 않지만 주가에는 영향을 미치는 대표적인 사례입니다. 예를 들어 5천만 원의 자본으로 액면가 5,000원의 주식을 1만 주 발행한 상태에서 액면가 5,000원을 500원으로 액면 분할하면 1만 주였던 주식 수가 10만 주로 늘어납니다. 이처럼 액면 분할을 하게 되면 주식 수가 늘어나면서 1주당 가격이 변하지만, 실질적으로 기업의 가치에는 아무 영향을 주지 않습니다. 일반적으로 우량주의 경우 주가가 지나치게 높이 형성되어 주식 거래가 부진해져 거래를 활성화할 때 사용됩니다. 최근에 삼성전자가 액면가를 5,000원에서 100원으로 분할한 것이 시장에서 큰 이슈가 되었지요. 액면 병합은 액면 분할과 반대입니다. 이 두 가지 모두 기업의 근본적인 가치가 바뀌는 것은 아니지만 주가에는 영향을 미치는 경우가 있으므로 잘 판단해야 합니다.

이외에도 기사로 나오는 중요 공시에는 무상증자, 유상증자, 무상감자, 유상감자, 기업 합병, 기업 분할 등이 있으나 이론적으로 어려운 내용이 포함되어 있으므로 다음 장에서 자세히 설명하겠습니다.

용어 설명

◆ 적대적 M&A

M&A 관련 주체가 상호 합의와 정해진 절차에 따라 기업 인수 혹은 합병을 추진하는 것을 우호적 M&A, 어느 한 편이 상대 기업의 의사에 반하여 강제적으로 경영권을 탈취하려는 것을 적대적 M&A라고 한다.

◆ 시가배당률

배당금이 배당 기준일 주가의 몇 %인지 나타낸 수치. 액면가를 기준으로 하는 배당률은 회사의 주가가 높을 경우 실제 투자 수익은 그리 크지 않을 수도 있으므로 시가배당률은 이를 보충하기 위한 가장 유용한 투자 지표로 사용된다. 즉, 배당률과는 달리 실제 투자했을 때 얼마나 수익을 올릴 수 있는지 나타내는 지표가 되는 것이다.

5장

공시에서
어렵고도 중요한
증자, 감자, 합병, 분할

☑ **MAIN POINT**

공시에 나오는 개념 중 가장 어렵다고 할 수 있는 대표적인 단어인 증자, 감자, 합병, 분할을 이해하고 주가에 어떤 영향을 미치는지 알아보자.

증자는 시장에서
반드시 악재일까?

　기업의 공시 내용 중 중요하지만 이해가 어려운 증자와 감자, 합병과 분할에 대해서 알아보겠습니다. 먼저 증자란 주식을 발행해 회사의 자본금을 증가시키는 것을 말합니다. 기업은 신주 발행을 통해 자기자본을 소달하거나 자금을 차입하여 타인자본_{부채}을 조달하는데, 증자는 자기자본 조달입니다. 자기자본 조달은 타인자본 조달에 비해 낮은 부채 비율을 유지하고 이자 지급 의무가 없다는 점에서 재무 건전성이 확보되는 장점이 있습니다. 반면, 주식수가 증가하여 기존 주주 가치가 희석되는 것이 단점입니다.

　증자는 크게 둘로 나뉘는데, 하나는 자본의 증가와 함께 현금 납입으로 실질적으로 재산이 증가하는 유상증자이고, 다른 하나는 자본 계정 내에서 숫자만 바뀌어 자본금이 증가할 뿐 기업 가치에는 전혀 변동이 없는 무상증자입니다. 유상증자는 유상으로 신주를 발행하여 회사의 자본을 증가시키는 방법으로, 자본의 증가와 함께 현금 납입으로 실질적인 자산도 증가합니다. 무상증자와 달리 유상증자는 기업의 가치에 영향을 미치는 것이지요. 따라서 유입된 자금

■ 그림 5-1 유상증자 기업 공시

이 어디에 쓰이는지에 대해 확인하는 것이 중요합니다.

통상 유상증자는 설비 자금 및 운전 자금 조달, 부채 상환, 재무 구조 개선, 경영권 안정 등을 목적으로 합니다. 이 중에서 부채를 상환하거나 재무 구조를 개선하기 위한 증자는 주가에 부정적인 영향을 미치는 경우가 많습니다. 반면 설비 자금을 위해 증자하는 경우는 미래를 위한 포석으로 해석됩니다. 제품에 대한 수요가 증가할 것으로

슈퍼개미의 왕초보 주식수업

예상되어 설비를 증설하는 것이기 때문입니다.

유상증자의 이유와 함께 주목할 부분이 유상증자의 대상입니다. 그 대상이 일반 대중이면 일반 공모, 기존 주주이면 주주 배정, 특정한 사람 또는 기업에 배정하면 제3자 배정이라고 합니다. 기업 공개를 할 때 보통 일반 공모를 하는데 상장 이후에는 일반 공모는 거의 없고 보통 주주 배정 유상증자를 합니다. 예외적으로 유상증자 청약률이 100% 미만일 경우 미발행분만큼 일반 공모를 하는 경우가 있습니다.

누구에게, 왜 파는지 잘 살펴봐야 하는 이유는 경험적으로 유상증자에 대해 시장이 반응하는 포인트가 있기 때문입니다. 보통 주주 배정 유상증자 공시가 나오면 평균 10% 이상 수가가 하락합니다. 기존 주주 입장에서는 추가 납입을 하는 것이 부담일 수 있고, 이는 신규 매수 희망자도 마찬가지이므로 기존 주주는 매도에 나서고 신규 매수 희망자는 매수를 보류할 것입니다. 그래서 수급상 당연히 주가가 하락하는 것입니다. 다만 설비 증설 등의 뚜렷한 이유가 있다면 호재로 작용하는 경우가 있습니다.

반면 제3자 배정 공시가 주가에 호재로 작용하기 위해서는 증자 금액과 제3자가 누구인지가 중요합니다. 최대 주주가 변경되는 제3자 배정 유상증자가 공시된다면 제3자에 대한 시장의 판단에 따라 호재인지 여부가 결정될 것입니다.

유상증자의 재료 가치는 호재와 악재의 이중성을 가지고 있습니다. 유상증자가 호재로 작용하는 대표적인 경우는 아직 재료로서 반영되지 않고 기업 성장에 기여할 수 있는 제3자로 최대 주주가 변경되는 것입니다. 반면 유상증자가 악재로 작용하는 대표적인 경우는 재무 구조 개선 등의 목적으로 주식을 팔아서 빚을 갚는 주주 배정 유상증자라고 기억하면 됩니다.

유상증자와 달리 무상증자는 잉여금의 자본 전입을 통해 신주를 발행하여 주주에게 무상 배정하는 것을 말합니다. 쉽게 생각하면 유상증자는 돈 받고 주식을 발행하고, 무상증자는 공짜로 주식을 발행하는 것입니다. 공짜로 주식을 발행하므로 제3자 배정 무상증자는 있을 수 없으며, 기존 주주에 대한 무상증자만 가능합니다. 또한 외부의 돈이 들어와 주식을 발행하는 유상증자와 달리 무상증자는 회계상으로는 자본금이 증가하지만, 이는 자본 계정상의 숫자 이동일 뿐 실제 기업 가치에는 전혀 변화가 없습니다.

그렇다면 기업 가치에 영향을 미치지 않는 무상증자는 주가에도 영향을 미치지 않을까요? 투자자의 심리에 영향을 주어 주가에 영향을 미치게 됩니다. **무상증자 공시에서 가장 중요한 것은 1주당 신규 배정 주식 수가 얼마나 되느냐입니다.** 당연히 클수록 좋겠지요. 무상증자 신주 발행 규모가 클수록 공짜로 받는 주식 수 늘어나고, 주가가 싸 보이는 효과가 커지기 때문입니다. 물론 받는 주식 수가 늘어나는 만큼 권리락이 커져서 기업의 실질 가치에는 전혀 영향이 없습니다.

무상증자의 경우, 주가에 영향을 미치는 일정도 중요한 부분입니다. 무상증자 공시가 나오는 시점부터 신주 배정 기준일, 권리락일, 신주 상장일 등에 주가의 변동이 있을 수 있기 때문입니다. 신주 배정일까지 주식을 보유해서 무상증자 신주 물량을 받을지, 아니면 권리락일 오전에 시총이 가벼워지면서 주가 탄력을 보일 때 공략할지 등 스케줄 매매를 하려면 관련 일정을 잘 체크할 필요가 있습니다. 또한 무상증자를 받았다면 신주권 상장일 전후로 매물 부담으로 인해 주가가 하락할 확률이 높다는 것도 기억해야 합니다.

무상증자는 기업 가치에는 전혀 영향이 없지만, 시장에서는 대체로 호재로 인식하여 단기적인 주가 흐름에 긍정적인 영향을 미칩니다. 무상증사를 하는 이유가 주가에 긍성적인 영향을 미치기 위해서라고 생각할 수 있고, 회사에 잉여금이 많다는 뜻으로 해석되므로 기업의 재무 구조가 튼튼하다는 신호로 받아들일 수 있기 때문입니다. 또한 공짜 효과와 착시 효과 등 투자자의 심리에 긍정적인 영향을 미치는 것도 이유입니다.

자본금을 줄이는 감자

감자는 증자와 반대로 자본금을 줄이는 것을 말합니다. 증자와 달리 정상적인 상황이 아닐 때 감자를 하므로 개념이나 회계 처리 이해가 어려운 반면, 자주 등장하는 경우는 아니라고 볼 수 있습니다. 회사가 주식수를 줄여 자본을 감소시킬 때 주식의 대가를 주주에게 지급하는지 여부에 따라 유상감자와 무상감자로 구분됩니다. 쉽게 생각하면 유상감자는 주식수를 없애는 것에 대한 보상이 따르고, 무상감자는 보상이 없습니다.

유상감자는 주주들에게 돈을 지불하기 때문에 실질적으로 자산 규모가 줄어들므로 실질적 감자라고 하는데, 대주주가 자금이 필요하거나 기업의 규모를 축소 또는 합병할 때 이용됩니다.

무상감자는 주주들에게 아무런 보상을 하지 않기 때문에 자본금은 감소하지만 자산은 변하지 않으므로 명목적 감자라고 합니다. 일반적으로 자본금을 감소시켜 자본 잠식에서 벗어나기 위해 하는 것으로, 회사가 계속 적자이거나 재무 구조가 좋지 않은 경우가 많습니다. 예를 들면 10:1 무상감자인 경우에 10주를 보유한 주주는 아무 보상 없이 1주만 가지게 되며, 1,000원짜리 주식이 1만 원짜리가 됩니다. 무상증자와 정확히 반대되는 개념이므로 주가가 비싸 보이는 착시 효과와 주식 수가 줄어드는 본전 심리, 회사의 재무 구조가 취약하다는 신호 효과 등으로 주가가 하락할 확률이 높습니다.

즉, 무상증자와 무상감자는 모두 기업 가치에 큰 영향은 미치지 않지만, 무상증자는 호재일 경우가 많고 무상감자는 악재일 경우가 많습니다. 무상증자는 주가가 싸 보이는 착시 효과가 있고 자본잉여금이 많다는 긍정적인 신호로 보이고, 무상감자는 주가가 비싸 보이는 착시 효과와 자본 잠식 등의 이유로 시행했다는 부정적인 신호로 보입니다. 여기에 더해 무상감자를 시행한 후에는 또 다른 악재인 유상증자를 하는 경우가 많으므로 더욱 주의할 필요가 있습니다.

합병에서 중요하게
봐야 할 것

증자와 감자가 서로 반대되는 개념이라면 합병과 분할 또한 반대되는 개념입니다. 먼저 합병이란 둘 이상의 기업이 상법의 규정에 따라 신설 합병 또는 흡수 합병의 방법으로 하나의 기업이 되는 것을 말합니다. 합병의 핵심은 시너지 효과로, 시너지가 나온다면 1+1이 2보다 커지겠지요. 합병과 유사한 기업 인수도 시너지 효과를 위한 것입니다. 다만 인수는 합병과 마찬가지로 두 개의 기업이 합쳐 하나의 기업이 되지만, 다른 한쪽이 존속합니다. 인수는 A가 B의 지분을 인수하는 것이기 때문에 모회사와 자회사의 관계가 되어 B는 B대로 남아 있게 됩니다. 이와 달리 흡수 합병은 A+B=A, 신설 합병은 A+B=C인 구조이므로 B는 사라집니다. 현실적으로 상장기업의 경우 시너지 효과를 높이기 위해서 신설 합병보다 흡수 합병을 더 많이 이용합니다. 합병의 성패 여부는 피합병 기업의 기업 가치와 시너지 효과에 따른 것입니다.

합병에서 중요한 것은 합병 비율입니다. 피합병 기업의 주주들에게 합병 기업의 주식을 얼마나 줄 것인지를 말합니다. 이 비율에 따

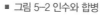

■ 그림 5-2 인수와 합병

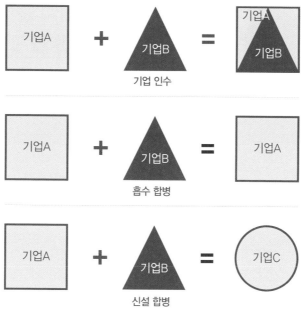

라 합병 기업이 더 유리한지, 피합병 기업이 유리한지가 결정되며, 이는 주가에 반영됩니다. 또한 시너지 효과는 명목일 뿐, 실질적으로 기업의 대주주가 경영권을 강화할 목적으로 활용하는 경우가 많으므로 합병의 목적을 주의 깊게 살펴볼 필요가 있습니다.

인적 분할 시
꼭 알아야 할 3가지

　　합병과 분할 중 주가를 움직이는 재료로 더 중요한 것은 당연히 분할입니다. 최근 주식시장에서 합병보다 기업 분할이 잦은 빈도로 공시되고 있는데, 분할에 대해 정확히 이해한다면 매수 포인트와 타이밍을 잡아낼 수 있습니다. 분할에는 물적 분할과 인적 분할이 있습니다. 물적 분할은 기존 회사가 신설된 회사의 주식을 전부 소유하는 기업 분할 방식을 말합니다. 기업이 물적 분할을 하면 A기업과 B기업으로 분할되고, A기업은 B기업을 100% 소유한 모회사가 되는 것이지요. 기존 주주의 지분 구조에는 아무 변동이 없습니다. 물적 분할의 포인트는 바로 분할되는 B기업입니다. 물적 분할의 주요 목적은 사업부 독립이나 매각인데, 분할 전 사업부를 B기업이라는 별도의 법인으로 독립시키는 의도를 파악해야 합니다. 사업부를 우량 기업으로 키워서 매각하려는 목적인지, 특정 사업부의 지속적인 적자로 인해 존속 기업에 좋지 않은 영향을 미친다고 판단하여 적자를 내는 사업부를 별도 기업으로 만드는 것인지에 따라 향후 주가에 미치는 영향이 달라지니 주의하기 바랍니다.

168 。

물적 분할과 달리 인적 분할은 기존 주주가 지분 비율대로 존속 기업 A와 신설 기업 B의 지분을 동시에 갖게 됩니다. 상장기업의 주주가 기업 분할 전에 한 종목의 주식을 갖고 있었다면, 분할 후에는 두 종목의 주식을 갖게 되는 것이지요. 인적 분할을 하는 주요 목적은 경영권 강화를 위한 지주회사의 설립입니다. 지주회사의 형태를 쉽게 설명하자면 지주회사가 A, B의 기업을 소유하고 대주주는 지주회사를 소유하는 구조입니다. 대주주는 A, B의 주식을 개별적으로 갖고 있지 않고 지주회사만 소유함으로써 경영권을 안정적으로 확보할 수 있습니다.

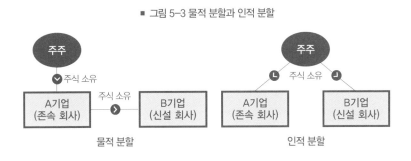

■ 그림 5-3 물적 분할과 인적 분할

인적 분할이 시행될 때 통상적으로 알아야 할 사항은 다음과 같습니다.

첫 번째, 존속 기업의 자본이 감소합니다. 물적 분할에서는 A기업이 B기업을 100% 지배하고 주주는 A기업만을 소유하기 때문에 자본 감소가 없습니다. 반면 인적 분할은 주주가 A와 B의 지분을 동시에 소유하기 때문에 자연스럽게 자본이 감소하지만, 악재는 아닙니다.

두 번째, 현물 출자에 의한 유상증자를 하게 됩니다. 대주주는 지주회사의 지분을 많이 소유해야 합니다. 그러기 위해 대주주의 사업회사 지분을 지주회사에 현물 출자하고 그 대가로 지주회사 주식을 발행하는 것입니다. 그 결과, 대주주는 지주회사의 지분율이 높아지고 지주회사는 사업회사의 지분이 늘어남으로써 지주회사 구조를 완성하게 되므로, 이 경우 유상증자는 자연스러운 것이지 악재가 아닙니다.

세 번째, 거래 정지 기간이 있습니다. 거래 정지 기간에는 시장의 변화에 대응할 수 없기 때문에 투자자 입장에서 거래 정지는 리스크입니다. 거래 정지 제도는 유상증자와 무상증자에는 없고 기업 분할이나 합병 또는 주식 분할에는 있습니다.

인적 분할의 투자 포인트는 존속 회사와 신설 회사 중 어디에 투자할 것인지 선택하는 것입니다. 기존 주주의 경우 분할 후 두 회사의 주식을 모두 보유하게 되겠지만, 결국 한 회사를 선택해야 한다면 대개는 사업회사인 신설 회사가 훨씬 좋은 투자 대상입니다. 가장 큰 이유는 지주회사의 주가가 상승할 경우 최대 주주는 상속, 증여 시에 세금을 많이 내기 때문입니다. 최근 기업 분할했던 종목을 전수 조사해보면 사업회사의 주가가 오른 경우가 많다는 것을 알 수 있습니다. **과거 기업 분할 종목의 주가 움직임과 기업 분할 목적을 생각해본다면 지주회사보다 사업회사의 선택이 확률적으로 올바른 선택일 것입니다.**

170 。

용어 설명

◆ 자본 전입
주주총회의 결의에 의해 자본잉여금과 이익잉여금의 전부 또는 일부를
자본에 편입시키는 것을 말하며, 주주에게 신주를 발행한다. 자본금 납
입에 의해 발행되는 주식을 유상주라고 하고, 자본 전입으로 인해 발행
되는 주식을 무상주라고 한다.

◆ 기업 인수
특정 기업을 대상으로 경영권을 행사하는 데 충분한 지분을 취득하는 것
으로 적대적 매수와 우호적 매수로 나뉜다. 적대적 기업 인수는 주로 공
개 매수를 통하지만, 합병 제의, 공개 시장에서의 매집 등을 통해 이루어
질 수도 있다.

◆ 현물 출자
자본의 충실을 목적으로 금전 이외의 재산으로써 하는 출자. 예를 들
면, 토지 · 건물과 같은 부동산, 유가증권 · 상품 등의 동산, 그 밖에 특허
권 · 지상권 등의 무형자산에 의한 출자를 말한다. 주식회사의 경우에는
발기인뿐만 아니라 누구나 현물 출자가 가능하며, 출자하면 주주가 된
다. 대개 기업의 조직 변경 · 매수 합병 등의 경우에 이뤄진다.

HTS를
제대로 활용해서
정보를 얻자

☑ **MAIN POINT**

증권사리포트가 좋은 스승이라면 HTS는 좋은 친구이므로, 여러 메뉴를 통해
어떤 정보를 얻을 수 있는지 이해하고 연습하자.

시간대별
매매의 차이점

누구나 HTS를 이용하지만 HTS를 잘 활용하는 투자자는 많지 않습니다. 이번에는 HTS에서 얻을 수 있는 정보에 대해서 설명하겠습니다. HTS에서 많은 정보를 얻기 위해서는 여러 메뉴를 이용하면서 그 기능을 이해해야 하는데, 가장 기초적인 주문이나 시간대별 매매 구분에 대해서도 모르는 투자자들이 의외로 많습니다. 그러므로 매매의 기초가 되는 시간대별 매매에 대해 알아보겠습니다.

우선, 주문의 종류 중에 가장 많이 사용되는 시장가와 지정가를 알아봅시다. 말 그대로 시장가는 시장의 현재 가격이고, 지정가는 매수 및 매도를 체결하기 위해 내가 직접 가격을 지정하는 것을 말합니다. 그 숨은 뜻은 무엇일까요? 쉽게 말하면, 시장가 매수 또는 매도는 무조건 사거나 팔겠다는 의사를 표시하는 셈입니다. 투자자들은 자신의 성향과 시장의 상황에 따라 시장가와 지정가 사이에서 선택하게 됩니다. 예를 들어 재료가 갑자기 나왔는데 시간을 다투어 빠르게 매수 또는 매도해야 하는 긴급한 상황이라면, 지정가가 아닌 시장가로 주문을 넣어야 합니다. 반대로 중장기로 접근하면서 천천히 모아가는 투자를 한다면 싸

■ 그림 6-1 HTS 현재가창

게 살수록 좋으므로 저점에 지정가 매수 주문을 넣으면 되겠지요.

체결 동향이나 분 차트를 보면서 매매하다 보면 시장가 매수나 매도가 갑자기 나오는 경우가 있습니다. 이때는 갑자기 나온 재료가 있는지 반드시 확인할 필요가 있습니다. 단타 매매의 최고봉은 '현재가창'을 보고 매매하는 것이라는 말이 있습니다. '현재가창'을 매일 보다 보면 쉽게 이 말에 수긍할 것입니다.

다음으로, 장전 동시호가와 장마감 동시호가를 통해 얻을 수 있는 정보를 알아보지요. 동시호가는 동시에 부르는 가격이라는 뜻입니다. 장전이 붙으면 주식 개장 전에 동시에 부르는 가격, 즉 시초가 결정을 위한 가격입니다. 그렇다면 장전 동시호가를 통해 알 수 있는 정보는 무엇일까요? 장전 동시호가가 실시간으로 반영된 예상 체결가를 살펴보며 오늘 장의 상승과 하락이 예상되는 종목과 업종 그리고 테마주를 포착할 수 있습니다. 포착된 정보를 통해 예상 체결가가 높은 종목을 직접 시장가로 공략할지, 동일 테마주 내에 숨어 있는 종목을 저점 지정가로 간접 공략을 할지 전략을 세울 수 있습니다.

장마감 동시호가의 경우에는 차트를 통해 일봉의 패턴을 분석하며 내일 시초가가 상승할 확률이 있는 종목을 찾아보고 마땅한 종목이 결정되면 정보 검색을 통해 종가 베팅 여부를 결정합니다. 특히 직장인 투자자는 장이 열린 시간에 시장에 집중할 수 없기 때문에 단기 매매를 선호한다면 시초가 공략 또는 종가 공략 등이 장중 시간을 통한 매매보다 유리할 수 있습니다.

세 번째, 장전 시간외종가와 장후 시간외종가를 통한 정보를 알아보겠습니다. 시간외종가는 종가로만 거래가 된다는 것이 중요합니다. 장전 시간외종가는 어제의 종가로 거래되며, 장후 시간외종가는 오늘의 종가로 거래됩니다. 예를 들면 필라델피아반도체 지수가 큰 폭으로 상승해서 삼성전자나 SK하이닉스의 갭 상승이 예상된다면, 장전 시간외종가로 매수하여 시초가 갭 상승으로 무위험 차익을 얻을 수 있습니다. 단, 시간 우선의 원칙이 적용되므로 누구보다 빠르게 넣어야 합니다. 초보 투자자에게는 쉽지 않은 방법이니 이해만 하면 됩니다. 과

정규시간		09:00 ~ 15:30
동시호가	장시작 동시호가	08:30 ~ 09:00
	장마감 동시호가	15:20 ~ 15:30
시간외종가	장전 시간외종가	08:30 ~ 08:40 (전일 종가로 거래)
	장후 시간외종가	15:40 ~ 16:00 (당일 종가로 거래)
시간외 단일가		16:00 ~ 18:00 (10분 단위로 체결)

거에는 이를 이용한 매크로 프로그램을 사용하던 세력도 있었지만, 지금은 기술적으로 적용하기가 불가능해졌습니다.

장후 시간외종가는 종가의 변동이 심해서 차트가 변했거나 시장가가 아닌 지정가로 낸 주문이 체결되지 않았을 때 주로 이용합니다. 종가 베팅의 연장선에서, 종가가 결정된 상태인데 차트가 예뻐졌거나 갑작스럽게 정보가 나오는 경우에 매수 주문을 넣는 경우도 있습니다.

마지막으로 시간외 단일가를 통한 정보를 알아보겠습니다. 투자자에게 추가로 매매 거래 기회를 제공하기 위해 장 종료 후 오후 4~6시에 10분 단위로 체결이 이루어지는 것인데, 하루에 총 12회 매매가 이루어집니다. 당일 종가 기준으로 ±10%다만, 당일 상하한가 이내의 가격에서 거래가 이루어집니다. 정규 시간이 끝나고 갑자기 재료가 나오는 경우, 또는 종가보다 더 높은 가격에 매수하고 싶거나 더 낮은 가격에 매도하고 싶을 때 거래합니다. 시간외 단일가에서 상승하면 그다음 날 상승할 확률이 높기 때문에, 상승률 상위 종목의 재료를 꼼꼼히 찾아볼 필요가 있습니다.

옥석을 구별해주는
정보가 있다

　정보 분석에서 가장 중요한 포인트는 시간의 제약으로 모든 정보를 볼 수 없기 때문에 그중에서 옥석을 구분하여 중요 정보만 분석해야 한다는 것입니다. 중요한 정보만 추려서 볼 수 있는 가장 좋은 방법은 당일 상승한 종목의 정보를 확인하는 것입니다. 주식시장에서 중요한 정보란 주가에 영향을 미치는 것이기 때문입니다. 과거에는 상한가 종목이 매일 30여 종목이라 상한가 종목만 분석해도 중요 정보를 파악하고 시장의 흐름을 읽어낼 수 있었지만, 이제는 상한가 종목이 하루에 몇 종목 나오지 않으므로 상승률 상위 종목을 살펴보아야 합니다.

　일간 상승률 TOP30 종목을 매일 분석하면서 동일 업종 종목과 동일 테마주 종목을 묶는 연습을 하다 보면 오늘 테마주의 상승 흐름이 보이기 시작하고, 며칠에 걸쳐 흐름을 따라가다 보면 시장의 흐름과 테마주의 추세를 읽을 수 있게 됩니다. 이 종목이 왜 올랐는지, 이 테마는 왜 단체로 올랐는지, 종목 또는 테마의 상승 이유를 공개정보 뉴스, 증권사리포트와 그 밖의 미공개정보 카페, 블로그, 종목게시판 등에서 찾는 것입니다. 테마주 내에서 상승 종목이 하나만 있으면 개별 종목 재료로

■ 그림 6-2 순위 분석

혼자 상승한 것이고, 여러 개라면 테마주 재료로 전체적으로 상승한
것이라고 생각하면 됩니다. 테마주가 상승했다면 테마주 중에서 강한
종목을 직접 공략할지, 아직 안 오른 종목을 찾아 간접 공략할지, 자
신의 투자 스타일과 상황에 따라 결정합니다.

상승률 TOP30 종목 중 특정 종목의 상승 재료를 찾는 방법은 우
선 뉴스, 리포트, 공시 등의 공개정보를 검색해보고, 공개정보가 없다
면 미공개정보를 찾아보는 것입니다. 해당 종목 게시판, 블로그, 카페

의 정보를 포털사이트에서 찾는 것이지요. 물론 미공개정보는 재료의 신빙성 여부 등을 교차 확인하는 과정을 거쳐야 합니다.

상승률 상위 종목 분석에는 시간의 개념이 포함되어 있습니다. 당일 트레이딩을 위해서는 장중 상승률 상위 종목 분석이 중요하고, 스윙 swing 등 단기 매매를 위해서는 일간 분석이 중요합니다. 또한 투자 기간을 오래 두는 투자자라면 월간 상승률 상위 종목이나 연간 상승률 상위 종목을 분석하여 잔파도가 아니라 굵직한 추세를 파악할 수 있을 것입니다.

■ 그림 6-3 상승률 TOP30 종목 분석 사례, 네이버 카페 밸런스투자아카데미 참고

현재 누가 사는지
알아야 한다

"주식은 수급이다"라는 말이 있습니다. 수급은 수요와 공급을 뜻하는 말입니다. 매수하려는 수요가 매도하려는 공급보다 많으면 주가가 오르지요. 많은 투자자들이 주식 분석을 하는 것도 수요자가 공급자보다 많아서 앞으로 주가가 오를 만한 종목을 찾기 위해서입니다. 가치투자자들이 가치 분석을 하는 이유는 현재 가치에 비해 주가가 저평가되어 있는 종목을 찾아내는 것이고, 재료 매매자들이 정보를 분석하는 이유는 미반영정보의 종목을 찾는 것이며, 차티스트들이 차트를 분석하는 이유는 차트가 매력적인 종목을 찾기 위해서입니다. 즉, 여러 가지 이유로 앞으로 수급이 좋아질 것 같은 종목을 찾는다는 말입니다. 그런데 매매 동향의 분석은 앞으로 수급이 좋아질 것 같은 이유, 즉 "왜 사야 하는가?"를 알기 위해서가 아니라 "현재 누가 사는가?", 즉 현재 수급의 주체를 알기 위해서 하는 것입니다.

먼저 개별 종목이 아닌 시장 전체의 매매 동향을 살펴봅시다. 개인, 기관, 외국인의 매수 주체 중 외국인의 매수세가 중요합니다. 첫째, 외국인은 개인보다 경제를 판단하는 시야와 정보력 면에서 크게 앞서

슈퍼개미의 왕초보 주식수업

있습니다. 둘째, 외국인 자금은 대체로 중장기 투자의 성격이기 때문에 순매수 자금이 국내에 새롭게 유입되는 자금일 확률이 높습니다. 개인이 사고파는 자금은 내국인의 예수금이고, 기관이 사고파는 자금도 펀드에 가입한 내국인 개인 또는 법인의 돈입니다. 개인과 기관의 경우 순매수가 나오면 순매도로 돌아설 확률이 높고, 반대로 순매도는 언젠가 순매수로 전환될 가능성이 높습니다.

■ 그림 6-4 투자자별 매매 동향

시장구분		개인	외국인	기관계	금융투자	보험	투신	은행	기타금융	연기금등	국가,지자체	기타법인	사모펀드
거래소	매도	112,280	26,435	43,443	19,770	1,136	2,199	335	12	18,925		905	1,063
	매수	113,582	33,948	34,277	14,493	916	2,146	52	28	15,700		1,249	940
	순매수	1,302	7,513	-9,165	-5,277	-220	-53	-283	16	-3,224		344	-122
코스닥	매도	95,586	9,163	2,970	989	172	647	7	82	649		685	420
	매수	96,292	9,197	2,414	1,056	109	612	6	9	261		543	357
	순매수	706	33	-555	67	-62	-34	-1	-73	-387		-141	-62
KSP200 선물	매도	64,037	182,963	27,351	20,802	389	4,417	142	46	1,555		7,735	
	매수	62,471	188,648	22,394	13,392	117	7,081	128	71	1,605		8,573	
	순매수	-1,566	5,685	-4,957	-7,410	-272	2,664	-14	25	50		838	
KSP200 콜옵션	매도	1,493	2,810	251	172	30	41			5		53	
	매수	1,641	2,710	203	188		12		1			53	
	순매수	147	-99	-48	15	-30	-29			-4			
	(계약)	41,758	-6,476	-37,746	-32,470	-1,771	-2,157	-502	-26	-820		2,464	
KSP200 풋옵션	매도	1,152	2,741	257	238	2	12	1	1			52	
	매수	1,153	2,788	214	194	2	14		1	2		47	
	순매수		47	-43	-43		1		1	1		-4	
	(계약)	33,394	11,747	-46,248	-48,101	-1	1,304	-283	13	820		1,107	
주식 선물	매도	2,083,439	3,961,620	4,910,738	2,741,359	66,685	1,283,738	308	45	818,603		170,013	
	매수	2,017,718	3,946,329	4,995,935	2,830,855	65,598	1,358,508	700		740,274		165,828	
	순매수	-65,721	-15,291	85,197	89,496	-1,087	74,770	392	-45	-78,329		-4,185	

※ 2018.12.10 부터 "국가/지자체"의 매매정보는 "연기금 등"에 통합되어 제공됩니다.(한국거래소)

그러나 외국인은 기관 또는 개인과 달리 국내에 국한되어 투자하지 않고 전 세계의 투자처에 자금을 배분하여 어느 국가에 중장기적으로 투자할지 결정하므로 자금의 성격이 다릅니다. 물론 단기적인 헤지펀드 hedge fund 도 있지만, 그조차도 국내 개인이나 기관의 투자에 비추어 보면 중장기로 볼 수 있습니다. 이런 이유로 해외에서 유입되는 외국인 순매수는 국내 증시의 수급에 좋은 영향을 미치며, 외국인이 추세적인 순매수를 이어나가는 장은 강세장일 확률이 높습니다. 즉, 매우 높은 확률로 외국인들의 자금이 장기적으로 유입될 때 대세 상승장이 되는 것입니다.

그렇다면 외국인들이 언제 순매수하는지 알면 좋겠지요? 첫 번째는 국내 주식시장의 전망이 좋다고 판단될 때이고, 두 번째는 환율입니다. 원화 가치가 낮을 때 주식을 매수해서 원화 가치가 높을 때 팔면 주가 상승으로 인한 수익과는 별개로 환차익이 발생하기 때문입니다.

그러므로 종합적으로 매매 동향의 주식시장에 미치는 긍정적인 영향은 외국인 〉 기관 〉 개인의 순이라고 할 수 있습니다.

다음으로 개별 종목별 매매 동향을 체크할 때는 외국인이나 기관이 많이 매수한 종목, 또는 외국인과 기관이 동시에 순매수한 종목은 쌍끌이 순매수라 하여 좋은 신호로 봅니다. 특히 쌍끌이 순매수가 들어온 종목은 주의 깊게 살펴봐야 합니다. 외국인과 기관이 동시에 순매수하는 종목을 찾는 것은 HTS를 통해 얻을 수 있는 고급 정보 중 하나이며, 잘 다듬으면 훌륭한 매매법으로 발전시킬 수도 있음을 명심해야 합니다.

외국인이나 기관의 매매 동향을 볼 때는 연속 일수와 순매수 규모를 확인하는 것이 중요합니다. 매수와 매도를 반복하는 것이 아니라 추세적으로 매수하는 연속성이 있을수록, 적은 금액이 아닌 큰 금액으로 매수할수록 주가에 긍정적인 영향을 미칠 것입니다. 이처럼 연속 일수가 많은 경우 증권사 창구 분석을 통해 매수 주체의 증권사 창구를 찾을 수 있고, 매수 주체가 된 증권사에서 매도할 경우 빠르게 대처할 수 있습니다. 그리고 연속적으로 매수하는 주체가 있을 경우에는 해당 종목은 하방경직을 확보하는 경우가 확률적으로 높습니다. 이는 외국인이나 기관의 순매수 종목뿐 아니라 세력이 들어온 종목도 유사합니다.

코스피200 종목을 보면 알 수 있는 것!

우리나라 주식시장에는 거래소와 코스닥이 있습니다. 거래소가 코스닥보다 훨씬 규모가 크고 값이 비싸므로, 거래소가 코스닥에 비해 시가총액이 큽니다. 당연히 거래소 지수가 경제를 나타내는 지수로서 더 중요하며, 거래소의 대표 선수 200종목으로 구성된 것이 코스피200입니다.

코스피200은 거래소 전 종목 중 시가총액이 높고 거래량이 많으며 업종을 대표하는 200종목을 선정해 지수화한 것을 말합니다. 이 지수는 선물 및 옵션의 거래 대상이 됩니다. 외국인과 기관은 현·선물 차익 거래가 많으므로 코스피200 지수를 살펴보는 것은 지수 예측에 매우 중요하며, 선물 옵션 등 파생상품을 거래하는 투자자에게는 더욱 중요합니다. 물론 여기에는 ETF 투자자도 포함될 것입니다.

코스피200에 포함된 종목의 주가 움직임이나 시가총액 순위 변동을 보면 현재 주가 움직임이 좋은 업종과 좋지 않은 업종을 알 수 있습니다. 예를 들어 삼성전자와 SK하이닉스의 주가가 많이 상승했을 때는 반도체 업종이 좋고, 시가총액 상위 대장주들을 따라 반도체 장

순위	종목 명	현재가	대비율	시가총액	비 중	지수영향
1	삼성전자	81,600	-1.33%	4,871,343	25.90%	-1.4656
2	SK하이닉스	126,000	0.40%	917,283	4.87%	0.0812
3	LG화학	960,000	-1.34%	677,686	3.60%	-0.2048
4	NAVER	366,500	2.23%	602,025	3.20%	0.2933
5	삼성SDI	783,000	1.42%	538,426	2.86%	0.1688
6	삼성바이오로직	799,000	-0.37%	528,658	2.81%	-0.0443
7	현대차	245,000	3.59%	523,487	2.78%	0.4054
8	셀트리온	332,000	1.22%	448,193	2.38%	0.1205
9	카카오	489,500	6.18%	433,506	2.30%	0.5633
10	기아차	86,400	1.77%	350,234	1.86%	0.1357
11	현대모비스	331,500	1.84%	315,106	1.67%	0.1273
12	SK이노베이션	296,500	2.95%	274,160	1.45%	0.1754
13	LG전자	167,500	4.04%	274,110	1.45%	0.2374
14	LG생활건강	1,672,000	1.21%	261,136	1.38%	0.0697
15	삼성물산	131,000	0.00%	244,822	1.30%	0.0000
16	POSCO	271,000	0.37%	236,276	1.25%	0.0195
17	엔씨소프트	1,027,000	2.09%	225,468	1.19%	0.1029
18	SK	309,500	1.31%	217,765	1.15%	0.0628
19	SK텔레콤	246,000	-0.61%	198,634	1.05%	-0.0270
20	LG	110,000	4.76%	189,813	1.00%	0.1926

※ 시가총액은 참고용으로써 거래소 발표 내용과 다를수 있습니다.

비주의 주가도 오를 것임을 예상할 수 있습니다.

관심이 있는 업종이 있다면, 업종별 톱픽 종목의 움직임을 파악할 때도 코스피200종목의 분석은 유용합니다. 시가총액이 높은 종목과 주가 상승률이 높은 종목으로 업종별 톱픽 종목을 파악할 수 있기 때문입니다. 즉, 대다수의 업종별 톱픽 종목은 코스피200종목이라고 생각하면 됩니다. 예를 들어 반도체 산업의 삼성전자, 2차전지 산업의 LG화학, 인터넷 산업의 네이버, 바이오 산업의 삼성바이오로직스, 자동차 산업의 현대차 등이 각 업종을 대표하는 종목이 된 것은 업종 내 시가총액 1위이기 때문입니다.

마지막으로 코스피200에 편입되거나 제외되는 종목은 주가에 영향을 받게 됩니다. 시가총액이 상승하여 코스피200에 신규 편입되는 종목은 기관과 외국인이 매수해야 하기 때문에 편입이 거론될 때부터 편입 초기까지는 쌍끌이 순매수가 들어옵니다. 그러나 일정 물량을 확보한 후에는 비중을 조절하는 경우가 있습니다. 반대로 코스피200에서 제외되는 종목은 기관과 외국인이 매도하므로 주가가 단기간 흘러내리지만, 매도가 끝난 후에 악성 매물 해소가 원인이 되어 의외로 주가가 급등할 경우도 있으니 주의해야 합니다. 주식시장에서 모든 현상은 동전의 양면과 같아서 다각적으로 검토할 필요가 있습니다.

MENTOR'S TIP ●●●

· HTS의 모든 메뉴들을 눌러보고 친숙해지기
· HTS의 메뉴들 중 중요 정보를 제공하는 것을 정기적으로 보는 습관을 들일 것
· HTS의 중요 메뉴들을 보고 해석하고 생각하면서 매매에 접목시키는 연습을 할 것

용어 설명

◆ 스윙 매매
주식 매수 후 2~3일 정도 주식을 보유하는 매매 방법.

◆ 예수금
거래와 관련하여 임시로 보관하는 자금을 의미한다.

◆ 헤지펀드
개인을 모집하여 조성한 자금을 국제 증권시장이나 국제 외환시장에 투자하여 단기 이익을 거둬들이는 개인 투자 신탁이다. 투자 지역이나 대상 등 당국의 규제를 받지 않고 고수익을 노리지만, 투자 위험도 높은 투기성 자본이다. 헤지란 본래 위험을 회피, 분산시킨다는 의미이지만 헤지펀드는 위험 회피보다는 투기적인 성격이 강하다.

생활 속에서
얻는 정보 활용법

☑ **MAIN POINT**

일상생활에서 뉴스, 소비, 업무, 지인을 통해 정보를 얻었을 경우, 이를 주식 투자에 이용하는 방법을 알아보자.

뉴스 볼 때
주의할 것!

앞에서 설명한 증권사리포트, 뉴스, 공시, HTS 등의 활용은 주식 투자자가 능동적으로 주식투자에서 성공하기 위해 자료를 수집하는 방법입니다. 그런데 일상생활을 하면서 수동적으로 접하게 된 정보가 더 중요한 경우가 있습니다. 이를 생활 속의 정보라고 하는데, 일상생활에서 정보를 얻는 채널은 크게 세 가지로 나눌 수 있습니다. 뉴스와 소비 그리고 업무 활동입니다.

먼저 뉴스를 통한 정보를 알아보겠습니다. 누구나 일상생활에서 매일 뉴스를 접하게 됩니다. 주식투자자는 방송이나 신문 기사 또는 온라인 콘텐츠 등을 통해 뉴스를 접했을 때 주식투자와 연관 짓는 연습을 항상 해야 합니다. 특정 뉴스를 들었을 때 창의력과 통찰력을 갖고 주식투자와의 관련성을 계속 생각해야 한다는 뜻입니다. 창의력과 통찰력이 없어서 처음 본 뉴스를 주식투자와 연관 짓기 힘들더라도 슬퍼할 필요는 없습니다. 처음 본 뉴스를 연상법으로 주식투자와 연결 짓기는 쉽지 않지만, 실제 상승률 상위 종목 분석을 통해 재료 가치가 컸던 뉴스를 나중에 확인하는 공부를 해나가다 보면 특정 뉴스가 주가에 영향을 미치는 크기를 가늠할 수 있게 됩니다.

　예를 들면 디지털 뉴딜과 그린 뉴딜 등의 정부 정책에 관한 뉴스가 나오면 정부 정책 관련주를 찾아볼 수 있습니다. 또 사회 뉴스에서는 코로나 바이러스가 확산된다는 소식에서 마스크, 진단 키트, 백신, 치료제 등 코로나 관련주를 떠올릴 수 있습니다. 소비 뉴스에서는 최근 유행하는 화장품이나 의류, 음식료와 관련된 내용을 보면서 유통주나 소비 관련주 중에 관련 종목을 확인해봅니다. 문화 뉴스를 보면서는 영화, 공연, 뮤지컬, 드라마, 음악 같은 대중문화 또는 관련 연예인 가십 등의 정보에서 엔터주를 떠올릴 수 있습니다. 이런 뉴스와 주가의 연결 고리를 모르는 투자자는 무턱대고 연상법을 통해 새롭게 관계를 찾아내는 것이 힘들겠지만, 미리 특정 뉴스와 특정 테마주의 연결 고리를 안다면 쉽고 빠르게 대처할 수 있을 것입니다.

소비 활동을 통해서도
정보를 얻는다?

우리는 살면서 생산 활동과 소비 활동을 합니다. 생산 활동을 하지 않는 사람은 있을 수 있지만, 소비 활동을 하지 않는 사람은 아무도 없을 것입니다. 소비 활동을 통해 쉽게 얻는 정보 중에 주식투자와 관련된 고급 정보가 있다는 생각은 투자 성과를 높이는 무기가 될 것입니다. 실제 미국의 할머니 투자 클럽, 가정주부 투자 클럽 등 실생활을 통해 얻은 정보로 투자에 성공한 사례는 굉장히 많습니다. 또한 저도 오랜 주식투자 경험 중에 소비 활동을 통해 소비 관련주에 관한 좋은 정보를 얻을 수 있었습니다.

주식투자자로서 일상생활에서 소비할 때 제품이나 서비스를 제공하는 회사가 상장기업인지 관심을 두는 것이 첫걸음입니다. 예를 들어, 떡볶이를 파는 동네 분식집이 아무리 장사가 잘되더라도 상장기업은 아닙니다. 하지만 마트에서 라면을 샀는데 라면이 맛있고 잘 팔리는 히트 상품이라면 그 라면이 상장기업에서 만든 상품인지 관심을 가져야 합니다. 상장기업인 라면 제조회사는 농심, 삼양식품, 오뚜기 등이 있고 비상장기업은 한국야쿠르트가 있습니다. 우리가 소비하는 제품을 만드는 제조 기업 또는 서비스 기업이 상장기업인지 아닌지 미리 알고 있다면 바로 떠올리는 연습이 더욱 잘되겠지요.

또한 아직 소비하지 않았더라도 마트나 백화점에서 히트 상품으로 떠오르는 상품에 주목해야 합니다. 히트 상품인지 아닌지는 어떻게 알 수 있을까요? 우선 진열대를 보면 알 수 있습니다. 마트나 백화점도 물건을 많이 팔아야 돈이 남기 때문에 잘 팔리는 제품은 눈에 잘 띄는 위치에 진열합니다. 다른 하나는 주변의 사용 평가나 후기 등 가족, 친구, 직장 동료 등 주변 사람들의 평이나 입소문을 통한 것입니다. 이런 경우 히트 상품을 상장기업에서 만들었는지 확인합니다.

영화나 드라마를 볼 때도 히트할 것 같은 예감이 든다면 관련 엔터주를 찾아봐야 합니다. 영화를 봤는데 재미있으면 그 영화의 제작사가 상장기업인지 찾아볼 필요가 있습니다. 마찬가지로 드라마를 보고 관련 주식을 연상할 수 있어야 합니다. 또는 가수들의 노래를 들을 때도 마찬가지입니다. 아이돌 그룹 BTS가 미국 시장에 진출하고 세계적인 가수로 성장하면서 소속사인 '빅히트'에 대한 관심이 당연히 높아졌고, 빅히트는 상장 이후 엔터주 1위로서 시가총액 8조 원 정도를 형성하고 있습니다. 이처럼 영화, 드라마를 보거나 가수들의 노래를 들을 때 관련 기업을 찾아보며 관련 종목을 매수할지 판단하는 것이 좋습니다. 물론 적당한 인기몰이가 아니라 크게 히트를 해야 됩니다.

이와 같이 소비를 통해 얻은 정보에서 히트 상품과 관련된 종목이 관심 종목으로 선정되었다면 다음으로 히트 상품의 매출 비중을 확

인해야 합니다. 예를 들어 매출 1조 원인 회사에서 10억 원짜리 히트 상품이 나왔다면 매출 비중은 0.1%밖에 안 됩니다. 매출이 0.1% 늘어났다고 해서 주가가 2~3배나 오를 리가 없습니다. 하지만 100억 원 매출 회사가 100억 원짜리 히트 상품을 만들면 주가가 2배 이상 상승합니다. 매출이 2배 증가했기 때문에 영업이익, 당기순이익도 당연히 그 이상 증가할 테고 주가에도 큰 영향을 줄 것입니다. 간단한 논리입니다. 이것이 히트 상품의 매출 비중을 확인해야 하는 이유입니다.

실질적이고 정확한 분석이 가능한 정보

본인이 속해 있는 회사와 업무를 통해 주식투자와 관련된 정보를 얻는 경우에 의외의 종목을 발굴할 수 있습니다. 자신의 업무가 포함된 관련 업종이 주식시장 내에서 자신이 가장 잘 알고 있는 업종이기 때문입니다. 물론 법적 제한 대상인 내부 정보가 아닌 것에 한합니다. 예를 들어 저는 세무법인을 운영하는 세무사입니다. 세무사는 대부분 더존 회계 프로그램을 쓰고 있습니다. 이 프로그램을 서비스하고 있는 더존비즈온이 최근 클라우드 기반 서비스를 제공하면서 수익성, 성장성이 좋아져 주가가 많이 상승했습니다. 아마도 주식투자를 하는 세무사는 이런 정보로 이 종목의 매수를 생각해봤을 것입니다. 또 세무사는 여러 업종의 거래처를 방문하고 재무제표를 보면서 실적이 좋고 나쁨을 알 수 있는 직업의 특성상 해당 업종의 흐름을 통해 관련 종목을 발굴하여 주식을 매수하여 수익을 낼 수도 있을 것입니다.

성형외과나 피부과 의사는 어떨까요? 외국의 보톡스를 사용하다가 국내에서 새롭게 만든 보톡스를 사용한 후 효과에 만족하여 성장 가능성을 예상했다면, 제조사인 메디톡스의 주식을 살 수도 있고 후

발주자인 휴젤의 주식을 매수할 수도 있을 것입니다. 소형 마트나 편의점을 운영하는 주식투자자라면 어느 회사 라면의 판매량이 늘고 있는지, 어느 회사 과자가 갑자기 히트를 치는지 누구보다 빨리 알 수 있습니다. 삼양식품의 '불닭 볶음면'이나 하이트진로의 '테라' 등이 주가에 영향을 미친 히트 상품의 대표적인 사례들입니다. 이처럼 업무를 통한 정보는 오히려 증권가의 애널리스트보다 현업종사자가 더 실질적이고 정확한 분석이 가능하다는 장점이 있습니다.

또한 업무상 만나는 주변 사람들과의 대화에서 투자 힌트를 얻을 수도 있습니다. 모임에 가서 여러 가지 정보를 듣거나, 거래처에서 만나는 직원, 사장의 정보를 듣고 업종의 상황이나 업종 내 회사들의 상황을 파악해볼 수 있습니다. 주로 대외적으로 영업 활동을 많이 하는 경우 다양한 정보를 많이 알고 있지만, 이런 정보에 문제점이 하나 있습니다. 사람들은 자신이 속한 업종에서 종목 선정을 하지 않는 심리가 있다는 점입니다. 한마디로 남의 떡이 더 커 보이기 때문입니다. 본인이 속한 분야를 너무 잘 알기 때문에 다른 투자자에게는 좋아 보이는 종목도 업종 종사자에게는 매력이 떨어지는 것입니다. 본인이 잘 알고 있는 종목을 이야기하면 "에이, 그거 사면 뭐 해"라며 시큰둥해 하고, 반대로 잘 알지 못하는 종목에는 "그래? 좋은데?" 하며 끌리는 심리가 있습니다.

생활 속의 주식투자 정보가 반영되거나 매수 결정까지 이르는 속도는 뉴스, 소비, 업무의 순입니다. 뉴스 정보가 가장 빠르게 반영되고, 다음으로 소비를 통한 정보, 그리고 업무를 통한 정보의 순서로 반영되는 거죠. 뉴스의 경우 다수에게 빠르게 전파되는 완전 공개정보로 종목에 직접 영향을 미치는 긴급한 뉴스의 경우에는 1분 안에 매수를 결정해야 되는 경우도 있습니다. 심지어는 뉴스가 뜨자마자 10초 안에 매수를 결정하고 시장가로 매수 버튼을 눌러야 하는 경우도 있습니다. 다음으로 소비를 통한 정보는 완전 공개정보는 아니지만 소비자들은 다 아는 정보라서, 소비자들의 입소문을 타는 정도의 시간이 지나면 주가에 반영될 것입니다. 업무를 통한 정보는 반영되기까지 가장 시간이 오래 걸립니다. 이는 업무를 통한 정보는 관련 종사자들이 가장 먼저 아는 정보이기 때문입니다. 생활 속의 주식투자 정보의 반영 속도는 다수가 아는 정보일수록 빠르게 반영되는 심리와 논리가 숨어 있습니다.

지인이 주는 정보는 4가지를 확인하자

주변의 투자자들에게 보유 종목의 매수 이유를 확인해보면 의외로 지인의 추천이라고 답하는 비율이 굉장히 높습니다. 그런데 좀 더 구체적으로 질문해보면 지인의 근거는 단순히 얼마까지 오를 테니 묻지도 따지지도 말고 빨리 사야 한다는 카더라통신이 대부분입니다. 이런 답변을 들으면 그런 투자는 정말 절대로 안 된다고 말하곤 합니다. 주식투자에 있어서 제가 가장 좋아하는 말은 "이것 또한 지나가리라"와 "아무도 믿지 말라"입니다. 이 두 가지만 지켜도 주식투자 성적은 중간은 갑니다. "이것 또한 지나가리라"는 글귀를 가슴에 새겨서 시장을 대하면 시장의 급등락 변동을 잘 이겨낼 수 있고, "아무도 믿지 말라"는 글귀를 머리에 새겨서 투자할 때는 남에게 의존하지 말고 분석도 직접 하고, 판단도 직접 내리며, 책임도 직접 지는 현명한 투자자로 거듭나야 합니다.

지인을 통한 정보는 기본적으로는 믿으면 안 되는 정보이지만, 믿을 수 있는 지인이고 추천에 근거가 있으며 매우 좋은 재료라는 판단이 든다면 다음과 같은 내용을 확인해봐야 합니다.

우선, 최대한 관련 정보를 찾습니다. 정보를 준 지인은 재무제표$_{가치,}$ 차트$_{가격,}$ 재료$_{정보}$ 중 재료를 말하면서 종목을 추천했겠지요. 재무제표나 차트를 말하면서 주식을 추천하는 경우보다는 재료를 말하면서 추천하는 경우가 훨씬 많기 때문입니다. 특히 잘 알려지지 않은 재료로 추천하는 경우가 많은데, 지인이 알려주는 재료는 대부분 미공개정보이기 때문에 교차 확인하여 사실 유무를 정확히 판단해야 합니다.

둘째, 세력의 유무를 확인합니다. 더 이상 떨어지지 않는 하방경직성을 확보하고 있는지, 차트가 예쁜지 확인하고, 나아가 창구 분석까지 하면서 세력이 있는지 확인합니다. 세력은 차트를 중요하게 생각하기 때문에 세력이 있는 종목은 차트가 예쁩니다. 그리고 주식을 싸게 매수하려고 노력하기 때문에 하방경직성이 확보된 종목이 많습니다. 반면 지인에게 들었을 때 이미 주가가 많이 올랐다면 매집 이후 주가를 올리고 팔아먹는 단계일 수 있으니 주가의 위치를 함께 살펴봐야 합니다.

셋째, 삼박자로 분석해야 합니다. 재료를 찾으면서 정보 분석을 하고, 세력의 유무를 확인하면서 차트로 가격 분석을 했다면, 삼박자 분석법의 마지막인 재무제표 보면서 가치 분석을 해야 합니다. 이 경우 재무제표에서 영업 적자가 있는 기업은 피하는 것이 좋습니다. 특히 한 달 이상 중장기로 보유할 종목이라면 영업 적자가 있는 기업은 절대 매수하면 안 됩니다. 이것만 지켜도 주식투자를 하면서 깡통계좌가 되는 일은 없습니다. 깡통계좌는 보유 종목이 상장 폐지되었을 경우에 발생하고, 상장 폐지가 되는 회사들은 재무제표가 매우 불량한 경우가 대다수이기 때문에 재무제표를 반드시 확인한 후에 적자 기업을 피하는 습관을 가지시기 바랍니다.

마지막으로 생활을 통해 얻은 정보를 주식투자에 이용할 때 가장 주의할 점은 법적인 미공개중요정보를 이용해서 주식투자를 하면 절대 안 된다는 점입니다. 여태까지 앞에서 설명했던 미공개정보와 지금 설명하는 법적인 미공개중요정보는 다른 개념입니다. 법적인 미공개중요정보는 투자자의 투자 판단에 중대한 영향을 미칠 수 있는 정보로서 DART, 방송 및 신문 등을 통해 공개되기 이전의 것입니다.

자본시장법 제174조 미공개중요정보 이용 행위 금지에서는 미공개중요정보를 이용한 불공정행위를 금지하고 있습니다. 위반 시 10년 이하의 징역 또는 위반 행위로 얻은 이익 또는 회피한 손실액의 2~5배에 상당하는 벌금형 처분을 받을 수 있습니다. 이와 관련된 내부자와 준내부자 그리고 정보 수령자를 모두 처벌하여 시장 질서 교란 행위를 엄격히 금지하고 있습니다.

여기서 내부자는 보통 상장법인의 대주주나 임직원 등 회사의 내부에서 직무와 관련하여 당해 법인의 미공개중요정보를 알게 된 자를 말합니다. 또한 준내부자는 상장법인과 계약 당사자, 예를 들면 매매 계약 중개인, 유상증자 참여자 등입니다. 정보 수령자는 내부자로부터 직접 미공개중요정보를 받은 자를 말하는데, 2, 3차 정보 수령자도 부당이득에 대한 과징금 처벌 대상입니다. 만약 불법적인 미공개중요정

보를 알았을 경우에는 주위에 전달하지도 말고 투자에도 절대로 이
용해서는 안 된다는 사실을 잊어서는 안 됩니다.

 **용어 설명**

◆ **탈원전 정책**
탈원전 정책은 노후화된 원전을 폐쇄하고 신규로 원전을 설립하지 않아
점차 원자력 발전의 비중을 축소하는 정책을 의미한다. 최근 전 세계의
원자력 발전 총용량은 늘어났지만, 신설되는 수량보다는 폐지되는 수량
이 많아졌다.

◆ **신재생에너지**
신에너지와 재생에너지를 합쳐 부르는 말이다. 기존의 화석연료를 변환
시켜 이용하거나 햇빛, 물, 강수, 생물 유기체 등 재생이 가능한 에너지
로 변환시켜 이용하는 에너지를 말한다. 재생에너지에는 태양광, 태양열,
바이오, 풍력, 수력 등이 있고, 신에너지에는 연료전지, 수소에너지 등이
있다. 초기 투자 비용이 많이 든다는 단점이 있지만 화석에너지의 고갈
과 환경의 중요성이 언급되면서 신재생에너지에 대한 관심이 높아지고
있다.

◆ **하방경직성**
수요 공급의 법칙에 따라 내려가야 할 가격이 어떠한 원인으로 인해 내
려가지 않는 현상

8장

주가의 등락을
함께하는 테마주

☑ **MAIN POINT**

테마주를 포착하기 위해 정리하고 분석하는 방법을 알아보고, 전기차 관련주
와 엔터/미디어 관련주 통해 테마주 분석의 실제 사례를 연습해보자.

테마주 어떻게 포착하고 분석할까?

　정보 분석을 통해 한 종목을 포착하고 매매 종목으로 선정하는 것은 매우 중요합니다. 그런데 테마주의 포착과 분석이 더 중요할 때도 있습니다. 그래서 정보 분석의 마지막 장에서는 테마주에 대해 다루어보려 합니다.

　테마주란 주가에 영향을 미칠 수 있는 하나의 재료에 공통으로 연결되어 주가의 등락을 함께하는 종목군을 말합니다. 주식시장에서 통상 테마주는 급등락이 심한 위험군으로 분류되어 애초에 매매를 기피하는 사람들이 많습니다. 그러나 저는 톱다운 방식으로 시장을 바라볼 수 있고 현재 시장에서 가장 주목받는 분야가 무엇인지 파악하는 도구로 매우 유용하게 활용하며 매매에 활용하고 있습니다. 하나의 재료로 여러 종목이 테마를 형성하여 주가가 움직인다는 것은 많은 사람들의 주목을 받고 있다는 반증이기도 하니까요.

　주식시장의 주요 흐름을 대변하는 테마주에 접근할 때 핵심은 하나의 재료로 형성되는 시기를 포착하고 해당 테마의 강도를 예측하는 것입니다. 테마가 형성되는 시기를 포착하는 방법으로는 다음의 세 가지가 있습니다.

첫 번째, 동일 업종의 흐름을 보면서 포착하는 방법입니다. 예를 들어 반도체 관련주, 금융주, 건설주, 게임주 등 업종 전반적인 산업 현황이 좋아진다면 동일한 사업을 진행하는 업종군의 종목들이 같은 주가 흐름에 따라 움직입니다. 이 경우에는 특히 시가총액 기준으로 업종 대장주가 먼저 움직이고, 그 이후에 졸개주들이 따라가는 패턴을 보입니다.

두 번째, 일간/주간/월간 등 기간 상승률 종목을 분석하면서 포착하는 방법입니다. 저는 과거에 주식을 시작할 때부터 상한가 종목을 매일 분석하여 해당 시기에 어떤 종목이 시장의 관심을 받는지 유추했습니다. 몇 년 전부터 상한가 종목이 줄어들면서는 매일 상한가 및 상승률 TOP30을 분석하고 있고, 기간별로 동일 업종이나 유사한 사업 내용을 가진 종목들이 테마를 형성하여 움직이는지 살펴봅니다. 이러한 방법으로 테마주를 포착하면 테마주에 포함된 종목의 주가 흐름의 강도와 상승이 추세적으로 지속되는 기간 등을 고려하여 테마주를 예측할 수 있습니다.

세 번째, 특정한 사건이나 현상에 따라 테마주가 형성되는 것을 미리 예측하는 방법입니다. 테마주는 정치, 사회, 문화, 계절, 날씨, 이벤트 등 다양한 사건이나 현상에 의해 형성됩니다. 테마주의 원인이 되는 사건이나 현상은 정해진 시기에 반복적으로 발생하기도 하고 일시적인 이슈에 의해 갑작스럽게 나타나기도 합니다. 예를 들어 대통령

임기에 따른 대선 관련주, 4년마다 열리는 스포츠 이벤트_{월드컵, 올림픽} 관련주 등이 정해진 스케줄에 따라 반복되는 경우이고, 일시적 이슈에 의한 대표적인 사례로 바이러스 질병이 발병하면 뜨는 백신 관련 테마주 등이 있습니다.

테마주 매매는
이렇게!

　테마주가 포착되면 다음 단계로 유사한 업종, 사업 내용 또는 재료에 따라 비슷한 주가 움직임을 보이는 종목을 테마주로 묶어 HTS상에서 관심 종목으로 정리해야 합니다.

　테마주를 포착하여 종목을 정리할 때는 동일 업종의 경우에는 증권사나 여타 증권 정보 제공업체 등에서 분류한 것을 참조하여 관심 종목에 등록하고 그 후 계속 업데이트하면 됩니다. 동일 업종이 아닌 테마주의 경우에는 포털사이트에서 카페나 블로그 등의 테마주 정리를 검색하는 방법과 증권사리포트 중 산업 리포트 등을 참조하는 방법이 있습니다.

　또한 DART에서 통합검색으로 키워드를 입력하여 숨겨진 종목을 검색하는 방법도 있습니다. DART의 사업보고서 내에는 아직 노출되지 않은 정보가 있는 경우가 많으며, 그런 내용을 찾기 위해서는 많은 시간과 노력이 필요합니다. 해당 키워드를 찾아내고 테마주로 편입될 가능성이 있는지 예측한 후 검증 과정을 통해 발굴해낸다면 선취매 할 기회를 찾아낼 수도 있는 좋은 방법 중 하나입니다. 이렇게 테마주를 찾은 후 관심 종목을 등록할 때 종목이 너무 많을 경우 카테고리를 세분해서 등록한다면 종목들의 주가 상관관계를 명확히 관찰할 수 있어서 실전 매매에 더욱 도움이 됩니다.

여기서 명심해야 할 사항은 관심 종목으로 정리해놨다고 끝이 아니라는 것입니다. 테마주는 시장의 반응에 따라 형성되는 것이므로 그에 따라 수시로 업그레이드해야 합니다. 새로운 종목이 발생하면 편입시키고, 삭제시킬 종목은 삭제해야 합니다. 또한 최초 등록 시에는 시가총액 순으로 정렬하는 것이 좋지만, 테마주의 움직임이 강해지면 상승률로 재정렬해서 수시로 업데이트해야 합니다. 이렇게 해야 수시로 바뀌는 대장주와 졸개주의 변화를 확인할 수 있습니다. 특히 과거에는 대장주가 한번 형성되면 졸개주들이 계속 대장주의 눈치를 보면서 움직이는 경우가 많았지만, 최근에는 정보가 실시간으로 반영되면서 대장주와 졸개주의 위치가 자주 바뀌곤 합니다.

그렇다면 테마주 매매는 어떻게 해야 할까요? 먼저 관심 종목으로 분류된 테마주들의 흐름을 보면서 일시적인 움직임인지, 추세적인 움직임인지를 상승 기간과 주가 상승 각도로 파악합니다. 만약 강한 강도의 테마주라고 판단되면 대장주와 졸개주 중에 어떤 종목을 공략할지 결정해야 합니다. 이는 투자 성향과 스타일에 따라 달라집니다. 손절매에 능한 단기 트레이더라면 일시적이고 급등락이 심한 대장주 위주의 매매를 선호할 것이고, 종목과 시장 분석에 능한 중장기 투자자라면 중장기 추세적인 테마주를 선별하고 아직 주가가 많이 오르지 않고 상대적으로 급등락이 적은 종목을 선호할 것입니다.

대장주일수록 매매 수익이 크지만 손해도 커지는 한편, 아직 움직이지 않은 흙 속의 진주를 찾으면 안정적인 주가 흐름이 나올 수 있으니 주식투자의 기본인 하이 리스크, 하이 리턴의 법칙을 명심하기 바랍니다.

실전 투자!
전기차 관련주

　예전과는 달리 최근에는 도로 위를 달리는 자동차 중에 파란색 번호판을 달고 있는 전기차를 쉽게 볼 수 있습니다. 과거 가솔린 자동차에서 전기차/수소차 등 '친환경차' 중심으로 변화하고 앞으로 더 가속화될 것이란 예측에 대해 많은 투자자들은 더 이상 의심의 여지가 없을 것입니다. 한정 자원인 화석연료가 점점 고갈되고, 화석연료 사용에 따른 지구온난화 등 환경 문제는 오래전부터 시작되었습니다. 친환경에너지로의 전환은 인류를 위한 선택 사항이 아닌 필수 문제일 것입니다.

　이러한 친환경시대 선봉장 중심에 자동차가 있고, 우리나라의 기업들 또한 시대의 요구에 발맞추는 자동차 시장 환경에 적극적으로 동참하고 있습니다. 특히나 전기자동차의 핵심이 되는 부품인 '2차전지' 시장에 국내 유수의 기업들이 발 빠르게 동참하여 글로벌 시장에서 높은 점유율을 차지하고 있습니다. 이는 주식시장에 바로 반영되어 최근 2~3년간의 흐름을 복기해보면, 자동차업종의 대장주인 현대차, 기아차 등의 완성차 업체들 보다는 2차전지 관련주들이 주도주 역할을 했습니다. 좀 더 세부적으로 분류해보면 전기차용 배터리에 들어가는 소재업체들이 높은 상승률을 보였음을 확인할 수 있습니다. 또한 동일한 업종 내 유사테마인 자율주행 관련주, 수소차 관련주, 스마트카 관련주 등과 함께 순환매 형태의 움직임도 나타나고 있습니다.

이러한 전기차 관련주를 관심 종목으로 설정할 때는 구체적으로 소분류할 필요가 있습니다. 전기차에서 가장 핵심적인 2차전지, 충전소, 주요 부품 관련주를 1차적으로 추려 대분류로 정리하고, 2차전지를 소분류로 제조사, 소재양극재, 음극재, 전해질, 동박, 장비 등을 세밀하게 분류해야 합니다. 과거 전기차 관련주 중 어느 종목의 상승률이 가장 높았는지 복기해본다면 그 중요성을 이해할 수 있습니다. 2

■ 표 8-1 전기차 관련주

	제조사		LG화학, 삼성SDI, SK이노베이션
2차전지	소재	양극재	에코프로비엠, 엘앤에프, 코스모신소재
		음극재	포스코케미칼, 대주전자재료, 나노신소재
		전해질	솔브레인, 천보, 후성
		동박	SKC, 일진머티리얼즈, 솔루스첨단소재
		캡/팩	상아프론테크, 신흥에스이씨, 상신이디피
	장비		씨아이에스, 피엔티, 에이프로, 필옵틱스, 엠플러스
충전소			포스코ICT, 피앤이솔루션
주요부품			한온시스템, 명신산업, KEC, 엠에스오토텍, 우리산업, 센트럴모텍
현대/기아차			현대차, 기아차, 현대모비스, 현대글로비스, 현대위아

차전지 소재양극재, 음극재 등에 포함된 종목이 가장 상승률이 높았던 종목이었습니다.

앞서 언급했듯이 전기차 관련주뿐만 아니라 미래형자동차인 자율주행 관련주에도 관심을 가져야 합니다. 즉, 2차전지 3대장인 LG화학, 삼성SDI, SK이노베이션과 함께 완성차 업체인 현대차, 기아차, 자동차 전장사업을 하는 삼성전자, LG전자, 나아가 인공지능 사업을 추진 중인 네이버, 카카오까지 미래형자동차 관련 산업은 4차산업혁명 기술이 총 결합된 완성체임을 이해하고 성장주 투자를 위해 꼼꼼한 연구를 해나가시기 바랍니다.

실전 투자!
엔터/미디어 관련주

2020년 미국 아카데미 시상식에서 봉준호 감독의 영화 〈기생충〉이 작품상, 감독상, 각본상, 국제장편영화상 4관왕을 수상했던 자랑스러운 장면을 기억하실 겁니다. 세계적인 대스타들이 공연했던 영국 웸블리 스타디움Wembley Stadium에서 국내 아이돌 그룹 방탄소년단이 공연을 펼칠 때 수만 명의 외국 팬들이 한국어 가사를 따라 부르던 장면이 이제는 어색하지 않습니다. 과거 아시아 시장에 한정되었던 한류가 글로벌 플랫폼의 확대 및 콘텐츠 경쟁력 강화로 전 세계로 그 영역을 넓혀가고 있습니다.

신한류 열풍을 일으킨 아이돌 그룹의 K-팝은 전 세계 음악시장의 중심을 차지하고, 영화와 드라마가 글로벌 플랫폼유튜브, 넷플릭스 등을 타고 세계 곳곳으로 확산되고 있습니다. 한류 초기, 일부 적극적인 팬을 중심으로 생성되던 흐름이 점점 확산되면서 한국음식, K-뷰티 등 문화 자체를 즐기려는 사람들이 늘어나는 추세입니다. 외국인에게 다소 생소했던 우리나라의 문화를 글로벌 플랫폼을 통해 간접 경험하며 점점 익숙해지고 그 결과 관련된 소비로 연결되는 것입니다.

좋아하는 아이돌이 입었던 옷을 사 입고, 영화배우의 메이크업을 따라하고, 한국음식을 먹는 등 과거 아시아 시장에서 형성됐던 한류에서도 알 수 있듯이 한 번 생성된 한류는 지속 가능성이 매우 높고 소비로의 확장 또한 나타나는 가능성이 있으므로, 세계 시장으로 전파된 한류에 관심을 가지고 끊임없이 지켜봐야 합니다.

엔터/미디어 관심종목 분류에서는 K-팝을 이끌고 있는 연예기획사와 OTT, 넷플릭스, 유튜브 등 업체에 콘텐츠 제공이 가능한 콘텐츠업체로 크게 분류하면 됩니다. 좀 더 세부적으로는 콘텐츠에서 드라마/영화 제작사, 특수효과에 특화된 제작사, 최근 드라마/영화의 각본으로 폭넓게 활용되고 있는 웹툰 관련주 등으로 세분화하는 것이 좋습니다. 또한 소비의 확장을 감안하여 K-엔터와 함께 K-푸드 음식료 관련주, K-뷰티 화장품주 K-패션 의류주, 나아가 K-게임 게임주 등을 분류하여 같이 보는 방법도 있습니다.

■ 표 8-2 엔터/미디어 관련주

연예기획사		빅히트, JYP Ent., 와이지엔터테인먼트, 에스엠
콘텐츠	제작사	CJ ENM, 스튜디오드래곤, 제이콘텐트리 에이스토리, 초록뱀, NEW, 삼화네트웍스
	특수효과	위지윅스튜디오, 덱스터
	웹툰	디앤씨미디어, 미스터블루, 키다리스튜디오

· 정보 분석의 꽃은 테마주 분석과 매매임을 기억할 것
· 하나의 정보에 하나의 주가 움직임을 보이는 종목들을 묶는 연습해보기
· 테마주 내의 대장주와 졸개주의 주가 상관관계 분석을 통하여 매매에 적용
 시키는 연습해보기
· 전기차(2차전지)와 엔터/미디어 외에도 세 가지 테마를 선정해서 종목들
 선별해보기

용어 설명

◆ 시가총액

증시에 상장된 총 주식을 시가로 평가한 금액. 상장 종목별로 그날 종가
에 상장 주식수를 곱한 후 합계해 산출한다. 따라서 주가가 오르면 시가
총액도 커진다. 개별 기업의 실질적인 가치에 대해 그날그날의 평가치를
보여준다.

◆ 손절매

가지고 있는 주식의 현재 시세가 매입 가격보다 낮은 상태이고, 향후 가
격 상승의 희망이 전혀 보이지 않는 경우에 손해를 감수하고 파는 것을
말한다. 큰 손해를 방지하기 위해 일정액의 손해를 감수하고 매도하는
것을 말한다.

◆ 4차산업혁명

인공지능, 사물인터넷, 빅데이터, 모바일 등 첨단 정보 통신 기술이 경
제 · 사회 전반에 융합되어 혁신적인 변화가 나타나는 차세대 산업혁명.

성공 투자 888
첫 번째 8법칙

성공 투자 8단계, 8T 성공 법칙

1. TYPE 당신의 투자 타입을 알라
투자 타입에 따라서 투자 전략이 달라져야 한다. 투자에 시간을 얼마나 투자할지, 자금을 얼마나 투자할지, 위험에 대한 태도 등 당신의 투자 타입을 먼저 정확히 파악하자.

2. TERM 당신의 투자 기간을 결정하라
단기 투자와 장기 투자는 분석 도구와 투자 전략, 종목 선정 등이 완전히 다르므로 자신의 라이프사이클에 맞추어서 자금의 투자 기간을 결정해야 한다.

3. TRADING 트레이딩 개념을 이해하라
가치와 가격에 대해 명확히 이해해야 한다. 그래야 가치투자 전략과 가격 매매 전략을 실행할 수 있다. 당신은 투자하고 있는가? 매매하고 있는가?

4. TOP-DOWN 통찰력을 갖고 선택과 집중을 하라
높이 나는 갈매기가 멀리 보듯이 톱다운 분석을 통해 시장 · 업종 · 종목을 바라보는 통찰력을 키워야 한다. 그러면 자연스럽게 언제, 어느 업종에 집중할 수 있을지 선택할 수 있게 된다.

5. TREND 시장의 흐름을 읽어라

성장 산업과 사양 산업이 영원할 수 없고, 매일 오르는 지수도, 매일 떨어지는 종목도 존재하지 않는다. 시장의 변화를 빨리빨리 읽어내야 한다.

6. TECHNIQUE 나만의 기법을 개발하라

고수들의 수많은 기법은 결국 내 것이 아님을 명심하자. 전통적인 기법들을 공부하고 익숙하게 숙달한다면 그다음 할 일은 나만의 기법을 개발하는 것이다.

7. TRAINING 반복해서 훈련하라

비단 주식투자뿐이랴. 세상의 모든 일에 1만 시간의 법칙이 적용된다는데 동의한다면 훈련하자. 무엇을 훈련해야 할지 모른다면 증권사리포트와 공시 분석부터 시작해도 좋다.

8. TRY 시도하라, 시도하라, 그리고 또 시도하라

노력하고 시도하면 안 되는 일이 없겠지만 자금이 없다면 계속 시도할 수 없다. 주식시장에서 살아남는 유일한 방법은 생존을 위한 자금 관리임을 명심하자.

3부

가격을
제대로
분석하는 방법

"가격은 늘 옳지 않고, 가격은 늘 옳다."

가격 비교 사이트 전성시대입니다. 자동차, 호텔, 컴퓨터, 휴대폰, 전자제품, 화장품 등 모든 제품과 서비스에 대해 가격을 비교해볼 수 있습니다. 비슷한 물건을 최대한 싸게 사기 위한 노력이 가격 비교 사이트 전성시대를 불러온 이유겠지요. 가치는 비슷한데 가격이 천차만별인 걸 보면 가격이 늘 옳지는 않은가 봅니다. 반대로, 시장에서 정해진 가격을 받아들일 수밖에 없어서 줄이라도 서서 제일 싼 것을 찾고 있는 것을 보면 가격이 늘 옳은 것 같기도 합니다.

아파트를 알아보러 다닌 경험이 있다면 집값에 대해 두 가지 고민을 했을 것입니다. 하나는 주변의 비슷한 아파트와 비교해서 싸게 나온 편인가? 또 다른 하나는 최근 몇 년 동안 집값이 어떻게 변했는가? 아파트를 살 때 주변 환경이나 교통 등의 가치를 평가하기도 하지만 주변 아파트 시세와 과거의 시세 변동을 검토하는 것을 보면, 부동산 시장에서는 가치도 중요하지만 가격도 매우 중요한 모양입니다.

주식시장에서 돈 버는 방법은 하나밖에 없습니다. 내가 산 가격보다 더 비싼 가격에 사주는 바보에게 주식을 파는 것입니다. 어느 종목을 얼마에 사서 얼마에 팔지 결정하는 게임에서 가격의 중요성을 강조하다니, 아이러니합니다. 하지만 시장에서 꽤나 찬밥 신세인 가격을 생각하면서 가격의 중요성을 강조하는 데 지면을 할애했습니다. 봉, 이동평균선, 거래량 등의 기본 지표를 공부하여 추세 분석과 패턴 분석을 어떻게 할지 설명합니다.

3부의 마지막 장에 개인적으로 선호하는 차트를 넣은 것은 이 책의 집필 방향을 나타냅니다. 책 전체에서 기본적인 내용을 설명하는 동시에 개인적인 취향을 강조했습니다. 누구나 꼭 알아야 하는 기본을 공부하고, 그 이후에 각자 취사 선택할 순간이 되었을 때 이 책에서 보았던 제 개인적인 취향들이 참고자료가 되길 바랍니다.

기술적 분석이
왜 필요할까

☑ MAIN POINT

경제학에서 발전한 경기 변동과 경제 성장의 흐름을 주식시장과 접목시켜서 기술적 분석의 필요성과 장점에 대해 알아보자.

기술적 분석이란?

　기술적 분석이란 주가와 거래량 등의 각종 데이터를 기반으로 산출된 지표를 통해 주가를 분석하고 예측하는 방법입니다. 쉽게 말해 과거의 주가를 분석해서 미래의 주가를 예측하는 것이죠. 과연 오늘의 주가를 분석함으로써 시시각각 변하는 내일의 주가를 예측할 수 있을까요? 랜덤워크 이론은 주가의 움직임은 술 취한 주정뱅이의 걸음걸이와 같아서 예측이 불가능하기 때문에 주가를 분석하는 것은 의미가 없다고 주장합니다. 또한 효율적 시장 가설은 시장은 효율적이어서 이용 가능한 모든 정보는 이미 주가에 반영되어 있으므로 아무리 분석해도 수익을 낼 수 없다고 경고합니다. 주가에 모든 정보가 즉시 반영되거나 주가의 움직임이 예측 불가능하다면 당장 주식투자를 그만두어야 합니다. 아니면 이런 이론을 지지하는 시장 수익률을 추종하는 펀드에 간접 투자를 하든지 말이죠.

　하지만 워런 버핏을 비롯해 성공한 주식투자자들은 많습니다. 그들은 분명 주식시장에서 수익을 허용하는 빈틈을 찾아냈습니다. 가치 분석, 정보 분석, 가격 분석 등 자신만의 분석 방법을 통해 수익을 낼 수 있는 노하우를 만들어낸 것이죠. 3부에서는 주식의 가격인 주가 분석을 통해 그 빈틈을 찾아보려 합니다.

가격 분석의 필요성을 실감하려면 과거 주가의 분석이 무슨 의미가 있는지 알아야 합니다. 과연 과거의 주가에서 무엇을 찾을 수 있을까요? 과거의 주가를 통해 추세의 확률 또는 패턴의 확률을 찾아낼 수 있습니다. 주가는 굉장히 불규칙하게 변동하지만 불규칙 속에서 규칙을 찾아내는 것이 기술적 분석입니다. 기술적 분석에서 가장 중요한 두 가지 용어는 추세와 패턴입니다. 추세와 패턴을 찾아내는 이유는 과거 불규칙한 주가에서 규칙을 만들고 그 규칙의 확률을 계산해내기 위해서입니다. 예를 들면 상승 추세가 하락 추세보다 주가 상승의 확률이 더 높다든지, 역헤드앤숄더 Inverse Head & Shoulders 패턴이 나오면 주가 상승 확률이 더 높다든지 하는 식으로, 자신만의 추세와 패

■ 그림 1-1 HTS 차트의 기술적 분석 지표

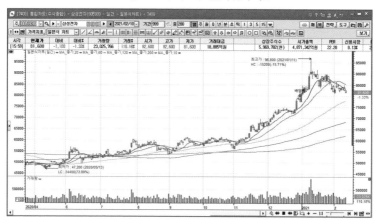

턴 분석을 통해 접근하면 주식 매매에 도움이 될 것입니다. 주식투자는 확률 게임이라고 하는데, 51%의 확률을 가진 기법만 찾아내도 성공한 투자자가 되기에 부족함이 없습니다. 과거 가격의 움직임을 통해 미래 가격의 움직임을 100%가 아닌 51% 확률로 예측하려 노력하는 것이 기술적 분석의 진정한 목표가 아닐까 생각해봅니다.

한편, 주가 변동의 또 다른 중요한 의미를 생각해볼까요? 개별 주가가 합쳐지면 한 나라의 지수가 됩니다. 예를 들면 우리나라 거래소의 종목을 합산하여 평균 낸 것이 코스피지수입니다. 즉, 지수는 개별 종목의 평균이며 한 나라의 경제를 반영합니다. 통상적으로 주가 지수는 경기의 선행 지표이며, 주가가 변동한다는 것은 지수가 변동한다는 뜻이고, 지수가 변동한다는 것은 한 국가의 경기가 변동한다는 의미입니다. 그런데 경제 또는 경기의 변동은 경기 변동론, 경제 성장론 등의 이름으로 오랫동안 경제학에서 다루어진 분야입니다. 주가 변동이 술 취한 아저씨의 걸음걸이처럼 아무 의미 없는 것이 아니라는 거죠. 한 나라의 경제가 변하고 그 변화에 따라 주가가 영향을 받아 움직이기 때문입니다. 이처럼 주가 변동의 원인 중에 하나를 경기 변동에서 찾는다면 주가의 움직임을 술 취한 아저씨의 걸음걸이로만 치부하는 것은 지나친 비약인 셈입니다.

그렇다면 동전 던지기를 해서 앞면이나 뒷면이 나올 확률과 내일의 주가가 상승하거나 하락할 확률은 똑같이 50%일까요? 동전 던지기는 확률이 2분의 1인 독립 사건입니다. 먼저 나온 결과가 앞인지 뒤인지는 그다음 동전에 아무 영향을 미치지 않기 때문입니다. 그러나 내일의 주가가 상승하거나 하락할 확률은 오늘의 주가에 전혀 영향을 받지 않는 독립 사건이 아닙니다. 예를 들어, 오늘 강한 상한가로 마감한 종목에서 내일 갭 상승이 나올 확률이 굉장히 높다는 사실을 경험 많은 투자자라면 모두 압니다. 갭 상승 이후에 추가로 상승하든, 매물 폭탄에 하락하든 하겠지만, 평소에 비해 굉장히 크게 주가가 변동하면서 거래량이 폭발할 것을 예측할 수 있습니다. 즉, 어제의 상한가 마감이 오늘의 주가에 큰 영향을 미친 것이지요. 이처럼 오늘의 주가는 어제의 주가에 영향을 받습니다. 매일 변하는 주가는 동전 던지기처럼 각각의 날이 독립적일 수 없고, 과거의 주가는 현재에, 현재의 주가는 미래에 영향을 미칩니다. 이는 기술적 분석을 해야 하는 가장 큰 이유입니다.

주가는 경기보다
6개월 앞선다?!

경제가 성장하는 데는 총수요 측면, 화폐적 측면, 기술이나 생산성 혁신 측면 등 다양한 이유가 있습니다. 총수요 측면이란 재정 지출을 늘리거나 정부의 조세 지출을 낮춤으로써 국가 경제의 총수요를 늘려서 경제가 성장하는 것입니다. 이러한 재정 정책은 정부가 적극적으로 경제를 성장시키기 위해 개입하는 경우에 흔히 나타납니다. 화폐적 측면이란 금리를 낮추거나 화폐 유통량을 늘림으로써 경제가 성장하는 것입니다. 이러한 금융 정책은 재정 정책에 비해 정부가 덜 적극적으로 경제에 영향을 미치게 됩니다.

사실 총수요나 화폐적 측면보다 중요한 것은 기술이나 생산성 혁신입니다. 과거의 산업혁명부터 최근의 4차산업혁명까지, 세계의 경제를 퀀텀 점프Quantum Jump 하게 만든 것은 일시적인 재정 정책이나 금융 정책이 아닌 기술 혁신에 의한 장기적인 경제 성장입니다. 이것을 주식시장과 연결시켜 생각해본다면, 국내총생산이나 금리 등의 경제 지표가 주식시장에 큰 영향을 미치는 변수이기는 하지만 더 궁극적이고 장기적인 변수는 4차산업혁명과 같은 기술 혁신이므로 미국 등 선진국들의 산업 구조 변화나 신기술 등을 자주 확인해야 합니다. 특히 세계 증시 중에 거의 유일하게 중장기 우상향을 지속해오고 있는 미국 증시의 상승 원인을 여러 가지로 볼 수 있지만, 그중에서도 세계의 기술 혁신을 주도하는 미국의 기술력이 중요할 것입니다.

다음으로 경기 변동을 살펴보면 경제학에서는 경기 변동의 파동은 확장 호황, 후퇴, 수축 불황, 회복의 네 국면으로 구성되어 있다고 합니다.

■ 그림 1-2 경기 변동의 네 국면

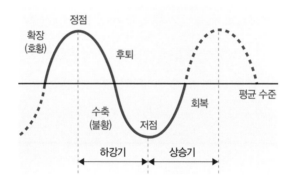

경기 변동을 표현하는 그래프를 보면 주가 그래프가 상승과 하락을 반복하는 것을 알 수 있습니다. 즉, 경제학에서 말하는 경기와 흔히 말하는 주가 지수가 매우 유사한 개념인 것이죠. 주가 지수를 경기의 선행 지표라고 하는 이유이기도 한데, 통상적으로 주가 지수가 경기보다 6개월 정도 먼저 움직인다고 합니다.

경기 변동은 주기적이고 순환적인 현상이지만 그 변동의 폭은 일정하게 반복되지 않습니다. 네 국면으로 구성된 하나의 파동이 주기적으로 나오는데, 그 이유와 주기의 기간에 따라 다음과 같이 네 가지로 나눌 수 있습니다.

첫 번째, 단기 파동인 키친 파동 Kitchin cycles은 통화 공급이나 금리 및 재고 투자 등의 원인으로 약 40개월을 주기로 나타납니다.

두 번째, 중기 파동인 쥐글라 파동 Juglar's waves은 설비 투자가 원인으로 약 9~10년을 주기로 나타납니다. 투자된 설비가 10년 후 노후화되면서 경제 위기가 찾아온다고 보는 것입니다.

세 번째, 장기 파동인 쿠즈네츠 파동 Kuznets cycles은 인구 변동이 원인으로 20~25년 주기로 나타납니다.

네 번째, 장기파동인 콘드라티예프 파동 Kondratiev cycles은 기술 혁신, 전쟁 등의 원인으로 약 40~60년 주기로 나타납니다.

네 가지 경기 변동의 주기가 실제 경기 변동의 주기와 일치하지 않는 것은 너무도 당연합니다. 그러나 주식투자자로서 이 이론에 주목할 부분은 한 파동이 어떤 원인에 의해 어느 정도 주기를 형성하는지는 상황에 따라 달라질 수 있지만 호황, 후퇴, 불황, 회복이라는 네 국면으로 한 파동이 이루어진다는 점입니다. 경제학자로서 어떤 원인이 경기를 변동시키는 데 중요한 역할을 하는지 생각해보면, 경기의 선행지표인 주가 지수의 움직임을 더 쉽게 이해하고 추리할 수 있을 것입니다.

시장의 흐름을 읽는
4가지 방법

경기 변동의 여러 이유 중에서 금리와 실적이라는 변수를 대입하여 설명한 책이 우라가미 구니오의《주식시장 흐름 읽는 법》입니다. 경제학의 경기 변동 이론과 이 책의 내용을 비교해서 읽어보면 주식투자자에게 매우 유용할 것입니다. 저자는 주식시장도 경기 변동과 마찬가지로 네 국면으로 구성된 파동에 따라 움직인다고 강조하고 있습니다. 주식시장의 파동을 만드는 원인으로 금리와 실적을 제시하고, 두 변수의 변화에 따라 주식시장의 상승과 하락이 반복된다는 것이지요.

저자가 제시한 네 국면은 금융 장세, 실적 장세, 역금융 장세, 역실적 장세입니다.

첫 번째, 금융 장세는 금리가 하락하고 실적은 아직 좋지 않지만 증시는 상승하는 유동성 장세로, 쉽게 말해 돈으로 움직이는 장세이기 때문에 주식시장이 전반적으로 상승합니다.

두 번째, 실적 장세는 금리가 완만히 상승하면서 기업의 실적이 급격히 좋아지는 국면으로, 증시는 상승하고 특히 실적이 좋은 우량 회사들이 동반 상승합니다.

세 번째, 역금융 장세는 금리가 크게 상승하고 기업의 실적은 완만히 좋아지는 장세로, 주식시장이 전반적으로 하락합니다.

네 번째, 역실적 장세는 금리와 실적이 크게 하락하는 국면으로, 증시는 하락하고 불량 기업들이 속출해 시장에서 퇴출되기도 합니다.

■ 그림 1–3 경기 순환과 주식시장

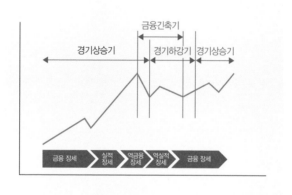

이 네 국면을 정확히 이해하면 각 국면에 맞는 시기에 적절한 투자 전략을 세울 수 있습니다.

예를 들면 금리 상승 시기에는 무조건 안 좋은 것이 아니라 금리가 완만하게 상승하는지, 아니면 급하게 상승하는지, 또는 금리 상승 시기에 기업의 실적이 급격히 좋아지고 있는지, 아니면 완만히 좋아지는지에 따라 실적 장세와 역금융 장세로 구분됩니다. 따라서 최근의 금리 인상 시기에 중요한 것은 기업의 실적 증가가 금리 인상을 따라 가는지 여부라고 할 수 있습니다. 이러한 시기에는 시장이 전체적으로 돈에 의해 움직이는 금융 장세보다 기업의 실적을 중시하는 투자 전략이 필요하다고 생각합니다.

반드시 알아야 하는
삼박자 투자법

제가 강조하는 삼박자 분석법이란 가치와 가격, 정보를 모두 중요하게 분석하는 것입니다. 이 중에 하나라도 분석을 빠뜨리게 되면 곤란한 상황에 빠질 위험이 있습니다. 싸게 사서 비싸게 파는 것이 주식투자의 핵심으로, 사고파는 기준이 되는 수치는 결국 주식의 가격입니다. 주식 가격의 움직임을 분석하는 기술적 분석을 전혀 하지 않는다면 싸게 사서 비싸게 파는 거래를 할 확률이 낮아지게 됩니다. 가격분석_{기술적 분석}을 가치 분석이나 정보 분석과 비교해보면 다음과 같은 장점이 있습니다.

첫째, 국내 주식시장뿐 아니라 해외 주식시장 선물, 옵션, 해외 선물, 외환시장 등 가격으로 거래되는 모든 시장에 적용할 수 있습니다. 실제 일본의 봉차트가 처음 발전한 곳이 쌀 시장인 것처럼, 가격으로 거래되는 모든 시장에 기술적 분석이 적용될 것입니다.

둘째, 투입 대비 산출 비율이 매우 효율적입니다. 가치 분석을 하기 위해 DART 사이트에서 재무제표를 꼼꼼히 살펴보거나 정보 분석을 위해 오늘 급등한 종목의 재료를 체크하다 보면 하루가 모자랄 정도로 시간이 많이 듭니다. 그러나 가격 분석을 위해 차트를 보는 데는 그리 시간이 걸리지 않습니다. 차트는 과학이 아니라 예술이라는 말이 있습니다. 예술작품인 그림을 보듯이 차트 보는 연습을 하면 아주 짧은 시간에 차트를 분석할 수 있습니다. 이를 위한 공부법으로 HTS의 자동 돌려 보기 기능을 추천합니다. 하루에 3초씩 2,000종목을 보면 100분입니다. 100분이 무리라면 10분만 투자해도 주식시장에서 가장 중요한 코스피200 종목을 볼 수 있습니다. 매일 10분씩 투자해서 코스피200의 차트를 몇 달 이상 꾸준히 보면 차트를 예술작품처럼 보는 눈이 생길 것입니다.

셋째, 단기 매수·매도 타이밍을 잡는 유일한 분석 도구입니다. "주식투자는 타이밍"이라는 말이 있습니다. 가치 분석과 정보 분석으로 매수 종목을 선정할 수는 있지만, 선정된 매수 종목을 얼마나 유리하게 저가로 살지는 가격 분석으로 해결할 수밖에 없습니다. 보유하고 있는 종목을 매도하는 경우에도 가격 분석을 통해 고가에 매도하려 노력해야 합니다. 0.1%의 수수료를 아끼려 노력하듯 얼마에 사고팔지 노력해야 하는 것이죠. 투자 시간이 길어지고 금액이 커질수록 중요한 일입니다.

MENTOR'S TIP • • •

· 경기 변동과 경세 성장의 흐름과 주식시장의 상관관계를 명확히 이해할 것
· 기술 혁신으로 경제는 성장하고, 10루타 종목이 탄생하는 것임
· 실적과 금리에 의해 주식시장은 큰 영향을 받으므로 늘 관심을 가질 것

슈퍼개미의 왕초보 주식수업

용어 설명

◆ 퀀텀 점프

물리학 용어로 대약진을 의미한다. 이러한 개념을 경제학에 차용하여 단기간에 비약적으로 실적이 호전되는 것을 뜻한다.

◆ 선행 지표

경기의 동향을 나타내는 각종 경제 지표 중 경기의 움직임보다 앞서 움직이는 지표. 한국에서는 주가, 기계 수주액, 어음 교환액, 생산 지수, 도매 물가지수 등이 선행 지표다.

주가는 수급에
의해 결정된다

☑ **MAIN POINT**

경제학의 기본 이론인 수요 공급의 법칙으로 주가의 형성 원리를 이해하고,
차트에 투자자들의 심리가 반영되어 있음을 알아보자.

가격이
중요하다

　경제학의 아버지인 애덤 스미스는 1776년에 쓴 《국부론》에서 보이지 않는 손인 가격의 중요성을 강조합니다. 모든 사람이 개인의 이기심에 따라 행동하면 가격이 결정되고 가격의 자동 조절 기능에 의해 수요와 공급이 균형을 이루는데, 이 균형은 합리적인 자원의 배분 상태라고 설명합니다. 결국 국가의 부를 증가시키기 위해서는 개인이 자유롭게 판단하도록 자유방임하고, 정부는 최소한의 개입만 해야 한다는 결론에 도달합니다. 물론 애덤 스미스가 죽은 후 200년 넘게 경제학은 수많은 이론을 통해 정부 개입의 필요성을 설명하고 있습니다. 하지만 시장 경제에서 가격의 중요성은 미시경제학의 근간이 되는 개념입니다.

　주식시장에서 가격의 중요성은 어떤가요? 일반 시장에서의 가격보다 훨씬 중요합니다. 일반 시장의 가격은 수요자와 공급자에게 영향을 미치는 시장 조절의 도구이지만, 주식시장에서는 시장 조절의 도구에 더하여 투자자의 수익과 손실을 확정시키는 척도가 됩니다. 주식투자자의 궁극적인 목적은 수익 창출이며 수익은 싸게 사서 비싸게 팔 때 발생한다는 것을 생각해본다면 가격이 얼마나 중요한지 이해할 수 있습니다.

저는 삼박자 투자의 필요성을 강조하기 위해 그 근거로 다음의 공식을 만들었습니다.

오늘의 주가 = 특정 시점의 가치 ± 미반영정보

가치 분석은 특정 시점에서만 가능합니다. 가치 분석을 위한 데이터는 실시간으로 바뀌는 정보가 아니기 때문입니다. 그런데 주가는 매일 바뀌지요. 그 이유는 아직 주가에 반영되지 않은 미반영정보가 계속 반영되기 때문입니다. 그런데 미반영정보는 어떻게 주가에 영향을 미치게 될까요? 매수나 매도 주문으로 영향을 미치게 되겠지요. 즉, 매일 실시간으로 매수와 매도 주문이 미반영정보를 반영하면서 주가가 변하는 것입니다. 매수와 매도에 의한 주가 결정 시스템은 경제학에서 수요와 공급에 의한 가격 결정 시스템, 즉 수요 공급의 법칙과 일맥상통한다고 보면 됩니다.

수요와 공급에 영향을 주는 것

"주가는 수급에 의해 결정된다"라는 주식 격언이 있는데, 여기서 수급은 수요와 공급의 줄임말로 주식의 가격도 일반 재화나 서비스처럼 주식시장의 수요자와 공급자가 만들어낸 균형점에서 양과 가격이 결정된다는 뜻입니다. 이렇게 중요한 가격이 결정되는 원리를 설명한 수요 공급의 법칙을 주식시장에 접목시켜서 알아보겠습니다.

■ 그림 2–1 수요 공급의 법칙

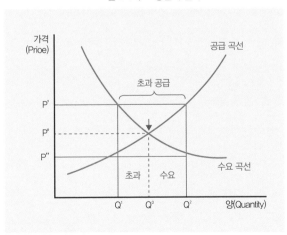

수요 공급의 법칙에 따르면, 가격이 올라가면 수요량은 감소하고 공급량은 증가합니다. 또 가격이 내리면 수요량은 증가하고 공급량은 감소합니다.

예를 들어 백화점에서 100만 원짜리 가방을 30만 원으로 가격을 내렸다고 가정해봅시다. 100만 원일 때 하루 10명의 소비자가 구매했다면 30만 원에 팔면 하루 100명이 살 것입니다. 그래서 백화점 주변은 할인 기간에 늘 교통이 혼잡하지요. 반대로 공급자 입장에서는 비싸게 많이 팔고 싶고, 가격이 싸지면 안 팔고 싶습니다. 배추가 풍년이라 가격이 폭락하면 배추를 팔지 않고 버리는 장면을 뉴스에서 본 기억이 있겠지요. 또 그다음 해에는 어김없이 배추의 공급이 적어져서 가격이 폭등합니다. 이처럼 수요자는 낮은 가격을 좋아하고 공급자는 높은 가격을 좋아하는 심리가 수요 공급의 법칙에 내재되어 있습니다.

주가도 마찬가지입니다. 시장에서 가격이 결정되는 논리와 주식시장에서 주가가 결정되는 논리가 다를 리 없습니다. 최근의 관심 종목 또는 보유 종목을 떠올려보면, 가격이 싸지면 사고 싶어지고 가격이 비싸지면 팔고 싶어집니다. 가격이 사람의 마음을 움직이는 것입니다.

HTS의 현재가 창을 보면, 보통 오른쪽에 매수 주문을 넣은 사람들의 수량이 호가별로 쌓여 있고 왼쪽에는 매도 주문을 넣은 사람들의 수량이 호가별로 쌓여 있습니다. 매수자와 매도자의 수량이 만나는 점에서 현재가가 결정됩니다. 또한 장중에 현재가가 급등할수록 고점 매도 물량이 점차 증가하고, 현재가가 급락하면 저점 매수 물량이 증가합니다. 일반 시장의 수요자와 공급자처럼 주식시장의 매수자는 낮은 가격을 좋아하고 매도자는 높은 가격을 좋아하는 것은 똑같습니다.

수요 공급의 법칙에서는 가격 이외에 수요와 공급에 영향을 미치는 요인을 개인의 소득 수준의 변화, 취향, 기대 수준 등으로 설명하며, 대체재와 보완재의 가격 변화에 따른 균형량이 변하면서 영향을 받기도 한다고 이야기합니다. 예를 들면 소득 수준의 증가로 소고기 수요가 증가하기도 하고, 구제역의 발생으로 육류의 대체재인 수산물의 수요가 증가하기도 합니다.

주식시장에서 가격 이외에 수요 매수와 공급 매도에 영향을 미치는 요인이 어떤 것이 있을까요? **가장 중요한 것으로 기업의 가치 변화가 있습니다.** 재무제표에 숫자로 나타난 실적에 따라 매수나 매도 주문은 영향을 받고 그로 인해 주가는 상승 또는 하락합니다. 갑자기 노출된 재료에 의해 매수와 매도 주문이 영향을 받아 주가가 변하기도 하며, 테마주의 형성, 시장 전체의 상승과 하락 등 여러 가지 요인에 의해 영향을 받습니다. 마치 수요 공급의 법칙에서 가격 이외에 여러 가지 요인에 의해 수요와 공급이 영향을 받고 그로 인해 균형 가격이 달라지는 것처럼 말입니다.

단기적인 주가의 움직임에는 이런 분석이 필요하다!

경제학에서는 일찌감치 보이지 않는 손인 가격의 중요성을 강조하고 수요 공급의 법칙으로 가격 결정의 원리를 설명했지만, 주식투자에서는 "가격을 보지 말고 가치를 보라"는 틀에 갇혀서 가격을 중시하지 않는 것이 정설인 듯합니다. 가치에 기준을 두면 올바른 주식투자의 길을 걷는 것이고, 가격에 기준을 두면 투자가 아닌 도박이라고 믿는 사람도 있을 정도입니다. 과연 가격은 전혀 중요하지 않을까요?

가치와 가격을 각각 별도의 중요한 개념으로 생각하지 않는 것은 매매와 투자의 차이점을 모르기 때문입니다. 투자는 투자 대상의 가치 변화를 예상하고 가치 증가에 의한 이익 추구를 목적으로 하고, 매매는 매매 대상의 가격 변화를 예상하고 가격 상승에 의한 이익 추구를 목적으로 합니다. 따라서 투자자는 투자 대상의 가치를 높이기 위해 자금 투자뿐만 아니라 실제 행동으로 노력하고 기여하려 합니다. 중장기 가치투자자들이 그 회사의 가치를 높이기 위해 기업을 감시하고 조언하고 주주총회에 참여하고 동업자 마인드로 주식투자를 받아들이는 행동이 이에 해당합니다. 반면 매매자는 수요 공급의 법

슈퍼개미의 왕초보 주식수업

칙에 의해 결정되는 가격의 중요성을 알고 매수 수요와 매도 공급에 영향을 미치는 모든 요인을 분석하려 합니다. 매매자 트레이더가 온갖 변수를 생각하면서 매매에 임하는 행동이 이에 해당합니다.

가치와 가격이 일치하는가에 대한 답은 투자를 할 것인지 매매를 할 것인지 결정해줍니다. 가치와 가격은 일시적으로는 불일치하고, 중장기적으로도 한 방향으로 움직이기는 하지만 일치하지는 않습니다.

따라서 **단기적인 주가의 움직임에는 가치 분석보다 가격 분석이 유용할 수 있습니다.** 또한 기업 가치와 주식 가격이 중장기적으로 한 방향으로 움직인다고 가정하고 기업 가치의 증가를 예상하여 중장기 투자를 하는 경우라면, 기업 가치가 증가하려면 곧 주식 가격이 우상향해야 하므로 이 경우에도 가격 분석은 효율적이라 할 것입니다.

물론 가격 분석 기술적 분석도 비판할 점이 없는 것은 아닙니다. 가치 분석은 주가 상승의 핵심 원인인 가치를 분석하는 것인데, 가격 분석은 주가를 움직이는 수급의 변화를 다각적으로 검토하지만 그 원인은 정확히 분석하지 못한 채 결과치만 분석하는 한계가 있습니다. 또한 가치와 가격이 한 방향으로 움직이지 않고 다르게 움직이면 일시적으로 가격 분석에 의해 수익이 날 수 있지만, 가치가 없이 오른 가격의 거품은 언젠가는 폭탄이 되어 터진다는 것이 가장 큰 한계입니다. 가치와 가격이 따로 움직일 때 가격 분석으로 일시적인 수익이 나더라도 가치 분석을 등한시하면 시장 아웃까지 나올 정도의 위험도 따르므로, 가치 분석을 기본으로 한 후에 가격 분석을 해도 늦지 않습니다.

대중의 심리는
차트에 녹아 있다

알렉산더 엘더 Alexander Elder가 설명한 3M은 주식투자자에게 거듭 강조해도 지나치지 않은 개념입니다. 3M이란 주식투자자에게는 METHOD 기법, MIND 심리, MONEY 자금 관리가 모두 중요하다는 이론입니다. 솔직히 저도 3M의 개념을 알기 전까지는 투자 기법이 주식투자의 전부라고 생각했지만, 주식투자의 경험이 쌓일수록 투자 기법보다 심리와 자금 관리의 중요성을 알아가고 있습니다.

특히 심리 관리는 중요하다고 생각하고 이겨내려고 노력해도 잘 안 되는 경우가 많습니다. 예를 들어 주가가 올라가면 대중은 탐욕스러워지고 주가가 떨어지면 공포를 느끼는데, 일반 대중에는 저를 비롯하여 모두가 포함됩니다. 인간은 본능적으로 주가가 올라갈수록 자신감이 자만심으로 바뀌고, 조금만 더 벌자고 욕심을 내다가 이익을 실현할 매도 타이밍을 놓칩니다. 주가가 떨어지면 하락 초기에는 버티다가 공포가 극에 달하는 바닥 최저점에서 손절매를 하지요.

이렇게 매우 주관적인 불안 상태를 이겨낼 수 있는 것이 주가 차트입니다. 주가 차트에는 대중들의 심리가 녹아 있기 때문입니다. 제아

슈퍼개미의 왕초보 주식수업

무리 분석을 잘해서 좋은 종목을 골라도 심리를 이겨내야 하는데, 대중의 심리를 분석하고 이해하는 데 가장 좋은 도구는 주가 차트입니다.

예를 들면 거래량이 늘면서 변동성이 확대되면 대중들은 심리적 혼동을 느끼고, 거래량이 줄면서 변동성이 축소되면 심리적 안정을 느낍니다. 따라서 단기 매매로 수익을 낼 수 있는 빈틈은 변동성이 확대되어 대중들이 심리적 혼동을 느끼는 때입니다.

또는 신고가 패턴에서 장대거래에 대량 거래 음선은 단기 고점의 징후이고, 소리 없이 강한 레간자형 패턴에서 장대 양선이 발생하면 꺼지기 전의 마지막 불꽃이며, 역배열 최저점에서 대량 거래에 십자형 양선이 나오면 지긋지긋한 바닥이 끝나고 반등이 임박했다는 신호일 확률이 높습니다. 이렇듯 모든 투자자들의 심리가 봉차트 하나하나에 녹아 있는 것입니다. 다음 장에서는 투자자들의 심리가 곳곳에 녹아 있는 봉차트, 이동평균선 등에 대해 하나씩 살펴보도록 하겠습니다.

MENTOR'S TIP •••

- 주가를 포함한 이 세상의 모든 가격은 수요와 공급에 의해 결정된다는 것은 진리
- 주식으로 수익을 내기 위해서는 싸게 사서 비싸게 팔아야 한다는 것은 진리
- 투자자들의 심리가 주가를 결정한다는 것은 진리

용어 설명

◆ **보이지 않는 손**
영국의 고전파 경제학자인 애덤 스미스가 주창한 개념으로, 개개의 모든 이해는 궁극적·자연적으로 조화를 이룬다는 사상. 개인이 자신의 이익(사익)을 위해 경쟁하는 과정에서 누가 의도하거나 계획하지 않아도 사회 구성원 모두에게 유익한 결과(공익)를 가져오게 된다는, 시장 경제의 암묵적인 자율 작동 원리다.

◆ **대체재와 보완재**
대체재는 서로 다른 재화에서 같은 효용을 얻을 수 있는 재화(쇠고기와 돼지고기)이고, 보완재는 두 가지 이상의 재화가 사용됨으로써 한 가지 효용을 얻을 수 있는 재화(커피와 설탕)다.

◆ **알렉산더 엘더**
전문 거래자이자 기술적 분석의 전문가인 동시에 정신과 개업의이며 파이낸셜트레이딩 사의 창립자이기도 하다. 정신과 의사였던 덕분에 트레이딩 심리를 꿰뚫어 보는 독특한 통찰력을 얻게 되었으며, 세계에서 손꼽히는 테크니션으로 확고한 위치를 차지하고 있다. 대표적인 저서로 《나의 트레이딩 룸으로 오라》가 있다.

기술적 분석의 기본,
봉차트

☑ **MAIN POINT**

기술적 분석의 기본인 봉차트의 형성 원리를 이해하고 봉의 모양과 패턴 등
에 따라 주가가 어떻게 움직일지 예측하는 방법을 공부해보자.

6가지 형태만 알면
분석이 쉽다!

우리나라의 봉차트에서는 빨간색인 양선은 주가가 올라간다는 의미이고, 파란색인 음선은 주가가 내려간다는 의미입니다. 그래서 주식 투자를 오래하다 보면 빨간색을 좋아하게 됩니다. 봉차트는 기술적 분석의 가장 기본적인 분석 도구로서 하루에 의미 있는 주가들을 봉의 형태로 그려낸 것을 말합니다. 봉차트를 이해하기 위해서는 봉의 모양에 표현되는 시가, 종가, 저가, 고가를 알아야 합니다.

시가는 오전 9시에 장이 시작했을 때 동시호가에 의해 결정된 가격을 말하고, 종가는 오후 3시 30분에 장이 마감할 때 동시호가에 의해 결정된 가격을 말합니다. 시가보다 종가가 올라갔을 때 빨간색으로 표현하고 양봉이라고 합니다. 반대로 시가보다 종가가 내려갔을 때 파란색으로 표현하고 음봉이라고 합니다. 저가는 장 중 최저점이고, 고가는 장

■ 그림 3-1 양봉과 음봉

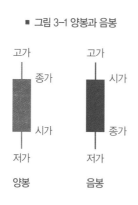

슈퍼개미의 왕초보 주식수업

중 최고점입니다. 즉, 양봉과 음봉에서 고점과 저점은 하루의 최고점과 최저점을 나타내지만, 양봉은 시가보다 높게, 음봉은 시가보다 낮게 종가가 있다는 뜻입니다.

기본적인 봉차트에 전일 종가를 추가하여 그 의미를 알아보도록 하겠습니다. 주식시장에서는 전일 종가와 비교하여 당일 시가와 벌어진 격차를 표현할 때 갭gap이라는 단어를 사용하는데, 어제 종가보다 오늘 시가가 상승하면 갭 상승, 어제 종가보다 오늘 시가가 하락하면 갭 하락이라고 말합니다. 그러면 양봉, 음봉의 두 가지 구분에 의해 총 여섯 가지로 나뉘므로 좀 더 자세히 하루 주가의 흐름을 이해할 수 있게 됩니다.

첫째, 갭 상승 양봉 상승 마감입니다. 전일 종가보다 갭 상승으로 시가가 형성되고 종가도 올라서 마감된 양봉입니다. 양봉 중에서도 가장 강한 것이죠.

둘째, 갭 하락 양봉 상승 마감입니다. 전일 종가보다 갭 하락으로 시가가 형성되었지만 종가는 올라서 마감된 양봉입니다. 장 전보다 장중의 기운이 강하며, 바닥권에서 벗어나면 상승 반전의 신호로 해석되기도 합니다.

셋째, 갭 하락 양봉 하락 마감입니다. 전일 종가보다 갭 하락으로 시가가 형성되고 종가도 내려가서 마감된 양봉입니다. 장전보다 장중의 기운이 강했지만 약하게 반등한 것입니다.

넷째, 갭 하락 음봉 하락 마감입니다. 전일 종가보다 갭 하락으로 시가가 형성되고 종가도 내려가서 마감된 음봉입니다. 음봉 중에서도 가장 약한 최악의 상황입니다.

다섯째, 갭 상승 음봉 하락 마감입니다. 전일 종가보다 갭 상승으로 시가가 형성되었지만 종가는 내려가서 마감된 음봉입니다. 장 전보다 장 중의 기운이 약한 음봉으로, 고공권에서 나오면 하락 반전의 신호로 해석되기도 합니다.

여섯째, 갭 상승 음봉 상승 마감입니다. 전일 종가보다 갭 상승으로 시가가 형성되고 종가도 올라가서 마감된 음봉입니다. 장 전보다 장 중의 기운이 약했지만 약하게 반등한 것입니다.

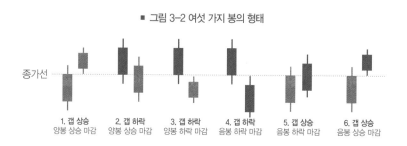

■ 그림 3-2 여섯 가지 봉의 형태

종가선

1. 갭 상승
양봉 상승 마감

2. 갭 하락
양봉 상승 마감

3. 갭 하락
양봉 하락 마감

4. 갭 하락
음봉 하락 마감

5. 갭 상승
음봉 하락 마감

6. 갭 상승
음봉 상승 마감

예전에 선물 옵션을 열심히 매매했을 때, 그 당시에 개발한 두 가지가 있습니다. 하나는 달력상의 월봉이 아니라 선물 옵션 만기일을 말일로 하는 월봉을 그려서 새로운 시각으로 파생시장을 보며 만기 지수를 예상하려 했던 것이고, 또 다른 하나가 여섯 개의 봉으로 시장의 기운을 파악하는 것이었습니다. 남들이 단순히 양봉과 음봉만 구분할 때, 저는 전일 종가를 기준으로 위에 있는 양봉, 음봉, 밑에 있는 양봉, 음봉, 전일 종가선에 걸쳐 있는 양봉, 음봉으로 구분할 수 있습니다.

남들이 하나 보면 나는 두 개 보고, 남들이 열 개 보면 나는 스무 개 보고야 만다는 도전 정신 덕분에 주식시장에서 20년 넘게 살아남았고, 삼박자 투자법을 강조하게 된 원동력이 되었습니다.

몸통과 꼬리를
볼 줄 알아야 한다

먼저 몸통의 길이를 살펴보면 몸통의 길이가 짧은 것과 긴 것이 있습니다. 어떤 모양이 좋은 것일까요? 양봉일 경우에는 짧은 것보다 긴 것이 좋습니다. 시가보다 종가가 많이 올랐다는 뜻이니까요. 몸통이 긴 양봉을 장대 양봉이라고 하며 양봉계의 최고봉입니다. 반대로 음봉일 경우는 짧은 것이 좋습니다. 시가보다 종가가 적게 떨어졌다는 뜻입니다. 몸통이 긴 음봉을 장대 음봉이라고 하며 주식투자자들이 가장 보기 싫어하는 봉의 형태입니다. 즉, 양봉은 몸통이 길수록, 음봉은 짧을수록 좋습니다.

■ 그림 3-3 봉의 몸통 길이

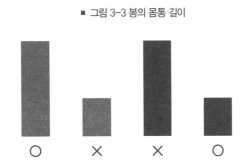

슈퍼개미의 왕초보 주식수업

다음은 몸통 아래위로 붙어 있는 꼬리의 길이에 대해서 알아보도록 하겠습니다. **몸통의 길이가 똑같다고 하면 꼬리의 길이는 양선, 음선 모두 짧은 것이 좋습니다.** 위아래 꼬리가 길어지는 이유는 장 중 변동 폭이 너무 크기 때문인데, 거래가 활발했다는 장점은 있지만 손을 탔다는 단점이 있습니다. 또 다른 해석으로는 매도세와 매수세가 팽팽하게 맞서면서 장군 멍군을 주고받았다고 볼 수도 있습니다. 매수세가 강하게 밀어붙이면서 고점을 높게 형성하고 매도세가 강하게 밀어붙이면서 저점을 낮게 형성했는데, 결국 승자가 없이 어중간하게 끝난 하루인 셈입니다. 말하자면 꼬리가 길다는 것은 단기 트레이더들이 사고팔기를 반복하면서 주가 변동성을 크게 만들었다는 뜻입니다.

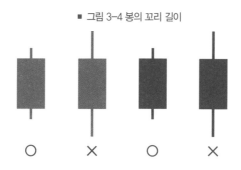

■ 그림 3-4 봉의 꼬리 길이

그렇다면 아래 꼬리와 위 꼬리는 어떤 차이가 있을까요? 같은 몸통 크기의 양봉인데 하나는 아래가 길고 하나는 위가 길다면 어떤 것이 좋을까요? **양봉의 긴 아래 꼬리가 좋습니다.** 양봉에서 아래 꼬리가 긴 것은 떨어지는 주가를 저점 매수 세력들이 물량을 받고 주가가 올라가며 장이 끝났다는 뜻으로 추세적으로 볼 때 내일 오를 확률이 높습니다. 반면 위 꼬리가 긴 것은 오르는 주가를 고점 매도 세력들이 물량을 털고 주가가 떨어지며 장이 끝났다는 뜻으로 추세적으로 볼 때 내일 떨어질 확률이 높습니다. **같은 몸통 크기의 음봉도 양봉과 마찬가지로 위 꼬리보다 아래 꼬리가 긴 것이 더 좋다고 생각하면 됩니다.**

■ 그림 3-5 봉의 아래위 꼬리 길이

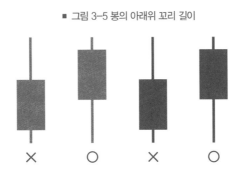

이처럼 봉의 모양으로 차트를 분석할 때 100%의 확신이 아닌 51%의 확률로 판단해야 합니다. 또한 하나하나의 봉의 형태보다 봉의 위치가 더 중요합니다. 봉의 모양은 하루의 움직임을 표현한 것에 불과합니다. 주가의 움직임을 보는 이유는 오늘 하루만이 아니라 과거의 주가가 현재의 주가에 영향을 미치는지 확인하고 미래의 주가를 예측하고 싶기 때문입니다. 어제의 봉 형태와 오늘의 형태를 비교하면서 어떤 규칙성이 있는지 생각해야 합니다.

슈퍼개미의 왕초보 주식수업

봉의 패턴은
4가지로 나뉜다

봉의 패턴 연구는 연속된 봉의 연결이 반복된 움직임을 보이는 데 초점을 맞추어 규칙성을 찾고, 규칙성이 있는 봉의 패턴이 주가의 상승 또는 하락 신호인지 연구하는 것입니다. 봉차트를 분석할 때 개별적인 단일 봉의 의미도 생각해야 하지만 봉이 여러 개 연결된 패턴을 보고 판단하는 것이 더 중요합니다. 즉, 봉의 모양보다 위치가 중요한 것이죠.

봉의 패턴은 크게 상승 반전형, 상승 지속형, 하락 반전형, 하락 지속형의 네 가지로 나눌 수 있습니다. 이는 주가의 상승과 하락을 표현한 것입니다. 하락하던 주가가 변곡점에서 상승 반전하고, 상승한 주가는 추세적인 상승을 지속하며, 상승하던 주가가 변곡점에서 하락 반전하고, 하락한 주가는 추세적인 하락을 지속하는 것입니다. 결국 가격 분석 기술적 분석을 하는 목적은 주가의 추세와 변곡점을 알아내기 위해서입니다.

첫째, 상승 반전형은 하락 추세가 지속된 후에 상승으로 반전하는 형태의 봉차트로, 상승 장악형과 샛별형 등이 있습니다. 상승 장악형은 두 개의 봉으로 이루어진 패턴인데, 하락 추세 마지막에 첫 번째 음봉이 나오고, 두 번째 양봉이 더 큰 몸통으로 음봉을 감싸고 있는 형태입니다. 여러 상승 반전형 패턴 중에 가장 중요하고 자주 나오는 패턴이 모닝스타라고도 불리는 샛별형인데, 세 개의 봉으로 이루어집니다. 하락 추세 마지막에 첫 번째 긴 음봉이 발생한 후 다음 날 하락 갭의 작은 몸통의 봉이 나오고 세 번째 상승 갭의 장대 양봉이 발생하는 형태입니다. 상승 장악형과 샛별형의 가장 큰 차이점은 바닥을 찍은 다음 날 하루 더 양선으로 올리는 추세가 발생한다는 점입니다. 상승 장악형보다 샛별형의 반전 확률이 패턴의 신뢰도가 더 높은데, 봉의 개수가 더 많아야 신뢰도가 높아집니다.

■ 그림 3-6 상승 반전형

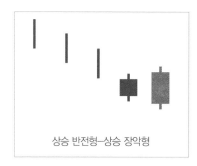

상승 반전형-상승 장악형

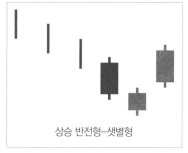

상승 반전형-샛별형

둘째, 상승 지속형은 상승 반전 이후 상승 추세 과정에서 나타나는 형태의 봉차트로, 적삼병과 상승 돌파 갭형 등이 있습니다. 적삼병은 종가가 상승하는 양봉이 세 개 연속으로 발생하는 패턴으로 상승

슈퍼개미의 왕초보 주식수업

추세가 강화되는 것으로 해석할 수 있는데, 가끔은 꺼지기 직전의 마지막 불꽃으로 해석되기도 합니다. 상승 돌파 갭형은 첫 번째 긴 양봉과 두 번째 상승 갭의 짧은 양봉이 나온 후에 세 번째 음봉이 전일 시가 아래에서 마감하는 형태입니다. 소위 말하는 갭을 메우고 올라가는 형태로 전형적인 상승 지속형 패턴이므로 기억하기 바랍니다.

■ 그림 3-7 상승 지속형

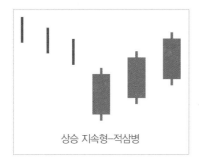

상승 지속형-적삼병   상승 지속형-상승 돌파 갭형

셋째, 하락 반전형은 상승 추세가 지속된 후 하락으로 반전하는 형태의 봉차트로, 하락 장악형과 석별형 등이 있습니다. 하락 장악형은 상승 장악형과 정확히 반대되는 패턴으로, 상승 추세 마지막에 첫 번째 양봉이 나오고 두 번째 음봉이 더 큰 몸통으로 양봉을 감싸고 있는 형태입니다. 석별형은 이브닝스타라고도 불리는데, 샛별형과 정확히 반대됩니다. 상승 추세의 마지막에 첫 번째 긴 양봉이 발생한 후 다음 날 상승 갭의 작은 몸통의 봉이 나오고 세 번째 하락 갭의 장대음봉이 발생합니다. 보유 종목 중에 하락 반전형과 유사한 형태가 나

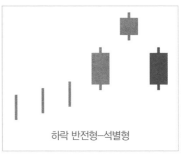

하락 반전형-하락 장악형　　　　하락 반전형-석별형

온다면 주의 깊게 검토해서 매도를 결정해야 합니다.

넷째, 하락 지속형은 하락 반전 후 하락 추세 과정에서 나타나는 형태의 봉차트로, 흑삼병과 하락 돌파 갭형 등이 있습니다. 흑삼병은 종가가 하락하는 음봉이 세 개 연속으로 발생하는 패턴으로 하락 추세가 강화되는 것으로 해석할 수 있는데, 가끔은 반전을 앞둔 마지막 투매로 받아들여지기도 합니다. 주식 격언에 "3일 투매는 받아라"라는 말을 떠올리면 됩니다. 하락 돌파 갭형은 첫 번째 긴 음봉과 두 번

■ 그림 3-9 하락 지속형

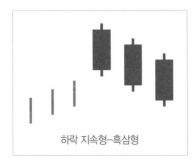

하락 지속형-흑삼형　　　　하락 지속형-하락 돌파 갭형

째 하락 갭의 짧은 음봉이 나온 후에 세 번째 양봉이 전일 시가 위에서 마감하는 형태입니다. 상승 돌파 갭형과 정확히 반대되는 패턴으로, 갭을 메우는 짧은 반등 후에 다시 주가가 내려가는 전형적인 하락 지속형 패턴입니다.

실전, 차트 분석을 위한 준비

봉차트가 주가의 하루 움직임을 표현한 것이라고 했지만, 사실 시간의 구분에 따라 분봉, 일봉, 주봉, 월봉, 연봉 등으로 나눌 수 있습니다. 장중 매매를 위해서는 분봉이 적합하고, 장기 투자를 위해서는 주봉, 월봉 등이 적합합니다. 이처럼 경우에 따라 봐야 하는 봉차트가 다릅니다. 짧은 흐름을 보기 위해서는 분봉 또는 일봉, 긴 흐름을 보기 위해서는 주봉 또는 월봉을 봐야 합니다.

차트 분석을 주무기로 하여 매매하는데도 봉차트를 등한시한 채 각종 보조 지표들을 살펴보는 경우가 있는데, 이는 가격 분석의 의미를 제대로 이해하지 못했기 때문입니다. 가격 분석을 위해 가장 중요한 세 가지는 일정 기간의 중요한 주가 움직임을 표현한 봉차트, 일정 기간의 종가를 평균 내서 점을 선으로 표현한 이동평균선, 가격만큼 중요한 변수인 거래량입니다. 이 중에서도 가장 기본이 되는 것이 봉차트인데, 이동평균선과 달리 하루면 하루, 한 달이면 한 달이라는 일정한 시간 단위에서 중요한 주가 흐름을 보여주기 때문입니다.

봉차트에서 가장 중요한 세 가지를 정리하면 다음과 같습니다.

첫째, 봉의 색깔, 몸통의 길이, 아래 꼬리와 위 꼬리의 길이 등에는 매수세와 매도세의 충돌과 그 결과가 나타납니다. 매일 장이 끝나고 봉차트를 보면서 내일은 어떤 봉이 만들어질까 예상해보는 훈련을 계속하는 것도 큰 도움이 될 것입니다.

둘째, 하나의 봉보다 연속된 흐름의 봉을 관찰하는 것이 좋습니다. 봉의 개수가 많을수록 패턴의 신뢰도가 높아지므로 전체적인 흐름을 읽어내려고 노력해야 합니다.

셋째, 양선과 음선의 개수로 주가 흐름의 강약을 체크해볼 수 있습니다. 굉장히 간단하면서도 유용한 방법인데, 특히 천정권에서 음선의 개수가 많아질수록, 바닥권에서 양선의 개수가 많아질수록 반전 확률이 높다는 것을 기억하기 바랍니다.

MENTOR'S TIP • • •

· 봉차트를 볼 때 전일 종가를 연결시켜 보는 연습하기
· 보는 것보다 직접 그리는 것이 훨씬 효과가 크므로 봉차트 직접 그려보기
· 봉의 모양과 패턴을 익히고 실전 차트에 적용해볼 것

 **용어 설명**

◆ **보조 지표**

봉차트, 이동평균선, 거래량 차트 등 기본적인 3대 지표 외에 추가적으로 많은 지표를 사용하고 있다. 대표적으로 추세 분석 지표(MACD), 모멘텀 분석 지표(이격도, 스토캐스틱(stochastic)), 변동성 지표(볼린저 밴드(Bollinger band)), 시장 강도 분석 지표(OBV, 투자 심리선) 등이 있다.

슈퍼개미의 왕초보 주식수업

주가 움직임을
예측할 수 있다

☑ **MAIN POINT**

이동평균선의 형성 원리를 이해하고 이평선이 수렴하고 돌파가 이루어지고
확산하는 과정의 흐름을 공부한 후 그랜빌의 8법칙을 알아보자.

이동평균선의 종류와 의미

이동평균선은 일정 기간의 주가를 산술 평균한 값인 주가 이동평균을 차례로 연결한 선입니다. 각기 다른 기간의 평균값을 나타낸 선과 현재 주가 움직임과의 관계를 분석함으로써 미래의 주가 움직임을 예측하는 지표로 쓰입니다. 단위는 분, 일, 주, 월, 연간 등이 있습니다. 이동평균선은 줄여서 이평선이라고도 합니다 이후로 이평선으로 설명하겠습니다. 봉차트를 직접 그리면서 훈련하는 것이 가장 좋은 학습법이듯, 이평선 역시 직접 그려보면 이평선의 작성 원리와 그 의미를 확실히 깨닫게 됩니다.

예를 들어 2일 이평선을 만들어볼까요?

8일간의 종가가 다음과 같은 경우, 현 주가와 이평선을 그려보면 그래프처럼 나타납니다.

■ 표 4-1 8일간의 종가와 2일간의 평균가

일	1일	2일	3일	4일	5일	6일	7일	8일
종가	8000	8200	8400	8200	8400	8600	8800	9000
2일 평균가		8100	8300	8300	8300	8500	8700	8900

슈퍼개미의 왕초보 주식수업

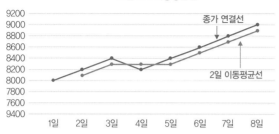

4일차에서 주가가 200원 하락하면서 현 주가가 2일 이평선의 아래에 위치하는 지점에서 현재 주가의 움직임보다 이평선의 움직임이 더 느리다는 것을 알 수 있습니다. 이는 평균의 원리를 생각하면 당연하겠지요. 평균의 원리상 현 주가 〉 5일선 〉 20일선 〉 60일선 〉 120일선 〉 200일선의 순서로 기울기가 급격하게 움직임을 알 수 있습니다.

평균의 원리 중 또 하나 중요한 것이 평균 회귀의 법칙입니다. 각각의 사건은 극단적인 결과가 나올 수 있지만 결국 평균값으로 돌아간다는 것입니다. 예를 들어, 매년 평균 20%의 수익을 내는 투자자가 갑자기 이번 달에 30%의 수익이 나면 다음 달에 손실이 날 확률이 높으니 조심해야 하는 이치와 같습니다. **이러한 관점에서 본다면, 현 주가가 이평선 위에 놓여 있으면 하락을 염려하여 매도해야 하고 이평선 밑에 위치하고 있다면 상승을 예상하여 매수해야 할 것입니다.**

그러나 주가의 움직임에는 평균 회귀보다 더 중요한 추세의 힘이라는 것이 있습니다. 모멘텀이라고도 불리는 추세의 힘을 믿는지, 평균 회귀를 믿는지에 따라 추세 매매와 비추세 매매 중에 자신과 맞는 전략을 선택해야 합니다. 평균 회귀와 추세의 힘에 대한 비교는 가격 분석에서 가장 중요한 개념입니다.

기간별 이평선 중 일간 이평선의 종류와 각각의 의미에 대해 살펴보겠습니다. 5일 이평선은 보통 심리선이라고 표현합니다. 투자자의 심리가 모여 있는 선, 심리에 의해 좌지우지되는 경향을 보이는 것으로 봅니다. 5일이라는 단기간에 주가에 영향을 미치는 가장 큰 요인은 투자자의 심리일 테니까요. 20일 이평선은 생명선으로 표현합니다. 단기적인 주가 흐름에서 20일 이평선을 하향 돌파하면 매우 안 좋다고 시장이 받아들이기 때문입니다. 그래서 차트는 그 생명을 지키기 위해 20일선에서 강력한 지지선을 형성합니다. 완전 정배열 차트에서 1차 지지선이 20일선에서 강하게 형성되는 이유가 여기에 있겠지요. 60일 이평선은 수급선이라고 표현합니다. 3개월 정도의 중기적인 흐름은 수급에 의해 주가가 움직인다고 시장이 해석하는 것입니다. 120일 이평선은 경기선이라고 표현합니다. 장기 이평선은 심리나 수급보다 경기의 좋고 나쁨에 따라 움직인다고 보는 것이지요. 5일 이평선은 1주, 20일 이평선은 한 달, 60일 이평선은 분기, 120일 이평선은 반기의 평균값을 나타냅니다. 단기 이평선보다 중장기 이평선의 기울기는 언제나 완만할 수밖에 없습니다. 또한 중장기 투자에 대한 판단을 내릴 때는 주봉, 월봉, 연봉 이평선을 참조하며, 단기 매매를 판단할 때는 1분, 5분, 30분 등 분봉 이평선을 참조해야 합니다.

실제 사례로 배우는
수렴, 돌파 그리고 확산

이평선 분석에서 가장 중요한 개념인 정배열과 역배열에 대해 알아봅시다. 배열은 순서라는 말과 비슷합니다. 그러니 정배열은 순서가 바로 되어 있는 것, 역배열은 순서가 거꾸로 되어 있는 것입니다. 완전 정배열은 이평선의 위치가 위에서부터 5, 20, 60, 120일선이 순서대로 배열되어 있는 경우입니다. 즉, 단기, 중기, 장기 이동평균선 순으로 차례로 나열되어 있는 상태를 말합니다. 반대로 역배열은 정배열과 반대로 120, 60, 20, 5일선이 위에서부터 배열되어 있는 상태입니다.

그렇다면 정배열이 좋을까요, 역배열이 좋을까요? 이는 평균값보다 주가가 위에 있는 것이 좋은지 묻는 것과 마찬가지입니다. 오래된 평균값보다 최근의 평균값이 위에 있다는 것은 최근의 주가가 올랐다는 뜻이기 때문에 요즘 회사가 좋아졌다고 판단할 수도 있습니다. 역배열은 정배열과 반대이므로 회사가 안 좋아져서 주가가 많이 빠졌다고 판단할 수 있습니다. 이렇게 보는 것이 추세의 힘인 모멘텀을 믿는 관점입니다.

반대로 평균 회귀의 법칙을 믿는다면 정배열보다 역배열이 싼값에 사는 좋은 기회일 수 있습니다. 개인적으로는, 확률적으로 정배열 차트가 역배열 차트에 비해 우상향으로 주가가 오를 확률이 높고 심리적인 부분까지 고려한다면 더욱 오를 확률이 높다고 봅니다.

■ 그림 4-2 수렴, 돌파, 확산

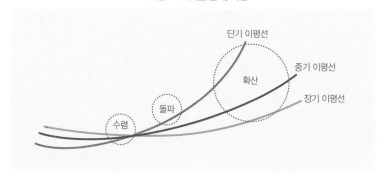

정배열 또는 역배열의 종목은 영원히 한 방향으로 움직이는 것이 아닙니다. 주가는 일정한 파동을 갖고 변동하고, 그 파동의 방향과 크기에 따라 이평선은 수렴, 돌파, 확산을 반복하게 됩니다.

예를 들어, 역배열 차트에서 바닥을 찍고 정배열 진통 과정을 거치면서 이평선은 수렴 과정을 거치게 됩니다. 수렴 이후에 돌파의 형태로 주가 방향성이 정해지면 골든 크로스가 순차적으로 나오면서 정배열에 진입하게 됩니다. 그 이후에 상승 모멘텀이 더욱 강화되면서 확산의 과정을 거칩니다. 이평선 확산 과정의 끝에서 주가가 천장에 오르면 다시 역배열로 움직이면서 수렴 과정을 거치고 다시 아래로 하락 돌파, 역배열 차트의 이평선 확산 과정에 진입합니다. 즉, 주가의 상승과 하락의 반복 파동이 이평선의 수렴, 돌파, 확산으로 나타나는 것입니다.

■ 그림 4-3 수렴, 돌파, 확산의 실제 사례

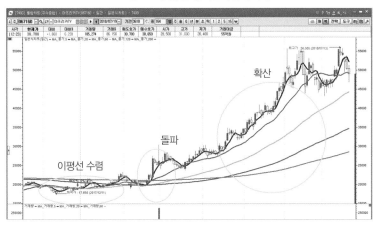

이평선의 돌파,
그랜빌 8법칙

이평선의 돌파를 설명하는 가장 좋은 예가 그랜빌의 8법칙입니다. 그랜빌의 8법칙은 크로스에서 출발합니다. 크로스 cross 는 두 선이 교차하면서 만나는 지점으로 골든크로스와 데드크로스가 있는데, 단어만 보아도 데드 dead, 죽은보다는 골든 golden, 금으로 된이 좋아 보이지요.

■ 그림 4-4 골든크로스와 데드크로스

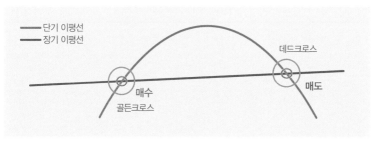

※독자의 이해를 돕기 위해 그림을 단순화하였습니다.

골든크로스는 단기 이평선이 중장기 이평선을 상향 돌파하는 것으로, 이것이 정배열입니다. 반대로 데드크로스는 단기 이평선이 중장기 이평선을 하향 돌파하는 것으로, 이것이 역배열이 되는 것입니다.

골든크로스와 데드크로스의 개념을 이해하면 그랜빌의 8법칙의 그림이 같은 논리로 이해될 것입니다.

그랜빌의 8법칙은 다음과 같습니다.

■ 그림 4-5 그랜빌의 8법칙

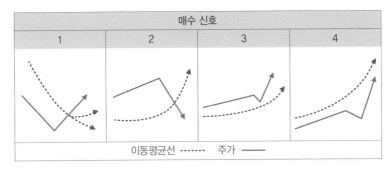

매수 신호			
1	2	3	4

이동평균선 ······ 주가 ────

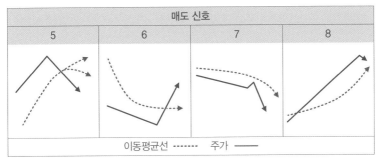

매도 신호			
5	6	7	8

이동평균선 ······ 주가 ────

1. 이평선이 하락 추세에서 상승 국면으로 진입한 후, 주가가 이를 위로 뚫는 경우에는 매수 신호

2. 이평선이 상승을 지속하고 있을 때 주가가 하락 돌파하는 경우, 일시적 하락으로 매수 신호

3. 주가가 이평선 위에 있는 경우, 하락하다가 이평선에 닿으면 매수 신호

4. 주가가 이평선 아래에서 급락하는 경우, 단기 매수 신호

5. 이평선이 상승 추세에서 하락 국면으로 진입한 후 주가가 이를 아래로 뚫는 경우에는 매도 신호

6. 이평선이 하락을 지속하고 있을 때, 주가가 상승 돌파하는 경우, 일시적 상승으로 매도 신호

7. 주가가 이평선 아래에 있는 경우, 상승하다가 이평선에 닿으면 매도 신호

8. 주가가 이평선 위에서 급등하는 경우, 단기 매도 신호

그랜빌의 8법칙은 주가와 이평선의 위치를 분석해서 매매 시점을 포착하는 방법입니다. 주가와 단기 이평선, 단기 이평선과 장기 이평선의 관계를 이용하여 매수와 매도 시점을 파악하는 것입니다. 그랜빌의 8법칙은 단기 이평선이 장기 이평선 위에 있어야 좋다고 강조하고 있음을 알 수 있습니다. 최근의 주가가 올라서 주가가 평균값 위에 위치하는 정배열이 좋고 정배열로 전환되는 시점인 골든크로스가 좋다고 보며, 이는 평균 회귀보다는 추세의 힘을 강조하는 이론입니다.

이평선의 사이클인 수렴, 돌파, 확산 중 돌파를 이해하기 위해 그랜빌의 8법칙을 예로 들었는데, 확산과 수렴을 이해하기 위해서는 이격도를 알아야 합니다. 이격도는 주가와 각 이평선 간의 거리를 뜻합니다. 주가의 평균 회귀 속성상 이평선에서 멀어지면 다시 돌아오는 속성이 있습니다. 따라서 이평선은 언제나 수렴과 확산을 반복하며,

이격도가 벌어지고 좁혀지는 과정을 거칩니다. 차트를 보면서 이격도가 과하게 벌어져 있다면 곧 좁혀질 것을 예상해야 하고, 반대로 이평선이 수렴하고 있다면 곧 돌파하는 방향으로 벌어질 것을 예상해야 합니다.

좋은 만남과
나쁜 만남의 차이

 차트 분석을 주무기로 하는 투자자는 대부분 이동평균선 이외의
보조 지표들을 띄워놓습니다. 제가 주식투자를 처음 접했던 20년 전
만 해도 여러 보조 지표들을 연구하며 그 신호가 일치할 때를 매매
포인트로 정하여 매매하곤 했습니다. 하지만 지금은 차트보다 재무제
표를 훨씬 중요하게 분석해야 하며 정보가 주가에 빠르게 영향을 미
치는 시대이기 때문에, 가치 분석과 정보 분석을 제외하고 차트만 놓
고 매매하는 것은 맞지 않다고 생각합니다. 따라서 차트에 대한 분석
을 과거에 비해 줄여야 하므로 가격을 중심으로 만들어진 봉과 이평
선 그리고 거래량 정도의 원자료를 중요하게 보면 됩니다. 즉, 원자료를
변형시켜서 만든 여러 보조 지표를 들여다보기보다는 기초적인 기술
적 분석 도구인 봉, 이평선, 거래량에서 많은 정보를 뽑아내야 한다는
말입니다.

 특히 이평선이 중요한 이유는 무엇일까요? 첫 번째, 추세를 파악하
기 위해서입니다. 추세 파악은 이평선의 배열과 각도로 알 수 있습니
다. 단기 이평선이 장기 이평선보다 위에 있을 때를 완전 정배열이라

합니다. 이 경우 상승 추세가 자리 잡은 것으로 보고 추세의 작용에 따라 추가로 상승할 확률이 높다고 판단합니다. 반대로 단기 이평선이 장기 이평선보다 아래에 있을 때를 완전 역배열이라 합니다. 이 경우 하락 추세가 자리 잡은 것으로 보고 추세의 작용에 따라 추가로 하락할 확률이 높다고 판단합니다. 이러한 추세의 판단은 기술적 분석에서 가장 중요한 내용인데, 이평선 분석만으로 파악할 수 있습니다.

두 번째, 이평선으로 지지선과 저항선을 파악하기 위해서입니다. 지지선이란 주가 상승 추세에서 저점과 저점을 연결한 선으로, 더 이상의 하락을 막는 역할을 합니다. 저항선이란 주가 하락 추세에서 고점과 고점을 연결한 선으로, 더 이상의 추가 상승을 막는 역할을 합니다. 통상적으로 저항선과 지지선을 작도법에 의해 그리지만, 간단히 이평선으로 대체할 수도 있습니다. 상승 추세에서는 주가의 밑에 있는 이평선이 지지선 역할을 하고, 하락 추세에서는 주가의 위에 있는 이평선이 저항선의 역할을 합니다. 물론 세력은 이를 역이용하여 일시적으로 이평선을 돌파시키며 속임수 차트를 만들기도 합니다. 하지만 일반적으로 이평선으로 가장 중요한 추세를 확인하고 지지선과 저항선을 설정할 수 있습니다.

■ 그림 4-6 지지선과 저항선

완전 정배열
60일선 지지선

60일 이동평균선

정배열 – 지지선

20일 이동평균선

완전 역배열
20일선 저항선

역배열 – 저항선

슈퍼개미의 왕초보 주식수업

· 봉차트 그리기에 성공했다면 이평선 그리기에 도전하기
· 인생이 만남과 헤어짐의 연속이듯 이평선도 만나고 헤어짐을 반복한다는 사실
· 좋은 만남과 나쁜 만남이 있듯이, 골든크로스와 데드크로스가 있다는 사실

 **용어 설명**

◆ **조셉 그랜빌**(Joseph E. Granville)
기술적 분석의 원조, 주식시장의 대예언가, OBV 이론의 창시자 등 수많은 수식어를 가지고 있는 그랜빌은 시간이란 변수를 시장 지표로 활용한 4차원적 기술적 분석 기법과 OBV 이론을 만든 증권가의 신화로, 세계 증권시장에 막대한 영향을 미쳤던 인물이다.

◆ **지지선**
주가 그래프에서 주가 파동의 저점과 저점을 연결한 직선을 말한다. 주가는 어느 수준까지 떨어지면 주식을 사려는 세력이 늘어나면서 주가의 하락 추세를 멈추는데, 이를 지지선이라고 한다. 주가가 지지선을 하향 돌파하면 직전의 지지선은 저항선이 된다.

◆ **저항선**
주가가 어느 수준까지 오르면 대량 거래가 형성되면서 가격이 더 이상 오르지 못하고 멈추게 하는 매도 세력이 나타나는데, 이 주가 수준을 저항선이라 한다. 일반적으로는 주가 그래프상 주가 파동의 상한점을 연결한 직선으로 나타난다. 특히 주가가 일정 기간 보합권에 있을 때 그사이의 단기 파동의 고가를 연결한 선으로, 그 부분에는 잠재적인 매도세가 대기해 있는 것으로 본다. 그러나 그 선을 돌파해서 주가가 상승했을 때 보합권 이탈이 일어났다고 판단한다.

차트 분석을 하는
결정적 이유

☑ **MAIN POINT**

기술적 분석의 최종 목표가 추세와 변곡점을 찾는 것임을 이해하고, 상승 추세와 하락 추세에 따른 매매 기법을 공부해보자.

변곡의 비밀을
알아야 한다!

추세의 사전적 의미는 어떤 현상이 일정한 방향으로 나아가는 경향으로, 한방향으로 가고자 하는 힘이라고 볼 수 있습니다. 주식투자의 목적은 돈을 버는 것인데, 목적 달성을 위해서는 우상향하는 상승 추세의 종목을 찾아내야 합니다. 그래서 차트 분석에 있어서 추세를 파악하는 것은 매우 중요합니다. 추세는 상승 추세와 하락 추세 그리고 비추세가 있습니다.

■ 그림 5-1 상승 추세, 하락 추세, 비추세

상승 추세   하락 추세   비추세

이 중에서 상승 추세의 종목을 매수해야 수익이 날 확률이 높습니다. 비추세는 한방향으로 나아가지 않고 일정한 박스권에서 등락을

반복하므로 매수·매도 타이밍을 잡기가 만만치 않습니다. 반면 하락 추세의 종목은 싸 보이지만 반등의 시점인 변곡점을 정확히 잡아내지 못한다면 매수 후 손실이 날 확률이 더 높습니다.

차트 분석에서 가장 중요한 용어가 추세와 변곡인데, 먼저 추세의 특징에 대해 알아보겠습니다.

첫째, 추세의 신뢰도에 영향을 미치는 변수는 기간, 기울기의 각도, 지지 또는 저항의 횟수 등입니다. 먼저 긴 기간의 움직임이 추세의 신뢰도를 높입니다. 일봉 차트를 볼 때 100일치를 보는 것보다 200일치나 300일치를 보는 것이 추세를 파악하기가 쉽고 그 신뢰도가 높아지지요. 또한 이평선의 기울기가 커질수록 추세의 힘이 크다는 것이니 그 신뢰도가 높습니다. 마지막으로 상승 추세에 지지의 횟수가 많을수록, 하락 추세 시에 저항의 횟수가 많을수록 신뢰도는 높아집니다. 신뢰도가 높다는 것은 그 추세를 오랫동안 유지할 확률이 높다는 뜻이기도 합니다. 보통 추세를 관성의 법칙에 비교하는데, 추세에도 관성의 힘이 작용합니다. 더 무거운 물체가 더 빠른 속도로 더 오랫동안

■ 그림 5-2 추세의 신뢰도에 영향을 미치는 변수

추세의 각도   지지의 횟수   저항의 횟수

움직였을 때 그 방향으로 가고자 하는 관성이 커지듯이, 추세의 기간이 길고 그 기울기가 클수록 추세의 힘이 더 커지는 것입니다.

둘째, 추세는 한눈에 읽혀야 합니다. **추세의 방향과 기울기를 한눈에 보고 상승 추세나 하락 추세에 대한 판단이 서야 합니다.** 만약 상승이나 하락의 구분이 애매한 경우는 비추세입니다. 추세 분석의 가장 큰 장점은 쉽게 추세를 파악하고 그 추세를 믿고 추세에 편승하여 매매할 수 있다는 것이기 때문에 애매한 추세는 비추세로 보는 것이 좋습니다.

■ 그림 5-3 추세의 판단

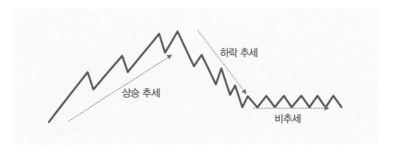

셋째, 추세는 단기, 중기, 장기 등 기간에 따라 구분할 수 있습니다. 기본적으로 장기 추세가 주추세이지만, 장기 추세 속의 단기 추세는 기간마다 다르게 나타날 수 있습니다. 예를 들어 상승 추세인데 단기적으로는 하락 파동이나 횡보 파동이 나오기도 합니다. 따라서 투자자는 투자 형태에 따라 단기, 중기, 장기 등의 추세를 따로 보아야 합니다. **단기 매매자의 경우 단기 추세에 중점을 두고, 중장기 투자자는**

장기 추세에 초점을 맞추어야 합니다.

■ 그림 5-4 추세의 기간

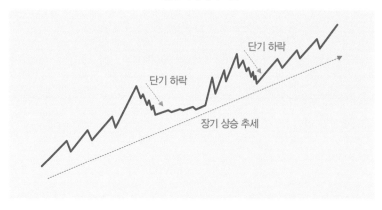

단기 하락

단기 하락

장기 상승 추세

이렇게 추세는 한눈에 파악하기 쉬운데, 변곡은 어느 누구도 정확히 읽을 수 없습니다. 변곡의 예측 확률을 높이려고 노력하는 사람은 많지만 말이죠. 추세는 진행 중에 파악할 수 있는 반면, 변곡은 지나야 알 수 있습니다. 추세의 마지막 점인 변곡점만 알 수 있다면 하락 추세의 마지막 끝 지점인 변곡점에서 매수하여 상승 추세의 마지막 끝 지점인 변곡점에서 매도할 수 있을 것입니다. 그렇다면 세계 최고의 부자가 되는 데 1년도 안 걸리겠지요. 파생시장에서는 대부분 추세와 변곡을 분석하면서 매매하는데, 옵션 가격은 하루에도 2배 이상 가격이 변동하기 때문에 변곡점만 정확히 알 수 있다면 매일 2배의 수익을 낼 수 있을 겁니다. 타임머신을 타고 과거로 갈 수 있다면 글로벌 금융위기 폭락 직전에 선물 매도 또는 풋옵션 매수로 하방 포지션을 잡고 금융위기의 마지막 끝자락 변곡점에서 선물 매수 또는 콜옵션 매수로 상방 포지션을 구축해놓는다면 세계 최고의 부자가 될 수 있었을 것입니다. 하지만 누구도 정확히 변곡점을 알 수 없지요. 그래서 수많은 사람들이 변곡의 비밀을 알아내려 애를 쓰고 있습니다.

■ 그림 5-5 추세의 변곡

추세를
구분하는 3가지

　보통 주가의 움직임을 상승과 하락, 보합의 세 가지로 구분하듯, 추세도 상승과 하락, 비추세의 세 가지로 구분합니다. 이 구분의 기준은 방향성입니다. 그런데 때로는 방향보다 움직임의 크기가 중요할 때도 있습니다. 움직임의 크기를 변동성이라고 합니다. 추세 분석에는 방향성뿐 아니라 변동성도 함께 보는 것이 좋습니다. 많이 오르는 것이 중요하기 때문입니다.

　방향성을 맞히는 것이 변동성을 맞히기보다 훨씬 쉽습니다. 방향은 위와 아래밖에 없기 때문입니다. 한마디로 홀짝 게임과 같죠. 하지만 변동성을 고려하면 미미하게 오르는 것, 조금 오르는 것, 엄청 많이 오르는 것, 미미하게 내리는 것, 조금 내리는 것, 엄청 많이 내리는 것 등 그 강도에 따라 많은 경우의 수가 존재합니다. 즉, 변동성은 상승 추세에서 상승의 각도 또는 하락 추세에서 하락의 각도라고 생각하시면 됩니다. 화살표로 방향을 표현한다면 서로 다른 상승 각도의 화살표가 많이 그려질 수 있겠지요. 이 많은 화살표 중에 투자자가 가장 원하는 것은 급격한 각도의 화살표입니다.

슈퍼개미의 왕초보 주식수업

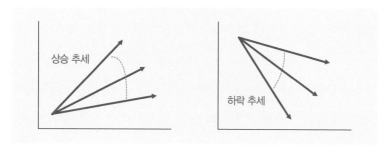

■ 그림 5-6 추세의 방향성

상승 추세

하락 추세

보통 투자자들은 전체 2,000종목 중에 1~10종목을 골라 매수합니다. 평균적인 주가 움직임을 보면 2,000종목 중에 절반은 오를 것이고 절반은 내릴 것입니다. 1,000종목 중에 가장 급하게 오를 것이 무엇인지 찾는 게임이 바로 주식투자인 셈입니다. 상승 추세인 여러 종목에서 각도가 더 큰 종목을 찾는 것이죠. 상승 각도가 큰 종목의 변동성이 크므로 수익이 더 크기 때문입니다. 상승 방향 추세 종목을 찾아내고 각도의 기울기를 비교하여 상승각이 누워 있는 종목보다 크게 서 있는 종목을 매수하는 것은 수많은 주식투자 기법 중 하나입니다.

변동성을 나타내는 지표 중에 베타$_\beta$ 계수라는 것이 있습니다. 베타 계수는 시장이 움직일 때 개별 종목이 시장 움직임에 비해 얼마나 민감하게 반응하는지 나타내는 수치입니다. 베타 계수가 큰 종목은 시장보다 크게 변동하고 작은 종목은 적게 변동한다고 이해하면 됩니다.

어느 것이 좋을까요? 무엇이 더 좋다고 말할 수는 없습니다. 변동성은 오를 때뿐 아니라 떨어질 때도 고려해야 하기 때문입니다. 베타 계수가 큰 종목을 매수하면 오를 때는 수익이 많이 나겠지만 떨어질 때 손실이 더욱 커집니다. 그래서 포트폴리오를 구성할 때 베타 계수도 고려하는 것이 좋습니다. 포트폴리오를 구성할 때 주가 움직임의 상관관계가 서로 다른 종목으로 구성하는 것이 기본이기 때문입니다. 일반적으로 시장의 움직임에 대해 시가총액이 큰 종목이 작은 종목보다 시장 변동성이 낮은 것으로 알려져 있습니다. 물론 대형주가 강한 시기와 소형주가 강한 시기를 구분할 수 있어야 합니다. 즉, 각 종목의 베타 계수는 시장 상황에 따라 달라집니다.

저항선이 뚫리면
상승 전환의 가능성이 있다?!

차트 분석을 하는 가장 큰 이유는 추세를 알고 변곡점을 찾기 위해서입니다. 그러나 변곡점은 지나야만 알 수 있어서 주식투자가 어려운 것입니다. 변곡점을 찾는 것과는 달리 눈에 보이는 추세는 그나마 찾기가 쉬운 편입니다.

상승 추세선과 하락 추세선으로 추세에 대해 알아보겠습니다. 상승 추세선이란 주가가 상승하는 추세 구간에서 저점과 저점을 연결한 선으로, 지지선이라고도 할 수 있습니다. 상승 추세의 경우 주가가 상승하다가 반락하면 저점에서 지지가 나오는데, 그 저점이 높아지는 형태를 보입니다. 상승 추세는 위로 열려 있기 때문에 저항은 큰 의미가 없고, 추세를 이탈하지 않기 위한 저점이 중요하기 때문에 저점을 연결한 지지선이 큰 의미를 가집니다. 저점에서의 지지가 반복될수록 매수 세력 또는 대기 매수세의 힘이 강하다고 할 수 있습니다.

또한 고점을 연결한 보조 추세선을 강하게 상승 돌파하면 기존의 상승 추세가 더 강화된다고 해석되기도 합니다. 쉽게 전고점을 돌파하면 상승 추세가 강해진다고 이해하면 됩니다. 반대로 주추세선인 지지선이 뚫리면 하락 전환 가능성을 체크해야 합니다. 이 경우에 하락 돌파 후 바로 원위치로 회귀하는 경우가 빈번하므로, 지지선을 얼마나 강하게 하락 돌파하고 가격 갭이 발생했는지, 지지선 아래에서 기간이 얼마나 길었는지로 추세 전환 여부를 고민해야 합니다.

하락 추세선이란 주가가 하락하는 추세 구간에서 고점과 고점을 연결한 선으로, 저항선이라고도 할 수 있습니다. 하락 추세의 경우 주가가 하락하다가 반등하면 고점에서 저항이 나오는데, 그 고점이 낮아지는 형태를 보입니다. 하락 추세는 아래로 열려 있기 때문에 지지는 큰 의미가 없고, 추세를 이탈하지 않기 위한 고점이 중요하기 때문에 고점을 연결한 저항선이 큰 의미를 가집니다. 고점에서의 저항이 반복될수록 매도 세력 또는 대기 매도세의 힘이 강하다고 볼 수 있습니다.

또한 저점을 연결한 보조 추세선을 강하게 하락 돌파하면 기존의 하락 추세가 더 강화된다고 해석되기도 합니다. 쉽게 전저점을 돌파하면 하락 추세가 강해진다고 이해하면 됩니다. 반대로 주추세선인 저항선이 뚫리면 상승 전환 가능성을 체크해야 합니다. 이 경우에 상승 돌파 후 바로 원위치로 회귀하는 경우가 빈번하므로, 저항선을 얼마나 강하게 상승 돌파하고 가격 갭이 발생했는지, 저항선 위에서의 기간이 얼마나 길었는지로 추세 전환 여부를 고민해야 합니다.

지지와 저항은 추세 분석에서 매우 중요한 개념입니다. 매수세가 강한 상승 추세에서는 주가가 떨어지면 매수 세력의 매수로 지지를 받으면서 상승하고, 매도세가 강한 하락 추세에서는 주가가 상승하면

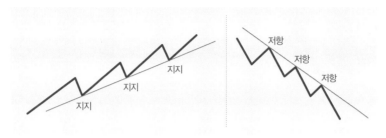

매도 세력의 매도로 저항을 받으면서 하락하게 됩니다. 전쟁터와 같은
주식시장에서 지지는 매수 세력의 승리, 저항은 매도 세력의 승리라
고 말할 수 있습니다.

추세에 따라
매매 기법도 달라야 한다

추세를 파악한 후에는 추세에 따른 매매 기법을 이용해야 합니다. 상승 추세, 하락 추세, 비추세에 따른 적절한 매매 기법을 알아보겠습니다.

우선, 상승 추세 종목을 매수할 때는 두 가지 방법이 있습니다. 먼저 상승 추세는 장기간 횡보하던 종목이 박스권을 상향 돌파한 후에 형성되는 경우가 많으므로, 주가가 바닥권의 장기 박스권의 상단을 돌파할 때 매수하는 것입니다. 박스권의 고점 또는 저항선을 돌파했을 때 매수하는 것으로, 전고점을 뚫거나 신고가를 갱신했을 때 매수에 가담하는 경우가 이에 해당합니다. 또 다른 방법은 상승 추세를 유지하다가 반락하여 지지선 근처까지 조정했을 때 매수하는 것입니다. 이 경우 전고점을 뚫기 전이나 지지선 전에서 매수하면 예측 매수이고, 전고점을 뚫은 이후나 지지를 받은 이후에 매수하면 확인 매수입니다.

반대로 상승 추세 종목을 매도할 때는 대천장 변곡점에서 팔 수 있으면 좋겠지만, 변곡점을 알 수 없으니 현실적으로 불가능합니다. 그래서 매도가 매수보다 어렵다고 하는 거죠. 변곡점에서 팔 수 없다면 변곡점 전에 미리 예측해서 매도하거나, 변곡점 이후에 확인하고 매도해야 합니다. 즉, 해드앤숄더 패턴에서 올라가는 어깨에서 매도하거나 내려오는 어깨에서 매도하는 것입니다. 올라가는 어깨는 아직 머리가 안 나온 상태이므로 예측 매도이고, 머리를 찍고 내려오는 어깨는 머리를 확인했으므로 확인 매도입니다. 예측 매수나 매도, 확인 매수나

■ 그림 5-8 상승 추세의 매매 기법

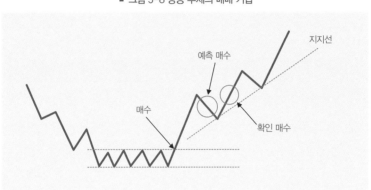

매도를 선택하는 데는 투자 성향을 고려하는 것이 좋습니다.

다음으로, 하락 추세의 매매 기법입니다. 상승 추세 종목은 변곡점 전까지는 주가가 계속 오르는 상황이므로 언제 매수해도 수익이 납니다. 반대로 하락 추세 종목은 변곡점 전까지는 주가가 계속 내려가기 때문에 언제 매수해도 손실이 나므로 원칙적으로는 매수 금지입니다. 그러나 대바닥의 변곡점을 잡기 위해 매수하려 한다면 하방경직 확보가 관건입니다. 더 이상의 추가 하락을 멈추고 횡보하는 구간에

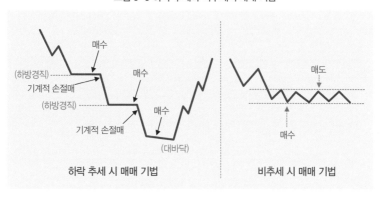

■ 그림 5-9 하락 추세와 비추세의 매매 기법

매수

(하방경직)
기계적 손절매
매수

(하방경직)
매수

기계적 손절매

(대바닥)

하락 추세 시 매매 기법

매도

매수

비추세 시 매매 기법

서 매수하되, 주가가 전저점을 이탈했을 때는 즉시 기계적인 손절매를 하는 것이 필수입니다. 상승 추세의 대천장 변곡점과 하락 추세의 대바닥 변곡점을 정확히 알아내는 것은 불가능하기 때문에 하락 추세의 변곡점을 공략하더라도 손절매가 필수라는 뜻입니다.

예측 매수가 아닌 확인 매수는 조금 유리한 타이밍을 잡을 수 있는데, 하방경직을 보이고 저점을 높이는 기간이 지날수록 이평선이 역배열에서 정배열로 전환할 확률이 높아지므로 저점을 높이는 기간이 긴 종목일수록 손절매 확률이 낮아집니다.

마지막으로, 비추세는 상승 추세인지 하락 추세인지 구분이 잘 가지 않는 애매한 구간입니다. 보통 주가의 횡보 구간이 길어지고 중장기 이평선이 수평으로 누워 있을 때 비추세라고 보면 됩니다. 추세 매매 기법이 추세의 힘을 믿는다면, 비추세 매매 기법은 평균 회귀의 법칙을 믿는 투자 전략입니다. 비추세는 추세와 달리 상승과 하락이 반

슈퍼개미의 왕초보 주식수업

복되면서 박스권이 형성됩니다. 비추세 종목의 경우에 박스의 저점에서 매수, 박스 고점에서 매도가 유일한 매매법입니다. 비추세 매매를 할 경우 얼마나 박스가 견고한지가 관건입니다. 견고한 박스일수록 저점과 고점을 반복할 확률이 높기 때문입니다. 박스권의 저점과 고점이 견고하게 형성되어 있다면 저점에서 매수 후 기다렸다가 고점에서 매도하는 단순한 전략을 이용하면 됩니다. 그렇지만 주가가 박스권의 하단을 뚫고 내려가서 하락 추세로 전환될 수도 있으니 유의해야 합니다. 간단해 보이는 비추세 매매 기법에는 아주 큰 위험이 도사리고 있으니, 박스의 견고함과 박스 하단의 지지력을 중요하게 체크해야 합니다.

MENTOR'S TIP ● ● ●

· 추세는 읽는 것이고, 변곡점은 찾는 것임. 읽는 것은 쉽고, 찾는 것은 어려움
· 방향성은 보는 것이고, 변동성은 느끼는 것임. 보는 것은 쉽고, 느끼는 것은 어려움
· 추세의 각 상황에 맞는 나만의 투자 전략을 수립하는 것은 어려움
· 어려운 것을 해내야만 하는 것이 인생

용어 설명

◆ 베타 계수

증권시장 전체의 변동에 대한 개별 자산의 수익률의 민감도를 나타낸다. 즉, 증권시장 전체의 수익률 변동이 발생했을 때 개별 기업의 주가 수익률이 얼마나 민감하게 반응하는지 측정하는 계수다. 종합지수가 1% 변할 때 개별 주가 지수가 몇 % 변하는지로 나타낸다. 베타 계수가 1인 종목의 주가는 종합 주가 지수와 거의 동일한 움직임을 보이고 1보다 큰 것은 시장 수익률의 변동보다 민감하게 반응한다. 주식 포트폴리오를 구성할 때 베타 계수를 이용하면 개별 종목의 시장 위험을 최소화하는 데 도움이 된다. 주식시장이 강세 국면에 진입할 경우 베타 계수가 큰 종목의 편입 비율을 높이는 반면, 약세 국면이 예상되면 베타 계수가 작은 종목의 편입 비율을 높여 위험을 최소화함으로써 투자 수익을 극대화할 수 있는 포트폴리오를 구성하는 것이다.

◆ 박스권

주가가 일정한 폭으로 등락을 거듭하면서 상한선과 하한선을 뚫지 못하고 일정한 가격선 사이에서 오르고 내리기를 반복할 때 박스권을 형성한다고 표현한다. 일정한 틀 안에 주가가 갇혀 있는 모습이 상자(box) 같다고 하여 붙은 이름이다.

6장

과거를 알아야
현재도 보인다

☑ **MAIN POINT**

변곡점을 찾는 것은 불가능하다고 할 만큼 어렵지만 상승 반전형과 하락 반전형 패턴 분석을 통해 추세가 반전되는 변곡점을 예측하는 연습을 해보자.

패턴에는 인간의
심리가 녹아있다

추세와 변곡점을 찾아내려는 노력 중에서 가장 널리 알려진 패턴 분석에 대해 알아볼까요? 패턴 분석은 과거 주가 변동의 형태를 정형화_{패턴}하여 현재의 주가 변동과 비교하는 기법입니다. 즉, 정형화된 패턴의 모양을 통해 현재 주가의 상승과 하락을 예측하는 것입니다.

과연 과거의 주가 패턴이 반복될까요? 패턴 분석에서는 반복될 확률이 높다고 가정합니다. 그 이유는 주식투자는 기계가 아닌 인간이 하기 때문입니다. 인간이 하는 것이기에 주가의 움직임에는 인간 고유의 심리가 반영되고, 인간의 변하지 않는 심리나 습성은 반복되는 행위로 나타날 확률이 높습니다.

전고점에서 하락하다가 다시 상승하는 경우 전고점에서 매도 저항에 부딪칩니다. 이는 그 지점에 물려 있는 투자자들이 본전을 찾으려는 심리가 반영되어 있습니다. 즉, 전고점 매물벽에는 손실을 확정시키기 싫고 본전이 오면 매도하려는 강력한 본전 심리가 숨어 있습니다. 또 상승할 때는 추가 매수를 하지 않고 하락 시에만 추가 매수를 하는 물타기에도 투자자 심리가 잘 나타납니다. 물타기에는 손실이 확정되면 인정할 수밖에 없는 판단 착오를 회피하려는 심리가 숨어 있습니다. 즉, 물타기로 평균 매입 단가를 계속 낮춤으로써 작은 반등에도 본전을 쉽게 찾을 수 있게 함으로써 자신의 판단이 틀리지 않았다는 것을 증명하려는 심리가 깔려 있는 것입니다. 이러한 인간 본연의 심리는 주가에 영향을 미치고 차트에 반영되므로, 과거의 패턴이 다시 반복될 확률이 높다는 근거가 됩니다.

패턴 속에 인간의 심리가 녹아 있고 심리에 의한 행동이 반복된다면, 투자자들의 기대 심리와 학습 효과를 바탕으로 한 패턴 분석은 더욱 유용할 수 있습니다. 가장 확률이 높은 패턴인 대량 거래에 장대 음봉의 예를 들어봅시다. 많은 투자자들이 대량 거래에 장대 음봉이 나오면 주가의 천장이 만들어지고 향후 긴 기간 하락 조정된다는 것을 경험적으로 학습했으므로, 이러한 패턴이 나오면 단기 꼭지를 찍었다고 기대하는 심리가 생깁니다. 이러한 기대를 가진 투자자가 시장에 많을수록 투자자들은 매수보다는 매도로 대응할 것이고, 실제로 대량 거래에 장대 음봉이 나오면 주가는 깊은 조정권에 들어갈 확률이 높아질 것입니다. 즉, 투자자들의 과거 패턴에 대한 학습 효과와 기대 심리가 클수록 패턴이 반복될 확률이 높아집니다.

패턴 분석을 통해 가장 알아내고 싶은 것은 추세가 지속될지, 변곡점을 찍고 반전할지 여부입니다. 따라서 패턴 분석은 상승 반전형, 하락 반전형, 추세 지속형으로 구분해서 공부하면 됩니다. 이 중에 특히 반전형 패턴이 중요하겠죠. 앞에서도 말했지만, 추세의 확인은 그리 어렵지 않으나 변곡점의 확인은 불가능할 정도로 어렵기 때문입니다.

반전형 패턴이 나오려면 그전에 이미 추세가 형성되어 있어야 합니다. 즉, 상승 추세가 지속된 후에 하락 반전형 패턴이 나오고, 하락 추세가 지속된 후에 상승 반전형 패턴이 나와야 한다는 말입니다. 패턴의 신뢰도는 추세의 신뢰도와 유사해서, 주가 변동의 크기가 크고 패턴을 이루는 기간이 길수록 패턴의 신뢰도는 커집니다. 이러한 기본적인 내용을 숙지한 후에 패턴을 공부하면 이해가 빠를 것입니다.

매수 타이밍을 알 수 있는 4가지 패턴

상승 반전형 패턴은 하락 추세에서 상승 추세로 반전하는 패턴입니다. 상승 반전형 패턴이 나오면 바닥을 다지고 상승이 시작된다는 신호라고 할 수 있습니다. 알아두면 매수 타이밍을 잡기에 유용한 상승 반전형 패턴에는 네 가지가 있습니다.

첫째, 가장 대표적인 3중 바닥형 역해드앤숄더입니다. 3중 바닥형은 세 개의 저점을 형성한 후 상승 추세로 반전할 확률이 높은 패턴입니다. 세 개의 저점으로 바닥을 다지면 큰 하락 추세가 끝나고 상승으로 접어든다고 판단합니다. 세 개의 저점 중 가운데가 최저점이고 왼쪽의 저점보다 오른쪽의 저점에서 많은 거래량이 나오면서 강한 에너지를 보

■ 그림 6-1 3중 바닥형 패턴

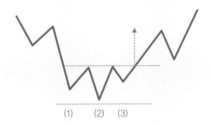

(1)　(2)　(3)

여야 합니다. 바닥권에서는 거래가 늘면서 주가가 상승해야 상승 반전에 대한 신뢰도가 높아지기 때문입니다. **네크라인** neck line **을 그린 후 오른쪽 어깨에서 기준선을 상향 돌파했을 때 매수 신호로 보기도 합니다.**

둘째, 2중 바닥형 쌍바닥, W자형은 두 개의 저점을 형성한 후 상승 추세로 전환하는 패턴입니다. **왼쪽의 저점보다 오른쪽의 저점이 높아지면서 거래량도 늘어납니다.** 추세 분석에서 설명했지만, 상승 추세는 매수 세력이 강해서 저점의 지지가 중요하기 때문에 저점이 높아지면서 하방경직성을 확보해야 진짜 바닥이라고 할 수 있습니다. 보통 2중 바닥형에서 왼쪽에 있는 저점을 가假바닥 가짜 바닥, 오른쪽에 있는 바닥을 진眞바닥 진짜 바닥이라고 합니다.

셋째, 원형 바닥형은 주가가 원형으로 바닥을 다지고 상승 추세로 전환하는 패턴입니다. 원형은 다른 반전형 패턴에 비해 밋밋한 모양으로 자주 등장하지 않으며, 단기간보다는 장기간에 걸쳐 형성될수록 신뢰도가 높습니다.

■ 그림 6-2 2중 바닥형 패턴

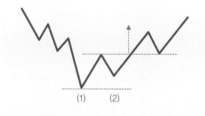

(1)　　(2)

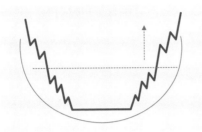

넷째, V자형 바닥형은 주가가 V자형으로 급반등하는 패턴입니다. V자 바닥은 외바닥이기에 쌍바닥에 비해 바닥이라는 신뢰도는 낮으며, 갑작스러운 악재에 따른 급락 이후에 재료 소멸로 급등하며 단기적으로 형성되는 경우가 많습니다.

■ 그림 6-4 V자형 바닥형 패턴

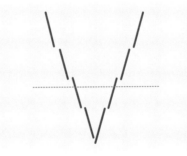

매도 타이밍을 알 수 있는 4가지 패턴

하락 반전형 패턴은 상승 추세에서 하락 추세로 반전하는 패턴입니다. 하락 반전형 패턴이 나오면 천장을 형성하고 하락이 시작된다는 신호라고 볼 수 있습니다. 알아두면 매도 타이밍을 잡기에 유용한 하락 반전형 패턴에는 네 가지가 있습니다.

첫째, 가장 대표적인 3중 천장형 해드앤숄더 입니다. 3중 천장형은 세 개의 고점을 형성한 후 하락 추세로 반전할 확률이 높은 패턴입니다. 세 개의 고점으로 천장을 형성하면 큰 상승 추세가 끝나고 하락으로 접어든다고 판단합니다. 세 개의 고점 중 가운데가 최고점이고 왼쪽의 고점보다 오른쪽의 고점에서 더 적은 거래량이 나오면서 약

■ 그림 6-5 3중 천장형 패턴

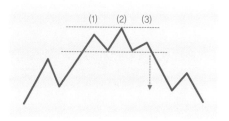

한 에너지를 보여야 합니다. 천장권에서는 거래가 줄면서 주가가 하락해야지 하락 반전에 대한 신뢰도가 높아지기 때문입니다. 네크라인을 그린 후 오른쪽 어깨에서 기준선을 하향 돌파할 때 매도 신호로 보기도 합니다.

둘째, 2중 천장형 쌍봉, M자형은 두 개의 고점을 형성한 후 하락 추세로 전환하는 패턴입니다. 왼쪽의 고점보다 오른쪽의 고점이 낮아지면서 거래량도 줄어듭니다. 하락 추세는 매도 세력이 강해서 고점에서의 저항이 중요하므로 고점이 낮아지면서 흘러내려야지 진짜 천장이라고 볼 수 있습니다.

■ 그림 6-6 2중 천장형 패턴

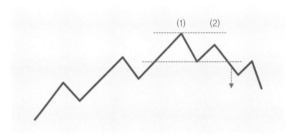

셋째, 원형 천장형은 주가가 원형으로 천정을 형성하고 하락 추세로 전환하는 패턴입니다. 원형은 다른 반전형 패턴에 비해 밋밋한 모양으로 자주 나오지 않으며, 단기간보다는 장기간에 걸쳐 천천히 형성될수록 신뢰도가 높습니다.

넷째, 역V자형 천장형은 주가가 역V자로 급반락하는 패턴입니다.

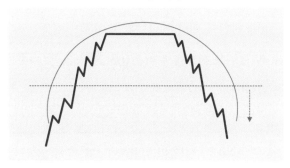

■ 그림 6-7 원형 천장형 패턴

역V자 천장은 갑작스러운 호재에 따른 급등 이후에 재료 소멸로 급
락이 나오면서 단기적으로 형성되는 경우가 많습니다.

■ 그림 6-8 역V자형 천장형 패턴

슈퍼개미의 왕초보 주식수업

성공 확률을 높이는
추세 지속성

추세가 바뀌지 않고 지속하는 패턴인 지속형 패턴이 있습니다. 주식투자에서 수익을 낼 확률이 높은 구간은 상승 추세이므로, 이 장에서는 상승 지속형을 기준으로 설명하겠습니다. 사실 하락 추세에서는 할 것이 아무것도 없으므로 그리 중요하지 않습니다. 상승 반전형의 정반대가 하락 반전형이듯, 상승 지속형 패턴의 정반대가 하락 지속형 패턴이라고 이해하면 됩니다.

첫째, 삼각형 패턴은 상승 추세를 보이던 주가가 일시적으로 등락을 반복하는 중에 변동성이 줄어들면서 삼각형을 이루는 형태입니다. 주가의 반복적인 등락 중 변동성이 줄어들며 고점은 점점 낮아지고

■ 그림 6-9 삼각형 패턴

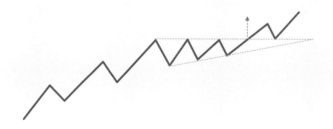

저점은 점점 높아져서, 고점을 연결한 저항선과 저점을 연결한 지지선을 그리면 두 추세선이 하나의 점에서 만나 삼각형 모양을 이루는 것입니다. 이러한 조정 과정을 에너지 축적 과정으로 해석하기도 하며, 삼각형 패턴 이후에 더욱 강하게 추세를 이어나갈 확률이 높습니다.

둘째, 깃발형 패턴은 주가가 급등한 이후 일시적으로 반락하는 패턴으로 깃발 모양의 패턴입니다. N자형 패턴이라고도 합니다. 최근에는 일시적으로 반락하는 기간이 점점 짧아지는 현상을 보이고 있습니다. 단기 매매의 호흡이 짧아지고 있기 때문이라고 이해하면 됩니다.

셋째, 쐐기형 패턴은 저항선과 지지선이 한 점으로 모이는 패턴으로, 삼각형 패턴과 유사한 모양이지만 추세선의 방향이 다릅니다. 삼각형 패턴의 경우 상승 추세에서 저항선은 아래로, 지지선은 위로 움직이면서 한 점에서 만나지만, 쐐기형 패턴은 상승 추세에서 저항선은 아래로, 지지선도 아래로 움직이면서 한 점에서 만납니다. 깃발형 패턴과의 차이점은 지지선과 저항선이 한 점에서 만나는지, 일정한 각도를 유지하면서 한방향으로 움직이는지 여부입니다.

■ 그림 6-10 깃발형 패턴

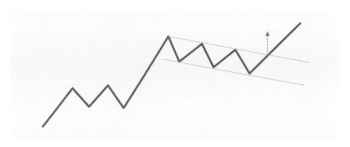

　　패턴의 종류에서 지속형은 반전형에 비해 중요도가 떨어집니다. 그러므로 지속형 패턴을 열심히 공부하는 것보다 반전형 패턴을 공부하는 것이 효율적입니다. 반전형 패턴은 매수와 매도 타이밍의 힌트를 주기 때문입니다.

　　차트 분석을 하는 이유는 추세를 알기 위해서고, 상승 추세, 비추세, 하락 추세를 구분하여 가장 승률이 높은 상승 추세에서 매매하기 위해서입니다. 추세 분석을 통해 추세를 읽고, 패턴분석을 통해 변곡을 예측하는 것이 차트 분석의 처음과 끝입니다. 물론 변곡에 대한 예측은 자주 틀릴 것입니다. 패턴을 모두 외운다고 해서 반드시 성공적인 매매 타이밍을 잡아낸다는 보장은 없습니다. 단지 51%의 확률을 위해 열심히 공부하는 것입니다. 그러나 이러한 공부가 주식투자의 성공 확률을 높여주리라 믿습니다.

· 기술적 분석의 목표가 추세와 변곡이라면 패턴은 목표를 이루기 위한 과정임
· 반전형 패턴이 지속형 패턴보다 훨씬 중요한 이유를 모른다면 5장을 다시 읽을 것
· 변곡점을 찾는 것은 불가능에 가깝지만, 잡으려고 노력하는 것이 패턴 분석
· 노력하는 삶은 아름답다.

 용어 설명

◆ 물타기

매입한 주식의 가격이 하락할 때 그 손실을 만회하기 위해 주식을 추가로 매입하여 평균 매입 단가를 낮추려는 행위를 일컫는 말이다. 예를 들어 1만 원에 100주의 주식을 샀는데 주식의 가격이 8,000원으로 떨어졌다면, 8,000원으로 100주를 더 사서 평균 매입 단가를 9,000원으로 낮추는 것이다. 그러나 섣불리 물타기를 하다가는 손실 규모만 키울 수 있기 때문에 신중하게 결정해야 한다.

주가는 속여도
거래량은
못 속인다?!

☑ **MAIN POINT**

주가와 거래량의 상관관계를 통해 거래량의 중요성을 인식하고, 거래량을 이용한 실전 매매 전략을 연습해보자.

매수자와 매도자의
의견이 충돌할 때

투자자들이 HTS상의 차트를 볼 때 보통 기본 주가 차트를 열고 설정된 화면으로 봅니다. 대개의 증권사는 봉차트와 이평선, 거래량으로 구성되어 있습니다. 왜 그렇게 설정되어 있을까요? 이 세 가지가 가장 중요한 기초 자료이기 때문입니다. 기초 자료를 변형한 보조 지표

■ 그림 7-1 봉, 이평선, 거래량

슈퍼개미의 왕초보 주식수업

는 말 그대로 보조일 뿐, 원자료라고 할 수 있는 봉, 이평선, 거래량 등 3대 기본 지표를 열심히 분석하는 것이 가장 기본에 충실한 방법입니다.

주식시장에서 거래량은 주식이 거래된 양을 뜻합니다. "주가는 속여도 거래량은 못 속인다"라는 주식 격언이 있습니다. 정말 그럴까요? 요즘에는 시장 감시가 강화되고 불법으로 적발될 확률이 매우 높아져서 그럴 리 없겠지만, 아주 예전에 세력이 주가를 속이기 위해 가장 많이 사용했던 방법이 시초가 관리와 종가 관리입니다. 시가와 종가의 관리로 봉차트를 의도대로 만들기 위해서입니다. 시초가는 약간 낮게, 종가는 조금 높게 위아래 꼬리를 짧게 만들어내면 깔끔한 양선으로 표시됩니다. 이런 양선을 세 개 연속해서 그려내면 적삼병이 표현됩니다. 이런 식으로 세력이 주가를 관리합니다. 차트를 예쁘게 만들어 시장의 이목을 집중시키는 것이지요. 그런데 세력이라도 거래량을 속일 수는 없습니다. 거래량은 충돌의 힘이기 때문입니다. 그래서 과거의 세력은 거래량이 많은 것처럼 보이게 하기 위해서 자전 거래라는 불법적인 거래를 이용하기도 했습니다.

수요 공급의 법칙에 따라 수요_{매수}와 공급_{매도}이 만나는 점에서 주가와 거래량은 결정됩니다. 즉, 거래량은 매수자와 매도자의 의견이 충돌했을 때 발생하며, 충돌의 힘이 클수록 거래량이 커집니다. 실제 매수자와 매도자의 의견이 충돌하지 않고 일치된다면 거래가 일어나지 않습니다. 모두가 주가를 좋게 보거나, 안 좋게 보거나, 적정 주가라고 본다면 당연히 거래가 성립되지 않겠지요. 매수자는 내일의 주가가 상승하리라고 예상하고 매도자는 내일의 주가가 하락하리라고 예상할 때 거래가 발생하며, 그 의견차가 클수록 충돌이 발생하면서 거래량이 커지는 것입니다.

또 다른 주식 격언인 "주가는 거래량의 그림자"라는 말도 주가와 거래량의 상관관계를 나타내는 말입니다. 보통 거래량이 주가에 선행한다고 하는데, 바닥에서 거래량이 증가하면 주가 상승의 신호로 해석하는 경우가 이에 해당합니다.

하루의 거래량도 중요하지만, 장중 단기 매매 시에는 건별 체결 수량을 파악하는 것 또한 중요합니다. 현재가보다 높은 가격으로 큰 물량의 시장가 매수 주문이 계속 들어오는 경우 체결 강도가 높아지면서 단기적으로 좋은 신호로 해석되며, 반대로 현재가보다 낮은 가격

■ 그림 7–2 시간대별 체결

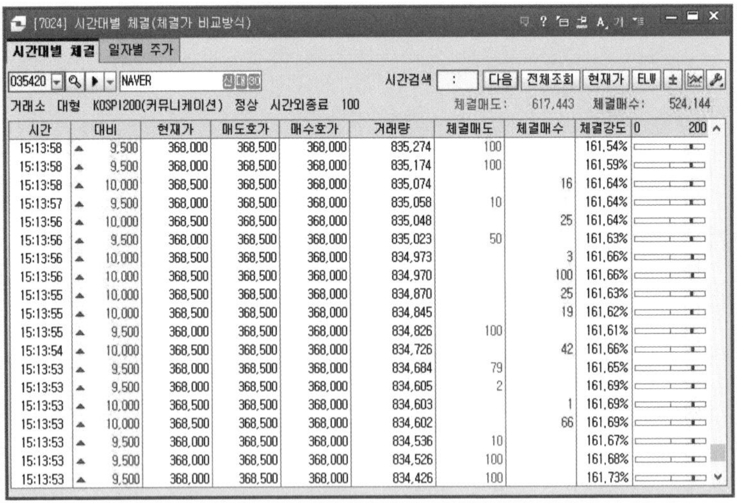
[7024] 시간대별 체결(체결가 비교방식)

시간대별 체결 | 일자별 주가

035420 NAVER 시간검색 : 다음 전체조회 현재가 ELW ±

거래소 대형 KOSPI200(커뮤니케이션) 정상 시간외종료 100 체결매도: 617,443 체결매수: 524,144

시간	대비	현재가	매도호가	매수호가	거래량	체결매도	체결매수	체결강도	0 200
15:13:58	▲ 9,500	368,000	368,500	368,000	835,274	100		161.54%	
15:13:58	▲ 9,500	368,000	368,500	368,000	835,174	100		161.59%	
15:13:58	▲ 10,000	368,500	368,500	368,000	835,074		16	161.64%	
15:13:57	▲ 9,500	368,000	368,500	368,000	835,058	10		161.64%	
15:13:56	▲ 10,000	368,500	368,500	368,000	835,048		25	161.64%	
15:13:56	▲ 9,500	368,000	368,500	368,000	835,023	50		161.63%	
15:13:56	▲ 10,000	368,500	368,500	368,000	834,973		3	161.66%	
15:13:56	▲ 10,000	368,500	368,500	368,000	834,970		100	161.66%	
15:13:55	▲ 10,000	368,500	368,500	368,000	834,870		25	161.63%	
15:13:55	▲ 10,000	368,500	368,500	368,000	834,845		19	161.62%	
15:13:55	▲ 9,500	368,000	368,500	368,000	834,826	100		161.61%	
15:13:54	▲ 10,000	368,500	368,500	368,000	834,726		42	161.66%	
15:13:53	▲ 9,500	368,000	368,500	368,000	834,684	79		161.65%	
15:13:53	▲ 9,500	368,000	368,500	368,000	834,605	2		161.69%	
15:13:53	▲ 10,000	368,500	368,500	368,000	834,603		1	161.69%	
15:13:53	▲ 10,000	368,500	368,500	368,000	834,602		66	161.69%	
15:13:53	▲ 9,500	368,000	368,500	368,000	834,536	10		161.67%	
15:13:53	▲ 9,500	368,000	368,500	368,000	834,526	100		161.68%	
15:13:53	▲ 9,500	368,000	368,500	368,000	834,426	100		161.73%	

으로 큰 물량의 시장가 매도 주문이 계속 들어오는 경우 체결 강도가 낮아지면서 단기적으로 나쁜 신호로 해석될 수 있습니다. 특히 건별 체결 수량이 클수록 기관이나 외국인의 대량 매수 또는 대량 매도일 수 있다는 점에 주의하기 바랍니다.

그렇다면 거래량과 거래 대금 중에 어느 것이 중요할까요? 제 생각에는 거래 대금이 더 중요합니다. 그 이유는 주가와 시가총액 중 시가총액이 중요한 것과 같습니다. 주가가 1,000원인 종목과 1만 원인 종목의 주가만 가지고는 비교할 수 없고 주식수를 곱한 시가총액으로 비교해야 하듯이, 거래량에 주가를 곱한 거래 대금이 더 유의미한 정보를 줄 것입니다. 거래량 순위 상위 종목을 보며 단기 매매 공략 종목을 선정하는 경우가 있는데, 거래 대금 순위 상위 종목을 보는 편이 그날 시장의 흐름이나 단기 매매 공략 종목 선정에 훨씬 유리하다는 것을 기억하기 바랍니다.

거래량의 특징
4가지

주가는 거래량의 그림자라는 말처럼, 주가보다 거래량이 먼저 움직이는 경향이 있습니다. 주가와 거래량의 상관관계에서 중요한 네 가지 특징은 다음과 같습니다.

■ 그림 7-3 거래량과 주가

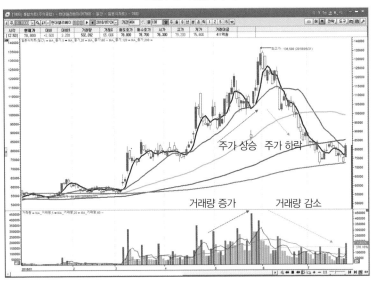

첫 번째, 일반적으로 거래량이 늘면 주가가 상승하고 거래량이 줄

면 주가가 하락합니다. 거래량이 늘었는데 주가가 오르지 않았다면 일
반적인 상황이 아니므로 악재가 있는지, 주가를 누르는 세력이 있는지
찾아보고, 시차를 두고 주가가 오르는지 확인해볼 필요가 있습니다.
반대로 거래량이 줄었는데 주가가 내리지 않는다면 호재가 있는지, 저
점 매수 세력이 있는지 살펴보고, 시차를 두고 주가가 하락하는지 확
인해야 합니다.

두 번째, 주가가 고공권에서 거래량이 감소하면 변곡점에 가까울
확률이 높습니다. 거래량이 늘고 주가가 상승하면서 고공권까지 올랐
다가 어느 순간 거래량이 감소하는데, 이 무렵 주가는 변곡점을 거쳐
서 하락 추세로 접어들게 됩니다. 시장에서는 에너지가 소진되는 과정

■ 그림 7-4 고공권 거래량 감소

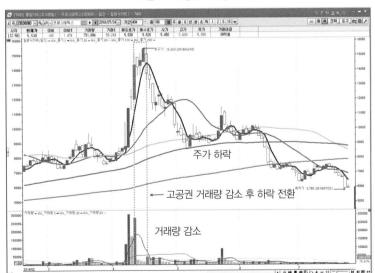

이라고 표현하기도 합니다.

세 번째, **주가가 바닥권에서 거래량이 증가하면 변곡점에 가까울 확률이 높습니다.** 거래량이 줄고 주가가 하락하면서 바닥권까지 떨어졌다가 어느 순간 거래량이 증가하는데, 이 무렵 주가는 변곡점을 거쳐서 상승 추세로 접어들게 됩니다. 시장에서는 에너지가 축적되는 과정이라고 표현하기도 합니다.

■ 그림 7-5 바닥 거래량 증가

■ 그림 7-6 최고점 대량 거래 음봉

최고점 대량 거래 음봉 발생
주가 하락

■ 그림 7-7 최저점 대량 거래 양봉

최저점 대량 거래 양봉 발생 주가 상승

네 번째, **최고점과 최저점에서 대량 거래가 발생한 후 변곡점을 형성할 확률이 높습니다.** 상승 추세의 끝인 최고점에서 대량 거래 음봉이, 하락 추세의 끝인 최저점에서 대량 거래 양봉이 발생하면 그 지점이 변곡점일 확률이 높아집니다. 여기에서 몸통의 크기가 클수록 거래량이 직전 거래량을 초과하는 수준으로 많아질수록 변곡점의 신뢰도는 높아집니다.

주가와 거래량이 같은 방향으로 움직이는 것이 정상적이라는 데 착안하여 네 가지 경우로 나누어서 추세와 변곡을 설명할 수 있습니다.

첫째, 주가 ↑, 거래량 ↑의 경우입니다. 주가도 오르고 거래량도 증가하는 상승 추세가 이에 해당합니다.

둘째, 주가 ↑, 거래량 ↓의 경우입니다. 주가는 오르고 거래량은 감소하면서 하락 반전을 준비하는 천장권이 이에 해당합니다. 단, 보유 세력들의 이탈 없이 매집이 잘되었거나 갑작스러운 호재로 상승하는 경우에는 상승 추세에서 급등하면서 거래량이 감소하기도 합니다.

셋째, 주가 ↓, 거래량 ↓의 경우입니다. 주가도 내리고 거래량도 감소하는 하락 추세가 이에 해당합니다.

넷째, 주가 ↓, 거래량 ↑의 경우입니다. 주가는 내리고 거래량은 증가하면서 상승 반전을 준비하는 바닥권이 이에 해당합니다. 단, 악성 매물이 많거나 갑작스러운 악재로 하락하는 경우에는 하락 추세에서 급락하면서 거래량이 증가하기도 합니다.

슈퍼개미의 왕초보 주식수업

■ 그림 7-8 주가와 거래량의 네 가지 추세와 변곡점

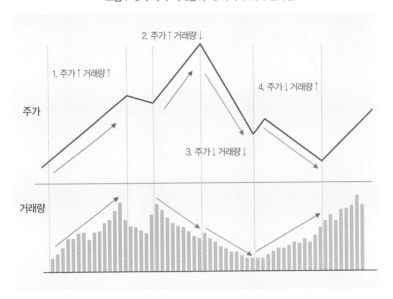

과거의 거래량이
현재의 주가에 영향을 줄 때

매물대란 거래량이 많이 발생하여 매물이 집중 분포된 가격대를 뜻하는 것으로, 보통 매물량을 막대그래프로 표시하여 주가 차트와 함께 봅니다. 매물대를 분석하는 이유는 과거에 발생한 거래량이 현재의 주가에 영향을 미친다는 가정이 깔려 있기 때문입니다. 거래가 발생하여 매물대로 남아 있다는 것은 그 가격에 매수한 주주들의 평균 단가를 예상할 수 있다는 뜻입니다.

■ 그림 7-9 매물대 차트

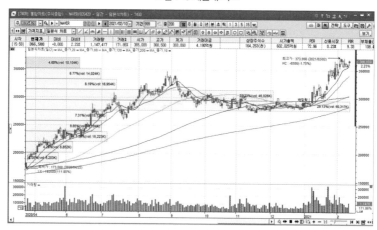

본전 심리를 생각한다면 매수 후에 주가가 하락한 보유자들에게 평균 단가는 매도 희망가를 뜻하기도 합니다. 예를 들어 1만 원에 주식을 매수했는데 매수 후 8,000원이 된 보유 종목이 있다면 보유자들은 "1만 원만 돼라, 숨도 안 쉬고 팔아야지"라고 생각합니다. 이런 본전 심리를 고려한다면 매물대가 얼마나 중요한지 알 수 있습니다. 본전 심리는 손실을 확정시키기보다는 미확정으로 방치하고 싶은 심리, 또는 잘못된 판단을 확정시키지 않고 자존심을 지키고 싶은 심리라고 생각해도 됩니다.

일반적으로 **주요 매물대를 상향 돌파하면 상승 추세로 이어지고 하향 이탈하면 하락 추세로 이어진다고** 해석할 수 있습니다. 물론 많은 물량이 터진 주요 매물대를 돌파하기 위해서는 이전 매물대의 거래량을 초과하는 거래가 터져야 합니다. 시장에서는 악성 매물을 소화해야 한다고 표현하기도 합니다.

주가가 매물대를 상향 돌파해서 상승 추세로 이어지면 이전 매물대 가격은 지지 가격이 되고, 반대로 하향 돌파해서 하락 추세로 이어지면 이전 가격은 저항 가격이 되기도 합니다. 특히 고점에서 음봉 대량 거래가 발생하면 향후 강력한 저항선으로 작용할 확률이 높고, 저점에서 양봉 대량 거래가 발생하면 향후 강력한 지지선으로 작용할 확률이 높다는 것을 기억하기 바랍니다.

거래량을 이용한 실전 매매 전략

가치 분석을 기반으로 하는 중장기 투자와 달리, 가격 분석을 기반으로 하는 단기 매매의 경우 거래량 분석은 훨씬 중요합니다. 예를 들면 중장기 투자의 경우 여러 날에 걸쳐 소액 분할 매수하거나 분할 매도할 수 있습니다. 반면 단기 매매의 경우 갑작스러운 재료가 발생하거나 급등에 따른 추격 매수 등의 경우에는 소액 분할 매수가 불가능하고, 시장가 주문이 유리한 경우가 많습니다. 시장가 주문의 경우 호가 갭이 있는 종목은 높은 가격에 매수되거나 낮은 가격에 매도되는 경우가 많기 때문에, 호가 갭이 없이 매수량과 매도량이 촘촘한, 거래량이 많은 종목을 선정해야 합니다. 특히 단기 매매 자금이 큰 투자자라면 거래량과 함께 거래 대금도 반드시 살펴봐야 합니다. HTS의 메뉴에서 거래량 상위 종목 또는 거래 대금 상위 종목을 검색해서 이용하면 좋습니다.

차트를 분석할 때 주가 이평선은 기본적으로 보지만, 거래량 이평선은 거의 보지 않는 것이 현실입니다. 웬만한 HTS의 기본 차트에는 거래량 막대뿐 아니라 거래량 이평선이 나와 있으니, 주가 이평선과 함께 거래량 이평선을 보는 습관을 들여야 합니다. 자주 보다 보면 주가와 거래량의 관계를 이해하게 될 것입니다. 거래량 이평선과 주가 이평선은 평균으로 선을 그린 개념이기 때문에 골든크로스, 데드크로스, 추세 등과 원리가 같습니다.

■ 그림 7-10 거래량 상위 종목

[7049] 거래량 / 거래대금 상위 종목

동락현황 | 등락종목 | 핫이슈종목 | 거래량/대금 | 상승/하락률 | 거래급등 | 시세급변 | 신고/신저 | 연중 최고/저 | 기준일대비 | 이탈종목

⊙전체 ○거래소 ○코스닥 ⊙거래량 ○거래대금 전 체 | 조회 | 상세 | 편집

순위	종목명	현재가	대비	대비율	거래량	거래대금(만원)	총주수대비	매도호가	매수호가
1	이아이디	508 ▲	58	12.89%	1,367,061,445	67,926,971	188.99%	509	508
2	이트론	733 ↑	169	29.96%	574,398,678	38,570,289	109.49%		733
3	KODEX 200선물인	2,095 ▼	-30	-1.41%	429,959,906	91,098,866	41.87%	2,095	2,090
4	이화전기	208 ▲	7	3.48%	428,963,646	9,124,821	59.72%	208	207
5	자안	317 ▲	39	14.03%	287,963,426	9,120,813	102.38%	318	317
6	위지트	1,760 ▼	-130	-6.88%	116,172,067	21,845,328	128.75%	1,765	1,760
7	SM Life Design	3,220 ▲	480	17.52%	104,223,650	32,981,447	230.95%	3,225	3,220
8	동방	7,670 ↑	1,770	30.00%	90,280,884	63,285,704	226.97%		7,670
9	KODEX 인버스	3,905 ▼	-35	-0.89%	62,266,183	24,459,448	20.92%	3,905	3,900
10	상보	1,890 ▲	335	21.54%	45,839,728	8,543,719	97.91%	1,895	1,890
11	KCTC	4,735 ▲	515	12.20%	39,983,918	19,435,096	133.28%	4,740	4,735
12	대한그린파워	1,050 ▲	144	15.89%	36,791,428	3,748,927	24.00%	1,050	1,045
13	KODEX 코스닥150	4,535 ▼	-15	-0.33%	34,087,847	15,581,145	35.88%	4,540	4,535
14	제주은행	8,090 ▲	710	9.62%	33,500,191	27,819,770	104.27%	8,100	8,090
15	바이넥스	32,900 ▲	5,750	21.18%	31,613,951	101,529,517	99.57%	32,950	32,900
16	KODEX 레버리지	27,195 ▲	355	1.32%	30,047,576	80,897,532	48.31%	27,195	27,190
17	세종텔레콤	552 ▲	13	2.41%	26,552,307	1,476,396	4.42%	552	551
18	엠벤처투자	1,225 ▲	120	10.86%	25,770,734	3,264,533	40.14%	1,230	1,225
19	월비스	1,630 ▲	95	6.19%	25,368,057	4,180,404	38.57%	1,635	1,630
20	KTH	9,240 ▲	1,160	14.36%	23,978,521	22,649,802	67.14%	9,250	9,240

■ 그림 7-11 거래 대금 상위 종목

[7049] 거래량 / 거래대금 상위 종목

동락현황 | 등락종목 | 핫이슈종목 | 거래량/대금 | 상승/하락률 | 거래급등 | 시세급변 | 신고/신저 | 연중 최고/저 | 기준일대비 | 이탈종목

⊙전체 ○거래소 ○코스닥 ○거래량 ⊙거래대금 전 체 | 조회 | 상세 | 편집

순위	종목명	현재가	대비	대비율	거래량	거래대금(만원)	총주수대비	매도호가	매수호가
1	삼성전자	81,600 ▼	-1,100	-1.33%	23,025,766	188,859,126	0.39%	81,700	81,600
2	바이넥스	32,900 ▲	5,750	21.18%	31,613,951	101,529,517	99.57%	32,950	32,900
3	KODEX 200선물인	2,095 ▼	-30	-1.41%	429,959,906	91,098,866	41.87%	2,095	2,090
4	카카오	489,500 ▲	26,500	6.18%	1,814,483	87,135,228	2.05%	489,500	489,000
5	KODEX 레버리지	27,195 ▲	355	1.32%	30,047,576	80,897,532	48.31%	27,195	27,190
6	이아이디	508 ▲	58	12.89%	1,367,061,445	67,926,971	188.99%	509	508
7	LG화학	960,000 ▼	-13,000	-1.34%	698,567	66,562,184	0.99%	960,000	959,000
8	동방	7,670 ↑	1,770	30.00%	90,280,884	63,285,704	226.97%		7,670
9	기아차	86,400 ▲	1,500	1.77%	7,223,041	62,260,286	1.78%	86,500	86,400
10	피비파마	48,600 ▼	-1,400	-2.80%	13,044,413	62,195,342	21.71%	48,600	48,550
11	솔루엠	28,100 ▲	1,050	3.88%	18,563,014	54,455,102	43.67%	28,150	28,100
12	LG전자	167,500 ▲	6,500	4.04%	3,256,875	54,140,653	1.99%	168,000	167,500
13	SK하이닉스	126,000 ▲	500	0.40%	4,262,526	53,540,655	0.59%	126,000	125,500
14	SK이노베이션	296,500 ▲	8,500	2.95%	1,593,876	46,984,374	1.72%	297,000	296,500
15	NAVER	366,500 ▲	8,000	2.23%	1,147,417	41,908,296	0.70%	367,000	366,500
16	이트론	733 ↑	169	29.96%	574,398,678	38,570,289	109.49%		733
17	핑거	32,050 ▲	5,400	20.26%	10,968,353	34,312,973	124.09%	32,100	32,050
18	SM Life Design	3,220 ▲	480	17.52%	104,223,650	32,981,447	230.95%	3,225	3,220
19	현대차	245,000 ▲	8,500	3.59%	1,233,628	29,733,570	0.58%	245,000	244,500
20	제주은행	8,090 ▲	710	9.62%	33,500,191	27,819,770	104.27%	8,100	8,090

주가와 거래량의 관계를 기억한다면 이평선의 관계도 알 수 있습니다. 주가 이평선과 거래량 이평선은 대체로 같은 방향으로 움직이고, 거래량 이평선이 주가 이평선보다 빨리 움직입니다.

거래량을 분석하면서 평균 거래량에 비해 갑자기 거래량이 늘었을 때는 자사주 매도, 전환권 행사, 신주 인수권 행사 등 유통 주식수가 늘었는지 공시를 검색할 필요도 있습니다. 어떤 이유에서든 유통 물량이 늘어난 것은 주가에 나쁜 영향을 미칩니다. 대주주 매도, 자사주 매도뿐 아니라 유상증자와 무상증자에 의한 신주 물량이 나오는 날 역시 주가의 흐름은 좋지 않을 확률이 높습니다. 반대로 자사주 매입 또는 소각, 대주주의 주식 매수 등의 재료를 보면 유통 물량 감소

■ 그림 7-12 거래량 이평선

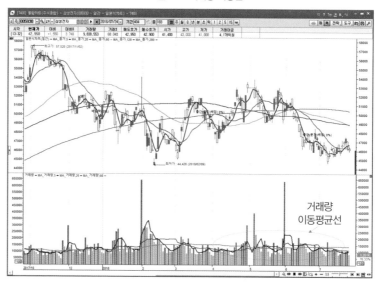

는 호재라는 논리로 접근하기 바랍니다. 수요 공급의 법칙에서 수요의 증가, 공급의 감소가 가격을 올리는 요인이듯, 주식시장에서 매수의 증가, 매도의 감소가 주가를 올리는 요인이라고 생각하면 이해가 쉬울 것입니다.

MENTOR'S TIP ● ● ●

· 주가와 거래량의 상관관계를 실전 차트를 통해 이해할 것
· 매물대 분석을 통서 투자자들의 심리를 파악할 것
· 거래량을 이용하여 실전 투자에 어떻게 적용할지 연습할 것

📈 용어 설명

◆ 매물 차트

Y축은 기간의 경과에 따른 거래 가격, X축은 그 가격을 형성한 거래량으로 나타낸 그래프. 매물대가 몰려 있는 가격대를 쉽게 확인할 수 있으며, 이 가격대를 지지선 혹은 저항선으로 간주하여 매매 전략을 세우는 데 유용하게 활용할 수 있다. 주가가 매물대 위에 있으면 지지대, 밑에 있으면 저항대로 작용하는 것이다. 특히 최대 매물대의 경우가 의미를 가지는 경우가 많은데, 최대 매물대를 상향 돌파한다면 상당 기간 상승세가 지속되는 경우가 많으며, 하향 돌파할 경우에는 오랫동안 침체기를 겪는 경우가 많다.

◆ 전환권

어느 증권의 소유자가 발행 회사와의 계약으로 정한 기간 안에 다른 증권과 교환할 수 있는 권리. 전환 사채의 경우, 사채를 주식으로 전환하는 일과 같다.

◆ 신주 인수권

증자를 위해 신주가 발행되는 경우 우선적으로 인수를 청구할 수 있는 권리. 신주 인수권은 구주주에게 부여되는 경우와 제3자에게 부여되는 경우가 있다. 주주의 신주 인수권과 제3자의 신주 인수권이 있는데, 한국 상법은 주주를 보호하기 위해 주주의 신주 인수권을 법으로 정하고 있다. 주주는 정관에 다른 규정이 없으면 보유한 주식수에 따라 신주를 배정받을 권리가 있다.

슈퍼개미의 왕초보 주식수업

8장

슈퍼개미가
추천하는
4가지 차트!

☑ **MAIN POINT**

저자가 좋아하는 차트 유형 네 가지와 그에 따른 사례 종목을 보면서 각자가
좋아하는 차트 유형을 만들자.

최고가를 돌파하면서
신고가를 갱신하는 차트

제가 좋아하는 첫 번째 차트 유형은 완전 정배열 상태에서 직전 최고가를 돌파하면서 신고가를 갱신하는 차트입니다. 1년간의 신고가인 52주 신고가와 상장 이후 최고가인 역사적 신고가가 중요하고, 역사적 신고가가 더 큰 의미를 가집니다. 특히 신규 상장주는 차트가 새롭게 시작한 지 얼마 되지 않아서 역사적 신고가가 더 쉽게 갱신될 수 있다는 점에서 신규 상장주의 신고가를 눈여겨볼 필요가 있습니다. 신규 상장주의 경우 상장 이후 고점에 가까워질수록 관심 종목에 편입하여 신고가를 갱신하는지 지속적으로 관찰할 필요가 있습니다. 신고가 종목의 매수는 돌파 직전의 예측 매수와 돌파 이후의 확인 매수 중에 선택해야 합니다. 예측 매수의 장점은 낮은 가격에 매수할 수 있다는 것이고, 신고가 돌파가 실패로 끝날 수 있다는 점은 단점입니다.

완전 정배열 신고가 차트의 예는 카카오입니다.

카카오는 카카오톡이라는 '국민 메신저' 플랫폼을 기반으로 광고, 페이, 모빌리티, 뱅크, 페이지 등 일상생활과 밀접한 영역에서 지속적으로 사업을 확장하고 있습니다. 진행한 모든 사업분야에 걸쳐 매출

■ 그림 8-1 완전 정배열 신고가의 예-카카오

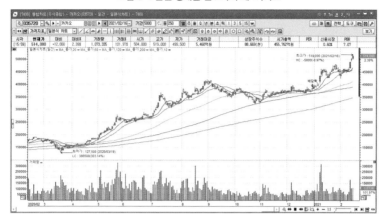

신장을 보여주고 있으며 자회사인 카카오게임즈에 이어서 다른 자회

사들도 IPOInitial Public Offering, 기업 공개, 공식적인 상장 계획이 있습니다.

　　카카오는 전형적인 완전 정배열 신고가 차트입니다. 코로나19 확산

직전인 2020년 2월에 완전 정배열 신고가를 갱신하였고, 한 달 만에

코로나급락장세에서 동반하락 하였지만, 5월에 전고점을 돌파한 이후

9월 초까지 역사적 신고가 상승을 계속하였습니다. 그리고 약 4개월

정도 기간 조정을 거치면서 이평선이 수렴한 이후에 2021년 1월부터

다시 강세가 시작되었고, 역사적 신고가를 이어나가고 있습니다.

　　이런 차트의 장점은 전고점 매물 부담이 없기 때문에 목표 주가를

가늠할 수 없을 만큼 폭발적인 상승이 가능하지만, 단점은 고점 갱신

이후 하향 국면으로 접어들었을 때 큰 하락이 나올 수 있다는 점입니

다. 상승 추세에 올라타고 내려오는 어깨에서 매도하는, 결단력이 필

요한 차트입니다.

이러한 역사적 신고가 차트의 주인공이 시가총액 대형주라면 관련주도 살펴봐야 합니다. 카카오, 삼성SDI와 같은 업종 대장주 종목이 지속해서 신고가를 가고 있는 현재 장세에서는 2차전지 관련주나 4차산업혁명 관련주를 지켜볼 필요가 있다는 뜻입니다.

조금만 주의하면
기대되는 차트

　제가 좋아하는 두 번째 차트 유형은 완전 정배열 상태로 우상향

하면서 이평선에서 눌림목 조정을 받으며 상승하는 차트입니다. 아무

리 상승 추세가 강해도 매일 오르는 종목은 없습니다. 상승 추세 중

에 조정을 받을 때 가장 강력한 지지선의 역할을 하는 것은 이평선입

니다. 추세가 아주 강한 종목은 20일선에서 눌림목 조정 후에 강한

반등으로 다시 상승하게 되며, 20일선이 뚫리더라도 60일선에서 지지

■ 그림 8-2 정배열 눌림목 조정의 예-삼성전자

되리라 기대할 수 있습니다. 물론 상승 각도가 크지 않거나 완전 정배열 초입 국면의 종목은 이평선 지지가 약할 수 있으니 주의할 필요가 있습니다. 즉, 정배열 상태에서 이평선의 눌림목 조정 이후 상승할 확률이 높으려면 완전 정배열이 지속된 기간이 길고 상승 각도가 가파르게 유지되어야 합니다.

정배열 눌림목 조정 차트의 예는 삼성전자입니다. 삼성전자는 전체 시가총액 1위 기업이며, 우리나라의 반도체 산업을 이끌고 있는 대표 기업입니다. 메모리 분야에서는 이미 전 세계 1위를 달리고 있으며 상대적으로 부진한 비메모리 분야를 키우기 위해 노력 중입니다. 4차 산업 대부분의 분야에서 반도체를 필요로 하고 앞으로 수요는 더욱더 늘어날 것으로 예상됩니다.

삼성전자의 차트를 보면 2020년 11월부터 강한 상승이 나오면서 전형적인 정배열 신고가 갱신을 하는 모습을 보였습니다. 강한 상승 추세는 2021년 초까지 이어졌지만, 10만 원의 벽을 넘지 못하고 고점을 형성한 채 하락 조정이 진행되어서 8만 원대까지 떨어졌습니다. 정배열 차트에서 20일선을 살짝 깨고 내려오며 주가가 눌림목 조정을 받고 있는 구간입니다. 눌림목 조정 차트에서 전고점을 돌파하기 위해서는 반도체 업황과 삼성전자의 실적이 무엇보다 중요합니다. 차트 상으로는 상승하는 힘이 큰 구간 이후의 눌림목 구간이라 상승 추세를 다시 지속할 확률이 높아 보입니다. 삼성전자의 상승세가 다시 지속된다면 반도체 소부장 관련주 중에 비메모리 분야와 관련된 종목들에 관심을 가질 필요가 있습니다.

·   슈퍼개미의 왕초보 주식수업

치명적인 단점이 잊히는
굉장한 수익률

세 번째 차트 유형은 완전 역배열에서 바닥을 찍고 정배열로 전환

하고 있는 차트입니다. 물론 그 바닥이 진짜 바닥인지 가짜 바닥인지

는 지나봐야 확실히 알 수 있다는 치명적인 단점이 있습니다. 정배열

종목보다 성공 확률은 그리 높지 않으나, 성공 시 수익률은 매우 높

은 고위험, 고수익 차트입니다. 쌍바닥 또는 다중 바닥을 다지면서 저

점을 높인 차트여야 하며, 바닥을 다진 기간이 길수록, 반등하면서 이

■ 그림 8-3 역배열에서 정배열 전환 진통 과정의 예-호텔신라

평선 돌파 시도의 횟수가 많을수록, 신뢰도는 높아집니다. 다만 매수 후에 다시 전저점을 깨고 내려갈 확률이 높아지면 손절매도 각오해야 합니다. 역배열 추세의 하락 지속을 이겨내기 위해서는 그 종목이 아주 우량해야 하고 투자자가 매수 후 보유 정신이 투철해야 합니다.

역배열에서 정배열 전환 진통 과정 차트의 예는 호텔신라입니다. 호텔신라는 호텔과 면세점을 주력사업으로 하고 있는 기업입니다. 2020년 코로나19 때문에 가장 큰 피해를 본 업종의 대표주로서 여행 제한으로 인하여 실적부진을 보였습니다. 하지만 이후 세계적으로 백신이 보급되고 있어서 코로나19 영향에서 벗어나 여행이 재개되는 시점부터 다시 회복될 것으로 예상됩니다.

호텔신라의 차트를 보면 2020년 3월 코로나 저점에서 역배열 상태를 오랫동안 벗어나지 못했지만, 2020년 12월부터 정배열로 전환하는 모습을 볼 수 있습니다. 물론 완전 정배열 상태도 오랫동안 지속하지 못하고 다시 이평선은 수렴구간으로 들어와 주가는 조정을 받고 있습니다.

이런 차트의 장점은 가격이 낮은 구간에서 매수할 수 있는 것이지만, 단점은 정배열을 유지하지 못하고 다시 역배열로 전환하여 주가 조정 기간이 생각보다 길어질 수 있다는 점입니다.

호텔신라가 정배열 전환 진통 과정을 잘 이겨내고 완전 정배열로 이격을 조금씩 벌린다면 호텔신라를 포함한 코로나 피해주들에 대해서 관심을 가질 필요가 있습니다.

차트의 일생이
보인다

네 번째 차트 유형은 완전 역배열에서 정배열 전환 진통 과정을 거치고 정배열에 성공하여 완전 정배열에 막 진입한 차트입니다. 완전 정배열 초입 국면에서 중장기적으로 정배열을 유지하면서 안정적으로 우상향하기 위해서는 이격이 벌어지는 확산 과정이 나오거나, 전고점을 돌파하며 신고가로 진입하는 모습을 보여야 합니다.

완전 정배열 초입과정 차트의 예는 아모레퍼시픽입니다. 아모레퍼

■ 그림 8-4 완전 정배열 초입의 아모레퍼시픽

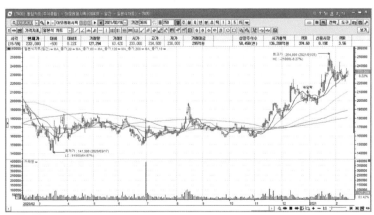

시픽은 화장품 제조 및 판매사업으로 영위하고 있는데 코로나19로 인한 면세점 매출 감소로 실적에 크게 타격을 입었습니다. 하지만 코로나19의 완화로 소비 심리 개선에 대한 기대감이 커지고 있는 상황입니다.

아모레퍼시픽의 차트를 보면 2020년 10월까지 완전 역배열에서 수렴 조정 구간이 계속되었는데, 11월 중순 완전 정배열로 전환하고 나서는 이격도를 벌려가며 완전 정배열 상태를 계속 유지하고 있습니다. 이정도 상승이 나오면 다시 역배열 상태로 되돌림 반락이 나올 가능성이 점점 낮아지고 있다고 볼 수 있습니다.

완전 정배열 초기 투자의 장점은 전고점 돌파 또는 역사적 신고가까지 중장기 우상향 상승을 한다면 큰 수익을 얻을 수 있다는 점이며, 단점은 다시 역배열 상태로 반락할 수도 있다는 점입니다. 아모레퍼시픽과 함께 다른 화장품 관련주의 주가 움직임을 묶어서 확인하는 것이 주가 흐름 판단에 더 좋고, 짝짓기 매매로 수익을 낼 기회를 찾을 수도 있습니다.

네 가지 차트는 제가 좋아하는 순서이며, 이는 완전 역배열에서 정배열 진통 과정을 거치고 완전 정배열에 진입하여 눌림목 조정으로 우상향하다가 역사적 신고가를 갱신하는 차트의 일생을 보여주는 것이기도 합니다. 이 중에는 비추세 차트가 없습니다. 이는 개인의 취향으로, 저는 비추세보다 추세를 좋아하며, 완전 역배열에서 바닥을 잡으려는 노력보다 완전 정배열에서 신고가를 잡으려는 노력이 더 중요하다고 생각합니다. 자신이 좋아하는 차트 유형이 무엇인지 생각해보

슈퍼개미의 왕초보 주식수업

는 기회로 삼아보길 바랍니다.

 용어 설명

◆ **신고가**
주가가 과거에 없었던 최고 가격을 기록한 경우 신고가라 한다. 신고가 종목이 증가하는 것을 시장의 호황 전조로 인식하는 경향이 있다.

◆ **눌림목**
상승세를 타고 있는 종목이 수급 등의 요인으로 일시적인 하락세를 보이는 것을 뜻한다. 장기 매매보다는 단기 매매에서 주로 사용된다. 약세장에서 주도주가 눌림목을 주는 경우 변동성을 감안하여 좀 더 보수적인 매수 가격을 산정할 필요가 있다.

성공 투자 888
두 번째 8법칙

~~~~~~~~~~~~~~~~~~~~~~~~

성공 투자를 위한 실전 투자 기법, 8 테크

1. 삼박자 투자법
재무제표를 기반으로 한 가치 분석, 차트를 기반으로 한 가격 분석, 재료를 기반으로 한 정보 분석 중에 중요하지 않은 것은 없다. 세 가지를 종합적으로 분석하는 습관을 가지자.

2. 시가총액 비교법
기업을 볼 때 주가가 아닌 시가총액으로 보는 습관을 갖자. 또한 시가총액 상위 종목들을 매일 확인하다 보면 시장의 흐름과 업종의 업황을 쉽게 파악할 수 있다.

3. 분산 투자 기법
집중 투자냐, 분산 투자냐의 논쟁은 의미 없다. 수익을 높일 것인지, 위험을 낮출 것인지의 논쟁에서 언제나 시장은 위험을 낮추는 쪽에 손을 들어주었다. 분산 투자는 선택이 아니라 필수다.

4. 상한가 매매 기법
예전에는 상한가, 요즘에는 상승률 TOP30을 통해서 시장의 흐름과 매매 종목 선정을 할 수 있다. 강한 놈이 오르는 것이 아니라, 오르는 놈이 강한 것이다. 단기 매매의 최고 기법임을 알자.

5. 짝짓기 매매 기법

과거 짝짓기 매매는 테마주 매매가 대다수였는데 요즘에는 지분 관계 매매도 일반화되었다. 미리미리 테마주와 지분 관계주들을 묶어놓는 준비가 필요하다.

6. 신고가 종목 매매 기법

추세 매매의 최고봉은 신고가 종목 매매임을 차트를 통해서 확인해보자. 물타기와 불타기 중 무엇을 선택할지는 자유이지만, 미리 전략을 세워놓고 지켜나가는 것은 의무임을 명심하자.

7. 신규 상장주 공략법

말도 많고 탈도 많은 것이 신규 상장주이지만, 옥석을 고르는 눈과 타이밍을 결정하는 결단력이 있는 투자자라면 굉장히 큰 무기가 될 수 있다.

8. 생활 속의 종목 발굴법

성공 투자하고 싶다면 주식투자에 미쳐라. 미치면 일상생활 속에 많은 종목들이 반짝반짝 빛나고 있음을 알 수 있다. 생활 속의 종목 발굴법의 전제조건은 나 자신을 믿는 것이다.

4부

가치 있는 주식, 같이 하는 주식투자

"가치 있는 주식, 같이 하는 주식투자."

사람들은 자신의 가치관과 다른 가치관을 맞다, 틀리다라고 재단하지 않고 다르다고 인정합니다. 행복, 사랑, 꿈, 믿음, 가족 등 여러 가지 인생에서 중요한 것에 점수를 매겨 평가할 수 없다는 것은 누구나 알고 있습니다. 하지만 우선순위를 주관적으로 매기는 것은 누구나 하는 일이지요.

주식시장에서의 가치는 인생의 가치와 비슷하면서도 다릅니다. 가치에 대한 평가가 각자 다를 수밖에 없는 주관에 따른다는 것이 공통점이라면, 주식시장에서의 가치는 수치로 분석될 수 있다는 것이 가장 크게 다른 점이겠지요.

가치 평가의 기본 자료는 재무제표입니다. 공시된 재무제표, 즉 재무상태표, 손익계산서, 현금흐름표 등을 통해 기업의 가치를 분석함으로써 가격 대비 저평가되고 있는 종목을 찾아낼 수 있습니다. 이러한 가치 분석을 위해 4부에서는 회계의 기본부터 재무제표까지, 회계학에서 배우는 기본 내용을 간단히 설명합니다. 처음 공부하는 사람에게는 다소 어려운 내용이 포함되어 있으니, 초보자는 1장과 7장, 8장을 우선 공부하는 것도 좋습니다.

"같이 하는 삶이 가치 있는 삶"이라는 말이 있습니다. 4부를 통해 '가치 있는 주식'을 찾아 나가면서 '같이 하는 주식투자'를 하면 좋겠습니다. 어렵다고 포기하지 않고 4부의 내용을 숙지하면 주식시장에서 오랫동안 살아남는 무기를 갖게 되리라 확신합니다.

기업의 가치와
주가가 다른 이유

☑ **MAIN POINT**

기업 가치와 주가가 다를 수밖에 없는 이유를 이해하고, 주가에 가장 큰 영향을 미치는 기업 가치를 평가하는 대표적인 방법인 자산 기준과 이익 기준에 대해 공부하자.

가치와 가격은
다르다

주식투자에서 성공하는 방법은 하나뿐입니다. 1만 원에 매수한 주식을 1만 5,000원에 매도하면 됩니다. 여기서 1만 원, 1만 5,000원은 주식의 가격, 즉 주가입니다. 그렇다면 가격 분석을 통해 수익을 내면 되는데, 왜 가치 분석이 필요할까요? 주가 가격는 매수 수요와 매도 공급에 의해 결정되는데, 투자자들의 매수와 매도 주문에 가장 큰 영향을 미치는 것이 기업의 가치이기 때문입니다. 주가에 가치가 정확히 반영된다면 가격 분석과 가치 분석은 결국 같은 답을 내겠지요. 어떤 종목은 매년 재무제표상의 지표가 좋아지면서 주가가 오르는 것을 확인할 수 있는데, 이러한 종목은 가치 분석과 가격 분석이 결국 같은 답을 찾기 위한 과정임을 보여주는 좋은 사례입니다.

그렇다면 가치와 가격은 어떻게 다를까요? 다이아몬드와 물 중에 어떤 것이 가치가 높을까요? 상식적으로 사람은 물이 없으면 죽고 다이아몬드는 없어도 살 수 있으므로 생명에 직결되는 물의 가치가 훨씬 높습니다. 하지만 물보다는 다이아몬드의 가격이 비교도 안 될 만큼 비쌉니다. 수요 공급의 법칙을 적용한다면 공급량이 무한대에 가까운 물이 공급량이 매우 적은 다이아몬드보다 싼 것은 당연합니다. 희소한 것에 한계효용을 더 크게 느끼는 인간의 합리적인 선택이 다이아몬드의 가격을 훨씬 비싸게 만든 것입니다. 그런데 지금보다 물 부족 사태가 심화된다면 어떻게 될까요? 세상의 물의 99%가 오염되어 1%의 물만 사용할 수 있게 되면 물이 다이아몬드보다 비싸지는 날이 올지도 모릅니다. 참고로 이런 날을 대비해서 환경 관련주, 신재생에너지 관련주, 물 관련주 등에 관심을 가질 필요가 있습니다.

사람들이 지금 느끼는 물의 효용과 물 부족 사태가 일어난 후 느끼는 물의 효용은 다를 것입니다. 이렇듯 효용은 주관적인 것이며, 효용에 의해 평가되는 가치 또한 주관적이고, 이러한 주관적인 가치를 분석하는 작업도 역시 주관적일 수밖에 없습니다. 주식에서의 가치는 어떨까요? 자산에 중점을 둔 가치 분석, 이익에 중점을 둔 가치 분석 뿐 아니라 계량화할 수 있는 숫자보다 질적인 부분을 중요시하는 가치 분석까지, 각자의 가치관에 따른 수많은 가치 분석 방법이 있습니다. 주식의 가치는 분석하는 사람이 분석하는 특정 시점에, 특정한 분석 방법에 의해 결정됩니다. 즉, 가치 분석을 하는 투자자들이 객관적으로 분석했다고 믿는 가치는 사실 자신만의 기준에 의해 주관적으로 분석한 가치인 경우가 대부분입니다. 주식투자자가 궁극적으로 알아내야 하는 대상은 시장에서 다수에 의해 결정되는 객관적인 지표인 가격의 변화인데도, 대부분의 투자자들은 가격을 무시한 채 주관적인 가치에서 해답을 찾으려 노력하고 있다는 것이죠.

슈퍼개미의 왕초보 주식수업

오늘의 주식 가격은?

오늘의 주식 가격과 특정 시점의 가치는 일치하지 않습니다. 정보가 계속 주가에 영향을 미치기 때문입니다. 그래서 삼박자 투자법에서는 가격, 가치, 정보를 모두 공부해서 가격 변화의 메커니즘을 이해하고 세 가지를 모두 분석하여 수익을 올릴 수 있다고 설명하는 것입니다.

시장에서 다수의 참여자에 의해 결정된 객관적인 가격과 투자자의 책상에서 혼자 결정한 주관적인 가치는 다를 수밖에 없습니다. 이때 가격이 가치보다 높으면 고평가 상태, 가격이 가치보다 낮으면 저평가 상태라고 말합니다. 그렇다면 투자자는 어떤 종목을 사야 할까요? 당연히 저평가 종목을 사야 합니다. 시장 소외주로 제값을 인정받지 못하는 진흙 속의 진주와 같은 종목을 찾아야 합니다.

가격과 가치가 일치하지 않는 가장 큰 이유는 특정 시점의 가치 평가 때는 반영되지 않은 정보가 발생했기 때문입니다. 그래서 단기 매매에서 정보 분석의 중요성을 더욱 강조하는 것입니다. 또 다른 이유는 가치 분석 때는 합리적으로 판단하던 투자자들도 가격을 결정하는 매수·매도 주문을 할 때는 비합리적으로 판단하기 때문입니다.

특히 매도할 때 비합리적인 행동이 자주 나타납니다. 주식투자자들은 계좌 상태에 따라서 현금 보유 → 매수 주문 → 주식 보유 → 매도 주문 → 현금 보유의 상태를 거칩니다. 보통 현금 보유 상태에서는 시장이나 종목의 급락에 심리적으로 영향을 받지 않는 편안한 상태에서 관심 종목을 분석합니다. 또한 매수 타이밍을 잡을 때도 급할 것이 없습니다. 그러나 매수하여 계좌에 종목 이름이 찍히는 순간 매일 변하는 주가에 보유자의 심리는 영향을 받습니다. 오르면 오르는 대로 매도할까 마음이 흔들리고, 내리면 내리는 대로 하늘이 무너진 것 같은 상실감에 만사가 귀찮아집니다. 매수 전과는 비교할 수 없을 정도로 불안한 상태이므로, 매수 후 주식 보유 상태에서는 냉철한 분석보다는 순간의 심리에 영향을 받아 매도하는 경우가 많습니다. 즉, 현금 보유 상태에서 합리적인 분석으로 매수하고 주식 보유 상태에서는 비합리적인 판단으로 매도하게 되는 것도 가치와 가격이 다를 수밖에 없는 중요한 이유입니다.

단기적으로 가치와 가격은 같지 않습니다. 물론 중장기적으로는 한방향으로 움직일 것입니다. 단기 매매보다 중장기 투자에 가치 분석이 더욱 중요하다는 점과 가격의 잔파도에도 흔들리지 않고 믿을 수 있는 종목을 찾아내는 것은 가치 분석으로 가능하다는 사실을 반드시 기억하기 바랍니다.

자산 기준으로
기업을 평가하는 방법

가치를 평가하는 방법은 단순하게 자산을 기준으로 하는 것과 수익 이익을 기준으로 하는 것이 있습니다. 물론 두 가지를 복합적으로 고려할 수도 있고 다른 사항들을 고려할 수도 있지만, 가치 분석에 가장 중요한 요인은 기업의 자산 가치와 수익 가치일 것입니다.

■ 그림 1-1 기업의 가치 평가

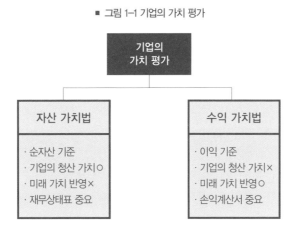

먼저 자산 가치법으로 기업을 평가하는 방법부터 알아보겠습니다. 이는 순자산 평가법으로, 기업의 자산에서 부채를 뺀 순자산을 평가

하는 것입니다. 여기서 자산과 부채, 순자산_{자본}은 회계 용어지만, 쉽게 풀면 자산은 내 것, 부채는 남의 돈, 자본은 내 돈이라고 이해하면 됩니다. 우리나라에는 자산 가치법으로 기업을 평가하여 중장기 투자에 성공한 개인 투자자들이 많은데, 주로 부동산을 많이 소유한 땅 부자 기업의 부동산을 재평가하여 현재의 시가총액과 비교한 후 투자하여 수익을 낸 경우입니다.

자산 가치법의 단점은 회계상의 가치를 청산 가치_{실제 팔면 받을 수 있는 가격}**로 전환해야 하는데, 이때 주관이 개입될 수밖에 없다는 것입니다. 또한 현재 시점에서 회사를 청산할 경우의 가치이기 때문에 미래의 수익 창출 능력을 반영하지 못합니다.** 한마디로 현재 기준으로 회사가 망했을 때 청산해서 나오는 순자산을 기준으로 회사를 평가한다는 뜻입니다. 망하는 회사에 미래 가치가 반영될 수 없기 때문입니다.

자산 가치법으로 기업을 평가하기 위해서는 자산, 부채, 순자산 등의 용어가 나오는 재무상태표를 볼 줄 알아야 합니다. 재무상태표에 숨어 있는 장부상의 가치와 위험을 찾는 것이 핵심입니다. 자산 재평가가 안 된 오래된 부동산이나 영업권, 특허권 등 잠재적으로 가치가 없어질 가능성이 높은 자산을 잘 검토해봐야 합니다. 또는 숨어 있는 부채, 보이지 않는 위험을 찾는 것도 필요합니다. 즉, 재무상태표를 분석하는 목적은 기업의 현재 순자산 가치를 평가하는 것입니다.

현금흐름을
파악해보자

　수익 가치법은 현금흐름 할인법이라고도 하는데 미래에 발생할 순현금흐름을 적정한 할인율로 할인하여 현재 가치로 평가하는 방법입니다. 자산 가치법과 달리 미래의 수익 창출 능력을 고려한다는 장점이 있지만, 그 추정도 결국은 주관적인 예측이라는 단점이 있습니다. 또한 할인율 적용도 주관적일 수 있으므로, 할인율이 바뀔 때마다 기업의 현재 가치는 달라질 수밖에 없습니다.

　다시 말해 수익 가치법은 미래의 가치를 반영할 수는 있지만, 미래 순현금흐름과 할인율을 결정하는 데 주관이 개입되고, 자산 가치법과 달리 기업이 계속 보장되지 않을 경우 기업의 청산 가치를 반영하지 못합니다. 자산 가치법과 수익 가치법은 경제 상황에 따라 유용성이 달라지기도 합니다. 경기가 나쁜 하락장일 때 PBR 지표를 더 중요하게 보듯 자산 가치법이 더 유용하게 쓰이며, 반대로 경기가 좋은 상승장에서는 PER 지표를 더 중요하게 보듯 수익 가치법이 더 유용하게 쓰이기도 합니다.

　자산 가치법으로 평가할 때 재무상태표가 중요한 것처럼, 수익 가치법으로 평가하기 위해서는 손익계산서의 분석이 중요합니다. 미래 순현금흐름을 알아내기 위해 손익계산서의 수익과 비용의 구조와 크기를 참고합니다. 추가로 영업 활동으로 인한 현금흐름을 현금흐름표에서 확인하여 같이 분석해야 합니다. 손익계산서는 발생주의에 의해 작성되었으므로, 현금흐름 분석을 위해서는 현금주의에 의해 작성된 현금흐름표로 보완해야 한다는 뜻입니다.

그렇다면 자산 기준과 이익 기준 중 어느 것이 더 합리적인 가치 분석 방법일까요? 두 기준 모두 장단점이 있기 때문에 가중치를 두어 분석하는 절충법을 사용할 수도 있습니다. 저는 재무상태표보다 손익계산서, 즉 자산 가치보다 수익 가치를 더 중요하게 생각하는데, 손익계산서에서 매출이나 수익이 성장하는 성장형 기업을 선호하기 때문입니다.

현실적으로 주식투자자 중에 수익 가치법 또는 자산 가치법으로 기업을 평가할 수 있는 사람은 거의 없습니다. 물론 시도는 할 수 있겠지만 정확성을 고려한다면 어려운 일입니다. 그래서 주식투자자가 쉽게 접근할 수 있는 기업 가치 평가 방법인 비교 가치법에 대해 간단히 알아보겠습니다. PER수익 기준, PBR자산 기준이 대표적인 비교 가치 지표입니다.

예를 들어볼까요?

기업 A와 B를 비교할 때 현재 주당 순자산은 모두 2만 원이지만 상대적으로 B보다 A의 주가가 낮습니다. PBR이 낮은 A가 B보다 자산 가치 대비 저평가되었다고 할 수 있습니다.

■ 표 1-1 자산 기준 비교 가치법

구분	A기업	B기업
주가	10,000원	20,000원
주당 순자산	20,000원	20,000원
PBR(주가/주당 순자산)	0.5	1

기업 A와 B의 현재 주당 순이익은 모두 1,000원이지만 상대적으로 B보다 A의 주가가 낮습니다. PER이 낮은 A가 B보다 이익 가치 대비 저평가되었다고 할 수 있습니다.

■ 표 1-2 수익 기준 비교 가치법

구분	A기업	B기업
주가	10,000원	20,000원
주당 순이익	1,000원	1,000원
PER(주가/주당 순이익)	10	20

비교 가치법은 간단하게 기업을 비교 평가할 수 있는 장점이 있습니다. 다만 동일 업종 내의 종목이 아니면 별 의미가 없습니다. 또한 매우 유사한 사업 구조를 지닌 두 기업이라도 자산 기준 PBR, 수익 기준 PER, 매출 기준 PSR 등을 비교할 뿐, 유의미한 정보들을 종합적으로 비교할 수는 없습니다.

용어 설명

◆ 한계효용
소비자가 재화를 소비할 때 얻는 주관적인 욕망 충족의 정도를 효용이라 하는데, 재화의 소비량을 변화시킬 경우 한계단위의 효용을 한계효용이라 한다. 일반적으로 어떤 재화의 소비량이 증가함에 따라 필요도는 점차 작아지므로 한계효용은 감소하는 경향이 있다(한계효용 체감의 법칙).

◆ PBR(price book-value ratio)
주가 순자산 비율로, 주가를 주당 순자산 가치(BPS, book value per share)로 나눈 것이다. 주가와 1주당 순자산을 비교한 수치로, 주가가 순자산(자본금과 자본잉여금, 이익잉여금의 합계)에 비해 1주당 몇 배로 거래되고 있는지 측정하는 지표다.

◆ PER(price earning ratio)
주가 수익 비율로, 주가를 주당 순이익(EPS, earning per share)으로 나눈 값이다. 여기서 EPS는 당기순이익을 주식수로 나눈 것이다. 주당 순이익은 한 회사가 1년 동안 벌어들인 순이익을 주식수로 나눈 값으로, 1주당 얼마만큼의 순이익을 냈는지 나타낸다.

2장

재무제표를 제대로
보기 위한 기초,
회계

☑ **MAIN POINT**

재무제표를 올바르게 읽기 위한 기초 단계로, 회계의 기본을 공부하고 실제 기업의 신규 창업을 예로 들어 재무제표 구성 원리를 이해하자.

회계의 작성 방법을 알아야 한다

　가치 분석의 핵심은 재무제표 분석입니다. 재무제표란 기업의 재무 상태와 경영 성과 등을 표현한 서류로, 회계 원칙에 따라 작성됩니다. 재무제표 작성 원리를 이해하기 위해 회계의 기본적인 내용을 알아보겠습니다. '부기'는 장부에 기입한다는 뜻인데, 단식부기와 복식부기로 구분하며 회계는 복식부기를 원칙으로 합니다. 단식부기는 차변좌측과 대변우측의 구분 없이 단일 항목의 증감을 기록하는 방식입니다. 가계부, 현금 출납장이 대표적인 단식부기입니다. 복식부기는 기업의 자산과 자본, 부채의 증감 및 변화 과정과 결과를 계정 과목을 통해

■ 그림 2-1 복식부기

차변 좌측과 대변 우측으로 구분하여 2중으로 기록하는 부기 형식을 말합니다.

　재무상태표에서 자산의 증가는 차변에, 부채와 자본의 증가는 대변에 기록하며, 손익계산서에서는 비용의 발생은 차변에, 수익의 발생은 대변에 기록합니다. 거래가 발생한 것을 한 줄로 기록한 것을 분개라고 하는데, 분개를 모아놓은 것이 분개장이고 각각의 계정을 따로 빼서 작성한 것이 원장, 원장의 잔액을 모아 기입한 표가 재무제표입

■ 그림 2-2 회계 기록의 작성 원리

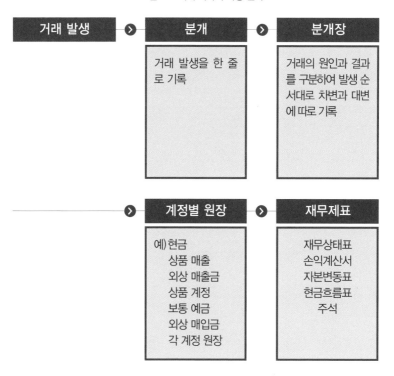

니다. 재무상태표 또는 손익계산서에서 차변과 대변에 있는 계정의 숫자를 이해하기 위해 원장과 분개장의 관계와 그 작성 원리를 안다면 재무제표를 더 쉽게 이해할 수 있습니다.

신규 창업 시
분개 연습 사례

모든 법인은 복식부기로 장부를 작성해야 하며 각각의 거래를 분개장에 작성하면 그 내용이 재무제표에 반영됩니다. 복식부기와 재무제표의 관계를 더 쉽게 공부하기 위해 신규 법인을 창업했다고 가정하고 연습해봅시다. 다소 어려운 내용이지만, 재무제표 작성 원리에 대한 이해를 위해 가볍게 읽어보면 좋겠습니다. 분개의 항목은 다음과 같습니다 금액 단위는 만 원이고 계정의 왼쪽은 차변, 오른쪽은 대변입니다.

(1) **자본금 1,000을 현금 납입 시**(액면가 5,000원, 발행 주식 2,000주)

차변에 자산의 증가인 현금 1,000을 기록하고 대변에 자본금 1,000을 기록합니다. (현금 1,000 / 자본금 1,000)

(2) **은행에서 500을 대출**

차변에 자산의 증가인 현금 500을 기록하고 대변에 부채의 증가인 차입금 500을 기록합니다. (현금 500 / 차입금 500)

⑶ 컴퓨터를 500에 구입

차변에 자산의 증가인 컴퓨터 500을 기록하고 대변에 자산의 감소인 현금 500을 기록합니다. (컴퓨터 500 / 현금 500)

⑷ 인건비 200을 지급

차변에 비용인 인건비 200을 기록하고 대변에 자산의 감소인 현금 200을 기록합니다. (인건비 200 / 현금 200)

⑸ 현금 매출 발생

차변에 자산의 증가인 현금 500을 기록하고 대변에 수익인 매출 500을 기록합니다. (현금 500 / 매출 500)

⑹ 외상 매출 발생

차변에 자산의 증가인 매출 채권 200을 기록하고 대변에 수익인 매출 200을 기록합니다. (매출 채권 200 / 매출 200)

⑺ 유상증자(액면가 5,000원, 발행가 1만 원)로 1,000을 자금 조달

차변에 자산의 증가인 현금 1,000을 기록하고, 대변에 자본의 증가를 기록해야 하는데 액면 초과 할증 발행을 했으니 자본금 500, 자본잉여금 500을 기록합니다. (현금 1,000 / 자본금 500 / 자본잉여금 500)

(8) **기말 감가상각 계상**(컴퓨터 500을 5년의 내용 연수로 1년에 100씩 감가상각)

차변에 비용인 감가상각비 100을 기록하고 대변에 자산의 감소인 감가상각 누계액 100을 기록합니다. (감가상각비 100 / 감가상각 누계액 100)

(9) **결산 조정**(매출 700-비용 300=이익 400)

차변에 매출에서 비용을 뺀 이익 400을 기록하고 대변에 자본의 증가인 이익잉여금 400을 기록합니다. (이익 400 / 이익잉여금 400)

이상의 분개가 신규 창업 연도인 첫해에 발생한 거래라고 가정하고, 이 분개를 반영하여 재무상태표와 손익계산서를 작성하면 다음과 같습니다.

■ 표 2-1 분개를 바탕으로 작성한 재무상태표와 손익계산서

재무상태표

(차변/자산)	(대변/부채, 자본)
현금 2,300	차입금 500
컴퓨터 400	자본금 1,500 자본잉여금 500
매출 채권 200	이익잉여금 400

(자본금 납입+대출-컴퓨터 구입 -인건비+현금 매출+유상증자) → 현금 2,300

(감가상각 누계액 100을 빼서 400이 됨) → 컴퓨터 400

이익잉여금 400 ← (결산 조정을 통해 400)

주식투자자가 분개까지 알아야 할까요? 물론 몰라도 되지만, 알

손익계산서

(차변/비용)	(대변/수익)
인건비 200 감가상각비 100	매출 700
(결산 조정을 통해 400) ◄── 이익 400	
700	700

면 더 좋겠지요. 분개를 모르고 재무제표에서의 숫자만 보면 계정 과목의 본질을 모르기 때문에 숫자에 숨어 있는 힌트를 찾기 힘듭니다. 조금 어렵더라도, 거래의 발생이 어떤 분개를 통해 재무제표의 항목을 구성하는지 이해해야 합니다.

3가지 중요한
회계 원칙

회계학에서는 일반적으로 인정된 회계 원칙에 따라 재무제표가 작성되어야 한다고 설명하는데, 그중 중요한 원칙을 살펴봅시다.

첫째, 수익 인식 기준에 대한 원칙으로 발생주의와 현금주의가 있습니다. 발생주의 원칙은 매출이 발생한 시점을 수익으로 인식하고, 현금주의 원칙은 실제로 현금이 들어온 시점을 수익으로 인식합니다. 발생주의는 수익 인식의 기본 원칙으로 매출이 생겼을 때 현금 매출과 외상 매출의 구분 없이 매출의 발생 자체를 중요시하여 수익으로 인식합니다. 이처럼 손익계산서를 작성하면 외상 매출도 이익으로 기록되는데, 실제로는 기업이 외상 매출금을 회수하지 못하고 도산하는 경우가 발생합니다. 이를 흑자 도산이라고 하지요.

이러한 발생주의의 문제점을 보완할 수 있는 것이 현금주의입니다. 현금주의는 실제 현금의 중요성을 강조하여 수익 인식 기준을 현금으로 잡는 것으로, 현금흐름표를 작성하여 발생주의에 의해 작성한 손익계산서의 단점을 보완합니다. 과거에 비해 더욱 현금흐름표의 유용성이 커지고 있음을 기억하기 바랍니다.

둘째, 자산 평가 기준에 대한 원칙으로 원가주의와 시가주의가 있습니다. 원가주의는 자산을 평가할 때 취득 원가로 평가하고, 시가주의는 현재의 가격으로 평가합니다. 자산 평가의 원칙은 객관성이 보장되어 있는 원가주의지만, 적정한 시가 평가가 가능한 경우는 계정 과목별로 수정된 원가 또는 시가로 평가합니다. 예를 들어 자산 중 매도 가능 증권의 경우 공정가액으로 평가하는 경우가 이에 해당합니다.

셋째, 비용 인식의 기준은 수익 비용 대응의 원칙입니다. 수익 비용 대응의 원칙은 수익 인식 시점에 비용도 같이 인식하는 것입니다.

예를 들어, 판매를 위해 매입한 물건은 창고에 있을 때는 재고 자산이고, 판매가 되어 매출이 발생하면 수익 비용 대응의 원칙에 따라 매출 원가로 처리됩니다. 매출을 인식하기 전에는 재고자산이었지만 매출이 발생해서 수익이 생겼을 때는 비용으로 인정하는 것입니다.

또 다른 예로 제품을 생산하기 위해 기계 장비를 1억 원에 취득한 경우 기계 장비는 유형자산이고, 매년 일정 부분 수익을 발생시키는 것으로 인정하여 비용화시켜 감가상각하는 것도 수익 비용 대응의 원칙입니다. 이는 자산이 비용화되는 회계 처리인데, 자산을 비용화하지 않는 의도적인 분식회계가 일어날 경우 자산의 과대계상과 이익의 과대계상이 동시에 이루어짐으로써 기업의 재무 상태가 부실해지고 경영 상태가 왜곡되는 위험한 상황이 발생할 수 있습니다.

최근 문제가 된 연구 개발비의 자산과 비용에 대한 구분도 똑같은 논리로 생각하면 이해할 수 있습니다. 특히 주식투자자들이 중요하게 살펴봐야 하는 계정 과목은 자산과 비용의 성격을 모두 가지고 있습니다.

재무제표의 작성 원리를
이해하면 읽을 수 있다

기업의 가치를 분석하는 데 가장 중요한 자료는 재무제표입니다. 재무제표에는 재무상태표, 손익계산서, 현금흐름표, 자본변동표, 주석 사항 등이 포함됩니다. 이 중 가장 중요한 재무제표 중 재무상태표는 자산, 부채, 자본 항목으로, 손익계산서는 수익, 비용 항목으로, 현금 흐름표는 영업 활동으로 인한 현금흐름, 투자 활동으로 인한 현금흐름, 재무 활동으로 인한 현금흐름 항목으로 구성되어 있습니다.

재무제표는 사업보고서에 포함되어 분기마다 공시되는데, 통상적으로 말하는 사업보고서는 연간 보고서입니다. 1, 3분기에는 분기 보

■ 표 2-2 재무제표의 종류

재무제표	특징	내용
재무상태표	특정 시점	재무 상태
손익계산서	일정 기간	경영 성과
현금흐름표		현금흐름
자본변동표		자본 변동
주석	특정 시점 또는 기간	기타 중요한 정보

고서, 2분기에는 반기 보고서, 4분기에는 사업보고서가 나옵니다. 사업보고서를 읽다 보면 요약 재무제표, 연결 재무제표와 같은 용어를 접하게 되는데, 연결 재무제표가 있는 곳도 있고 없는 곳도 있습니다. 연결 재무제표란 지배 기업과 종속 기업을 합쳐서 하나의 재무제표로 나타낸 것으로, 종속 기업이 있는 지배 기업의 재무제표에는 연결 재무제표가 있고 종속 기업이 없는 회사는 연결 재무제표가 없습니다.

상장기업은 회사의 재무제표가 재무 상태와 경영 성과를 정확하게 반영하고 있는지 공인회계사에게 감사받아야 합니다. 감사 의견에는 적정 의견, 한정 의견, 부적정 의견, 의견 거절이 있습니다. 적정 의견은 재무제표의 모든 항목이 적절히 기준에 따라 작성되었고 불확실

■ 표 2–3 상장 폐지 사유 등 발생 기업의 특징과 요건 / 2014년 금융감독원 자료 참고

상장 폐지 사유 등 발생 기업의 주요 특징과 요건		
주요 특징	자금 조달 현황 관련	전년도의 공모 실적은 급감한 반면 사모 및 소액 공모 실적은 급증 → 자금 조달 여건이 급격히 약화
	지배 구조 및 경영권 관련	정상 기업보다 최대 주주 및 대표이사의 변동이 월등히 잦음 → 경영 안정성이 미흡
	회사의 영업 위험 관련	타업인 출자 및 목적 사업 변동이 잦고 연관성이 적은 사업 추가가 많음 → 지속 가능성 의문
	외부 감사인의 감사 의견 관련	감사 의견에 계속 기업 불확실성이 언급된 경우가 많음 → 적정 의견이라도 특기 사항 기재
상장 폐지 요건	·사업보고서 제출 기한 후 10일 내 미제출, 완전 자본 잠식, 2년 연속 자본 잠식률 50% 이상 ·감사 보고 부적정 의견, 2년간 매출액 일정 요건(유가증권 50억 원, 코스닥 30억 원) 미달 시 등 ※ 자세한 상장 폐지 요건은 한국거래소의 유가증권시장 상장 규정 및 코스닥시장 상장 규정 참조		

한 사실이 없다는 것입니다. 한정 의견은 일부분을 제외하면 적정하며, 부적정 의견은 재무제표가 전체적으로 합리적으로 기재되지 못하고 왜곡되어 표시됨으로써 무의미하다는 의미입니다. 의견 거절은 감사 의견을 형성하는 데 필요한 합리적 증거물을 얻지 못하여 재무제표에 대한 의견 표명이 불가능한 경우입니다. 감사 의견 중 부적정 또는 의견 거절은 상장 폐지 사유에 해당되어 거래소에서 바로 심사에 들어갑니다.

주식투자자에게 가장 큰 리스크는 내가 투자한 종목이 상장 폐지되는 것입니다. 상장 폐지 종목은 잘해야 투자금의 5% 남짓을 건지거나, 이것조차도 정리 매매 기간에 매도하지 못하면 최악의 경우 투자금이 날아갈 수도 있습니다. 재무제표를 조금만 볼 줄 알아도 이런 종목은 피할 수 있습니다. 적자가 지속되는 종목이나 적자 누적으로 자본 잠식 상태가 된 종목 또는 부채 비율이 과다하게 높은 종목은 거들떠보지 않는 것이 감자나 상장 폐지를 피할 수 있는 유일한 방법입니다. 물론 의도적으로 분식회계를 저지르는 부도덕한 기업을 찾아내는 것은 쉽지 않지만, 최대 주주가 자주 변경되고 허황된 재료가 나오는 기업 등 부실 경영의 징후가 보이는 기업들은 미리 조심하는 습관을 들임으로써 위험을 피해야 합니다.

■ 그림 2-3 상장 폐지 절차 / 한국거래소 유가증권시장 공시 제도 가이드 참고

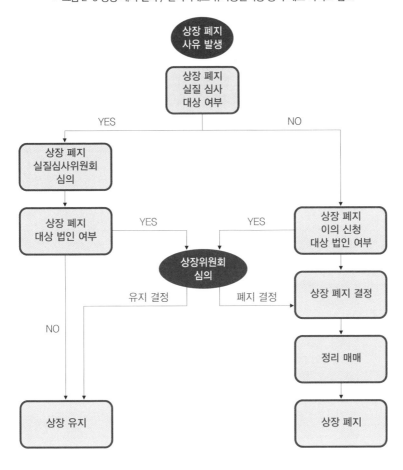

◆ 분개

거래는 거래의 8요소에 의한 계정 기입의 법칙에 따라 각 계정에 기입된다. 그러나 매일 빈번하게 발생하는 거래를 직접 각 계정에 기입하면 오기 또는 누락될 가능성이 있다. 그래서 계정 계좌에 기입하기 전에 각 거래마다 어느 계정의 차변 또는 대변에 얼마만큼의 금액을 기입할 것인지 결정해야 한다. 이 절차를 분개라 한다. 거래에 대한 최초의 회계 기록이기도 하다.

◆ 흑자 도산

재무제표상에는 흑자를 계상하고 있는데도 도산하는 경우로, 영업 실적이 좋고 재무상으로도 문제가 없어서 언뜻 보기엔 건전하게 경영하고 있는 기업이 갑자기 자금 변통이 안 되어 부도가 나는 것이다. 즉, 기업이 단기 부채를 변제하기 위해 충분한 현금을 확보하지 못하고 도산하는 것을 말한다.

◆ 매도 가능 증권

유가증권의 분류 중 하나로, 지분법 적용 투자 주식, 단기 매매 증권이 아닌 주식, 만기 보유 증권, 단기 매매 증권이 아닌 채권을 말하며, 재무상태표일로부터 1년 내에 만기가 도래하거나 매도 등에 의해 처분할 것이 거의 확실한 경우(유동자산으로 분류)를 제외하고는 투자자산으로 분류한다.

재무상태표의 기본, 자산

☑ **MAIN POINT**

재무상태표의 구성 항목 중에 자산에 해당하는 유동자산, 투자자산, 유무형자산의 의미와 그것이 기업 가치에 미치는 영향에 대해 공부하자.

특정 시점의 재무 상태를 나타내는 표

　재무상태표란 특정 시점 _{회계 기간의 기말 시점}의 재무 상태를 나타내는 표로, 자산, 부채 _{타인자본}, 자본 _{자기자본}으로 구성되어 있습니다. 자산은 자금 운용, 부채와 자본은 자금 조달인데, 자산=부채+자본이라고 보면 됩니다. 쉽게 설명하면 부채는 남의 돈, 자본은 내 돈이며, 이 두 가지를 합한 것이 자산이라고 이해하면 됩니다.

　자산은 즉시 비용이 되거나 향후에 비용이 되어 수익을 발생시킵니다. 이러한 비용과 수익 항목이 손익계산서에 기록되며, 수익이 비용

■ 그림 3-1 재무상태표와 손익계산서의 관계

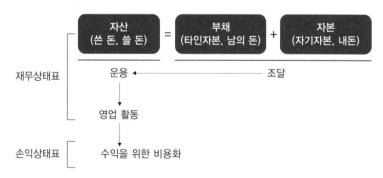

보다 크면 이익이 남는 것입니다. 이를 그림으로 정리하면 재무상태표와 손익계산서의 연관관계가 보입니다.

　재무상태표의 계정 과목은 유동성에 따라 순서가 정해집니다. 유동성은 자산을 현금으로 전환할 수 있는 정도를 나타내는 용어입니다. 회계 기간인 1년을 기준으로 1년 이내에 현금화 가능한 자산은 유동자산, 그렇지 않은 것은 비유동자산으로 구분합니다. 마찬가지로 1년

■ 그림 3-2 재무상태표

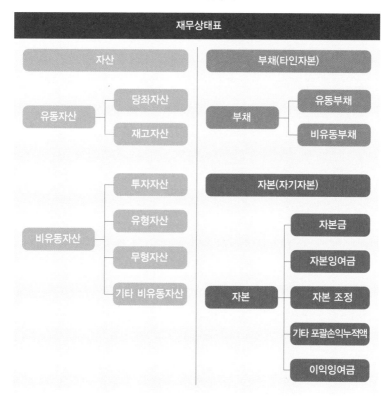

이내에 상환해야 하는 채무는 유동부채, 그렇지 않은 것은 비유동부채로 구분합니다.

자산과 자본, 부채 중에 가장 유의해서 봐야 할 부분은 자산입니다. 비용으로 계상되어야 할 부분이 자산으로 계상되거나, 역사적 원가로 계상되어야 할 부분이 시장 가치로 계상되면서 자산이 과대계상되는 경우가 있습니다. 대부분의 경우 자산의 과대계상은 이익의 과대계상으로 나타나며, 이는 기업의 가치를 과대평가하게 되어 향후 주식투자자에게 큰 손실을 입히게 되는 요인이 되니 주의하기 바랍니다.

현금화가 가능한
자산 3가지

유동자산은 1년 이내에 현금화가 가능한 자산으로 유동성이 높은 순서에 따라 현금 및 현금성 자산, 매출 채권, 재고자산, 기타 유동자산 등으로 구분할 수 있습니다. 주식투자자는 재무제표를 작성하는 능력보다 재무제표를 읽고 해석하는 능력이 필요합니다.

첫째, 현금 및 현금성 자산입니다. 현금성 자산은 3개월 이내에 만기가 도래하는 증권 등을 말합니다. 이 계정을 볼 때는 현금의 크기를 확인해야 합니다. 회사의 시가총액에 대비해 현금을 많이 갖고 있는지 여부를 파악하는 것입니다. 피터 린치는 현금성 자산 총액에서 장기 부채를 차감한 금액에 주목했고, 워런 버핏은 장기적으로 사업을 통한 현금 증가분에 주목했다고 합니다. 이처럼 가치투자자들은 현금의 중요성을 이야기합니다. 다만 성장형 기업의 경우 재투자를 위해 자금을 사용해야 하므로 너무 많은 현금을 쌓아두는 것이 좋지만은 않습니다. 시가총액 대비 적정한 현금을 보유하는 것이 좋습니다.

둘째, 매출 채권입니다. 대표적으로 외상 거래에서 발생하는 외상 매출금이 이에 해당합니다. 매출액 대비 매출 채권의 비율, 그 증가 여부를 확인해야 합니다. 예를 들면 작년에 매출 1억 원 중 매출 채권이 5천만 원인 회사가 올해는 매출 1억 원에 매출 채권이 9천만 원으로 늘어나면, 고의로 가공 매출을 잡지는 않았는지, 외상 매출이 늘어난 이유가 무엇인지 확인해야 합니다. 판매 조건이 악화되었거나 매출 채권 회수가 잘 안 되는 등 회사의 제품이나 신뢰도에 문제가 생겼을 수도 있기 때문입니다. 즉, 매출액과 매출 채권은 비례해서 움직이며, 매출 채권 비율이 높아진 이유를 체크해야 합니다.

셋째, 재고자산입니다. 판매를 위해 보유하고 있는 상품, 제품 등이 이에 해당합니다. 재고자산 계정에서는 매출 증가와 비례해서 재고자산이 증가하지 않거나 매출에 비해 빠르게 증가하고 있는지 체크해야 합니다. 기말 재고는 (기초 재고+당기 매입-매출 원가)계산되는데, 기말 재고가 매출에 비해 지나치게 많을 때는 매출 원가를 낮게 잡아 고의로 이익을 과대계상했는지 의심해야 합니다. 특히 재고자산의 가격 변동이 심한 업종일수록 재고자산 회전율 등을 검토하여 과도하게 재고자산을 보유하고 있는지 검토합니다. 여기에서도 자산의 과대계상은 비용의 과소계상과 이익의 과대계상으로 영향을 미칩니다.

유동자산 중에서 재고자산과 매출 채권을 합해서 운전 자본이라고 하는데, 기업이 영업 활동을 하는 데 필요한 자금을 뜻합니다. 쉽게 생각하면 장사를 하는 데 재고와 외상 매출은 필수이고, 이를 위해 초기 자본금이 필요하다고 이해하면 됩니다. 기업이 효율적으로 외상과 재고를 관리하며 사업을 운영할수록 운전 자본은 매출 규모에 비해 적게 필요할 것입니다.

투자 이익을 얻을
목적이 있다

투자자산은 비유동자산 중의 하나로 기업이 영업 활동과 상관없이 투자 이익을 얻을 목적으로 보유하고 있는 자산입니다. 단기 금융자산과 달리 1년 이상 보유할 것으로 예상되는 자산으로 장기 금융 상품, 매도 가능 증권, 만기 보유 증권, 지분법 적용 투자 주식, 투자 부동산 등이 이에 해당합니다.

기업이 투자하고 있는 다른 회사의 주식은 투자자산 계정에서 지분율이나 영향력에 따라 매도 가능 증권이나 지분법 적용 투자 주식으로 구분됩니다. 매도 가능 증권은 공정 가치로 평가하는데, 장부가액과의 차이인 평가 손익은 영업외수익과 비용이 아닌 기타 포괄 손익에 각각 반영되므로 당기 손익에 영향을 미치지 않는다는 점에 주의하기 바랍니다.

반면 일반적으로 투자 기업이 직접 또는 간접으로 피투자 회사의 의결권 있는 주식을 20% 이상 보유하면 영향력을 행사할 수 있다고 보며, 지분법으로 평가합니다. 처음에는 취득 원가로 계상하지만, 그 이후부터 피투자 회사의 순자산 변동액의 지분율만큼 투자자산에 가감되며 지분법 평가 손익으로 인식합니다. 매도 가능 증권의 공정 가치와의 평가 차액은 당기 손익에 영향을 미치지 않지만, 지분법으로 계산된 평가 손익은 당기 손익에 영향을 미치게 됩니다.

투자 회사가 피투자 회사의 의결권을 50% 이상 소유한 경우 지배력이 있다고 보며, 이 경우 투자 회사는 자신과 종속 기업의 세부 항목별로 합산한 금액을 표시한 연결 재무제표를 작성해야 합니다. 지배기업이 있는 경우, 연결 재무제표가 기본 재무제표인 셈입니다.

마지막으로 **투자 부동산의 금액이 큰 경우 공정 가치를 확인해서 장부가액과 차이가 큰지 비교하는 것은 자산주 발굴을 위한 전통적인 투자 기법 중 하나입니다.** 기업의 본질적인 활동은 영업 활동이므로 영업 활동과 관련이 없는 투자자산은 과거에는 그리 중요하지 않은 계정 과목이었지만, 기업의 인수 합병이 활발해지면서 피투자 회사와의 관계에 따라 지분법과 연결 회계 대상이 되는 투자 주식 계정이 갈수록 중요해지고 있습니다. 물론 기업의 인수 합병이 긍정적인지 부정적인지는 경우에 따라 다르며, 투자자산이 갑자기 증가하는 경우에는 주의 깊게 살펴볼 필요가 있습니다. 다만 이는 전공자가 아닌 경우 굉장히 이해가 어려운 부분이라서 가볍게 개념을 이해하는 정도로 공부하면 좋습니다.

수익에 기여하는
자산일까?

　비유동자산 중에 가장 큰 비중을 차지하는 자산이 유형자산과 무형자산입니다. 유형자산은 영업 활동과 관련이 있으므로 투자 목적인 투자자산과 구별되며, 판매를 목적으로 하는 재고자산과 구별됩니다. 보통 토지, 건물, 구축물, 기계 장치, 차량 운반구 등이 이에 속합니다. 토지를 제외한 건물, 기계 장치 등의 유형자산은 장기간 기업에 경제적 효익을 가져다주는 자산이므로 사용 기간 동안 감가상각을 통해 자산을 비용화시켜야 합니다. 여기에는 수익 비용 대응의 원칙이 적용되며, 정액법, 정률법 등 합리적인 방법에 따라야 합니다. 재투자가 필요하지 않은 기업은 유형자산 비중이 계속 낮아지는 경향이 있으며, 워런 버핏의 경우 재투자가 크게 필요 없는 기업을 선호한다고 합니다.

　유형자산은 최초에 취득 원가로 계상되는데, 그 이후 사용하는 동안의 지출이 자본적 지출인지 수익적 지출인지에 따라 추가 지출액이 자산 또는 비용으로 계상됩니다. 수익적 지출을 자본적 지출로 계상하면 자산의 과대계상과 이익의 과대계상이 동시에 나타나므로 주의 깊게 살펴볼 필요가 있습니다.

유형자산인 토지는 자산 재평가 여부를 확인해야 합니다. 공장 부지와 같은 토지는 한번 매입하면 장기간 보유하는데, 장부상 과거의 취득가액으로 계상됩니다. 현재의 공정 가치와 현저히 차이가 커서 재무 상태를 정확히 나타내지 못하는 단점 때문에, 과거에 특례법에 따라 토지에 대한 자산 재평가가 이루어졌습니다. 자산 재평가가 이루어지지 않은 토지의 장부가액과 현재 공정 가치의 차이가 크며 그 차이가 시가총액에 비해 비중이 높을수록 저평가된 자산주로, 향후 주가가 상승하는 재료가 되기도 합니다. 과거 성공한 일반 투자자들 중에 저평가 토지 보유 기업에 장기 투자하는 경우가 많았는데, 최근에는 그리 적중률이 높지 않기 때문에 토지의 공정 가치에 대한 정확한 검토가 필요한 방법입니다.

무형자산은 형체는 없지만 식별 가능한 자산으로, 수년 이상 경제적 효익을 가져다줄 수 있는 자산입니다. 대표적인 무형자산에는 개발비와 영업권이 있습니다. 무형자산의 조건은 미래에 경제적인 효익이 있을지, 신뢰할 만한 측정이 가능할지 여부로, 이것이 중요한 이유는 자의적인 판단으로 당기에 비용으로 처리할 것을 자산으로 계상하면 자산의 과대계상과 이익의 과대계상이 되기 때문입니다.

최근 제약바이오업체들의 연구 개발비에 대해 자산과 비용의 명확한 구분 기준에 따라 계상해야 한다는 소리가 높아지고 있습니다. 연구 단계에서는 연구 비용으로, 개발 단계에서는 개발비라는 무형자산으로 계상할 확률이 높지만, 제약바이오업종의 특성을 감안해야 합니다. 그러므로 좀 더 명확한 기준을 제정하여 조건에 부합할 때에 한해 무형자산으로 계상해야 할 것입니다.

영업권은 개발비와 달리 내부에서 창출하여 계상하는 자산이 아니며, 다른 기업을 인수 합병할 때 인수 가격과 피인수 기업의 공정가액 간의 차이만큼 계상합니다. 따라서 영업권만큼의 시너지 효과가 나오지 않는다면 실패한 인수 합병으로 기업 가치는 하락할 것이고, 손상 여부 평가 후에 상각을 고려해야 합니다.

IT업종이나 제약바이오업종 등 무형자산 비중이 높은 업종은 업종별 평균을 고려해야겠지만, 동종 업종에 비해 지나치게 높다면 확인해야 합니다. 무형자산 계상액이 지나치게 많으면 현재 자산이 과대계상되었을 수도 있고, 향후에 상각의 과정을 통해 비용화되기 때문입니다. 따라서 가치투자자들은 무형자산을 좋아하지 않으며, 자산 가치를 평가할 때 무형자산을 0으로 놓기도 합니다. 유형자산과 달리 무형자산은 당장 청산 가치가 없는 경우가 대부분이고, 향후 영업 활동과 관련하여 경제적 효익을 가져다줄지는 미지수인 경우가 많기 때문입니다.

> **MENTOR'S TIP** ●●●
>
> · 자산의 과대계상이 이익의 과대계상으로 나타난다는 의미를 정확히 이해할 것
> · 숲속의 새보다 손안의 새가 중요한 것처럼, 유동성이 큰 자산이 중요한 이유를 이해할 것
> · 자산은 결국 비용화될 운명이므로 수익에 기여하는 자산인지 늘 생각할 것

◆ 역사적 원가(historical cost)

경제적인 재화의 소비(현금 지출 등), 즉 소비한 경제 가치를 실제로 소비한 수량과 그것을 취득한 가액에 따라 산출한 원가를 뜻하며, 이것을 실제 원가 또는 취득 원가라고도 한다.

◆ 만기 보유 증권

유가 증권의 분류 중 하나로, 만기가 확정된 채무 증권. 상환 금액이 확정되거나 확정이 가능하며, 만기까지 보유하려는 적극적인 의도와 능력이 있는 것을 말한다. 시장 가격과 상관이 없어서 시가와 기업의 이익 사이에 아무 관계도 없을 수 있다. 따라서 시가로 평가하지 않고 증권의 취득 시점의 공정가액만 계산해 장부에 반영한다. 재무상태표일로부터 1년 내에 만기가 도래하는 경우(유동자산으로 분류)를 제외하고는 투자자산으로 분류한다.

◆ 지분법 적용 투자 주식

주식 중 다른 회사에 중대한 영향력을 행사할 수 있는 주식을 말하며, 지분법으로 평가된다. 보통 다른 회사에 20% 이상을 투자한 경우, 20% 미만으로 투자했어도 중대한 영향력을 행사할 수 있는 경우를 지분법 적용 투자로 분류한다. 지분법을 적용하면 투자 회사가 피투자 회사의 배당 정책을 조정하거나 내부 거래를 통해 순이익을 조작하는 것을 방지하는 효과를 기대할 수 있다.

◆ 정액법

기업 회계에서 해마다 일정액의 감가상각비를 계상하는 방법. 감가상각 자산의 취득가액에 매년 상각액이 동일하게 되도록 그 자산의 내용 연수에 따른 상각률을 곱하여 계산한 금액을 각 사업 연도의 상각비 또는 상각 한도액으로 하여 상각하는 방법을 말한다. 이 방법에 따르면 매년 균등액이 비용으로 배분된다.

◆ 정률법

감가상각 자산의 취득가액에 상각비가 매년 일정 비율로 체감되도록 그 자산의 내용 연수에 따른 상각률을 곱하여 계산한 금액을 매년 상각 한 도액으로서 상각하는 방법이다. 이는 정액법에 비해 상각비를 앞당겨 계상하는 셈이 되기 때문에 그만큼 과세 소득을 뒤로 물리게 되어 절세 효과가 있고, 매기 초의 장부가액에 대해 매기마다 동일한 상각률, 즉 정률을 곱하면 되기 때문에 적용하기가 쉽다는 점 등에서 널리 쓰이고 있다.

4장

재무상태표
심화학습,
부채와 자본

☑ **MAIN POINT**

재무상태표의 구성 항목들 중에 부채에 해당하는 유동부채, 비유동부채와 자본에 해당하는 자본금, 자본잉여금, 이익잉여금에 대해 공부하자.

1년 이내에
갚아야 하는 돈

실제로 회계학을 공부할 때 자산은 각 계정 과목의 평가 방법, 원가주의, 수정된 원가주의 등 공부할 내용이 많은데, 부채는 그리 어렵지 않습니다. 부채는 남의 돈을 빌린 것으로, 갚아야 할 돈의 가치는 명확하기 때문입니다. 부채의 평가는 어려울 것이 없으나 주식투자자들에게 부채 금액은 매우 중요한데, 기업의 안정성을 평가할 때 부채 비율 등을 절대적으로 고려해야 하기 때문입니다.

■ 표 4-1 부채의 분류

부채	
유동부채	매입 채무(외상 매입금, 지급 어음)
	선수금, 미지급금, 단기 차입금, 유동성 장기 차입금
비유동부채	사채와 사채 발행비, 장기 차입금, 장기 충당 부채(퇴직 급여 충당 부채, 하자 보수 충당 부채), 이연 법인세 부채 등

부채도 자산과 마찬가지로 유동성에 따라 1년 이내에 갚아야 하는 유동부채와 그렇지 않은 비유동부채로 구분됩니다. 먼저 유동부채에 해당하는 계정 과목에 대해 알아보겠습니다.

첫째, 매입 채무입니다. 영업 활동으로 인한 부채로 외상 매입금을 말합니다. 외상 매출인 매출 채권과 반대되는 의미입니다. 매입 채무는 구매처와의 협상력을 확인할 수 있으므로 협상력이나 기회 비용을 고려할 때 적당한 매입 채무를 유지하는 것은 좋은 신호일 수 있습니다.

둘째, 선수금과 미지급금입니다. 선수금은 상품 판매 전에 대금의 일부를 미리 받은 금액으로, 상품을 제공해야 할 의무가 있으므로 부채에 계상되며 향후 수익으로 인식됩니다. 미지급금은 영업 활동 외에 발생하는 채무로 유형자산 구입 등에서 주로 발생하며, 미지급금이 기말에 갑자기 증가하면 다음 분기에 감소하는지 확인해야 합니다.

셋째, 단기 차입금입니다. 대부분은 금융기관에서 돈을 빌린 것인데, 사업이 성장하면서 단기 자금 조달이 필요한 경우에는 기업의 자본 수익률과 차입 이자율을 비교해보고 차입이 이루어집니다. 매입 채무와는 달리 금융기관의 상환 요구와 이자 때문에 부도의 주요 원인이 될 수 있습니다.

넷째, 유동성 장기 차입금입니다. 장기 부채 중 만기가 1년 이내로 도래하는 부채를 말합니다. 예를 들어 2년 전에 3년 약정으로 빌린 자금이 있다면 비유동부채인 장기 차입금에서 유동부채인 유동성 장기 차입금으로 계정이 변경되는 것입니다.

이러한 유동부채 중에 영업 활동에서 발생한 부채보다는 자금 조달을 위한 차입금 규모를 자세히 살펴봐야 합니다. 영업 활동에서 발

슈퍼개미의 왕초보 주식수업

생한 부채는 통상적으로 일어나며 만기와 이자가 그리 중요하지 않지만, 차입금의 경우 법적으로 만기와 이자 지급이 반드시 지켜져야 합니다. 따라서 단기 차입금과 유동성 장기 차입금의 합계가 크다면 유동자산과 비교하여 갑작스러운 재무 위험이 도사리고 있지는 않은지 살펴봐야 합니다. 즉, 1년 이내에 현금화할 자산이 1년 이내에 갚아야 할 빚보다 큰지 확인해야 합니다.

워런 버핏이
선호하는 기업은?

비유동부채에는 대표적으로 장기 차입금과 사채 등이 있는데 주로 유형자산이나 투자자산 등의 취득을 위해 조달된 자금입니다. 수익이 안정적으로 나기 전 단계인 성장 초기 기업은 자금 조달이 필요한데, 이자보다 큰 영업이익이 지속적으로 발생해야 합니다. **워런 버핏의 경우 비유동부채의 비중이 적은 기업을 선호하는데, 장기 경쟁 우위를 가진 회사들은 수익성이 매우 우수해서 내부 자금 조달이 충분하기 때문입니다.**

다음은 비유동부채에 해당하는 계정 과목에 대해 알아봅시다.

첫째, 장기 차입금입니다. 1년 이후로 도래하는 차입금을 말하는 것으로, 중장기 자금 운용을 위해 조달된 자금으로써 장기간의 이자 지급 의무는 있지만, 단기 차입금에 비해 비교적 안전한 부채입니다.

둘째, 사채社債입니다. 흔히 일상에서 말하는 개인에게서 빌리는 돈이 아니라 회사채會社債를 뜻합니다. 기업이 자금 조달을 위해 발행하는 채권으로, 기업의 입장에서 부채 상환의 기간이나 방법이 금융기관에서 빌린 차입금보다 상대적으로 유리합니다. 사채의 종류는 일반

슈퍼개미의 왕초보 주식수업

사채, 전환 사채, 신주 인수권부 사채 등이 있습니다.

일반 사채는 만기와 만기 상환액, 이자율이 정해져 있습니다. 예를 들어 3년 만기에 이자율 5%인 회사채를 발행했다면 3년간 매년 5%의 이자를 지급하고 3년 후에는 만기 상환액을 지급해야 합니다. 주식은 영업 실적에 따라 배당을 지급하지만, 사채는 무조건 이자 지급 의무와 원금 상환 의무가 있습니다. 즉, 일반 사채는 발행 시 부채 계정에 계상되며 일정 기간마다 정해진 이자를 지급해야 하고 만기에 상환액을 지급해야 합니다. 반면 주식은 발행 시 자본 계정에 계상되며 배당금 지급 의무와 납입 자본금 상환 의무가 없습니다.

전환 사채$_{CB}$는 발행 시점에는 부채지만, 투자자가 만기일 도래 전에 주식으로 전환할지 선택할 수 있는 권리가 있습니다. 물론 권한을 행사하지 않는다면 만기에 상환 의무가 있는 일반 부채와 다를 바가 없습니다. 투자자 입장에서는 주가가 전환할 수 있는 전환가액보다 높게 형성되어 있다면 주식으로 전환하는 것이 유리합니다. 이 경우 투자자 입장에서는 회사채 투자가 주식투자로 바뀌고, 회사 입장에서는 부채가 자본으로 바뀌는 것입니다. 신용등급이 낮은 회사일수록 일반 사채가 투자자에게 큰 매력이 없으므로 좀 더 좋은 조건인 전환 사채를 발행하는 것입니다. 물론 회사 입장에서는 성공률이 더 높고 더 낮은 이자율로 자금을 조달할 수 있지만, 향후 전환 청구에 의해 기존 주주들의 권리가 희석화될 가능성이 존재합니다. 채권이 주식으로 전환되는 것이므로 당연히 주금 납입 과정은 없습니다.

신주 인수권부 사채 BW는 전환 사채와는 달리 채권이 주식으로 바뀌는 것이 아니라, 채권은 남아 있는 상태에서 신규로 발행하는 주식을 인수할 수 있는 권리를 부여하는 것입니다. 사채 발행 이후 미리 약정된 가격에 따라 일정한 수의 신주 인수를 청구할 수 있는 권리가 부여된 사채로, 일반 사채와 마찬가지로 일정한 이자와 만기 상환금을 받는 동시에 신주 인수권을 가집니다. 전환 사채와 가장 큰 차이점은 채권과 별도로 신주를 인수하는 것이므로 당연히 주금 납입 과정이 존재합니다.

셋째, 장기 충당 부채입니다. 아직 발생하지 않았으나 미래에 발생할 것으로 추정되는 비용을 미리 당겨서 비용으로 처리하고 부채로 계상하는 것을 말합니다. 미래의 효익이 확실해서 비용으로 계상하지 않고 일단 자산으로 잡아 비용화시키는 무형자산과는 반대되는 개념이라고 볼 수 있습니다. 대표적인 충당금은 퇴직 급여 충당 부채, 하자 보수 충당 부채 등이 있습니다. 설정 시에는 비용과 부채로 인식되지만, 현금 유출은 이루어지지 않습니다. 실제 퇴직 시나 하자 보수 시에 현금 유출이 발생하는 것입니다. 즉, 비용을 미리 확정시키는 것이므로 설정 시에는 비용과 부채로 인식되기 때문에 이익이 줄고 부채 비율이 늘어나는 효과가 나타납니다. 장기 충당 부채의 조건은 과거 사건의 결과로 인한 현재 의무가 존재해야 하고, 자원 유출 가능성이 높아야 하며, 금액을 신뢰성 있게 추정할 수 있어야 합니다.

재무상태표의 마지막 항목

재무상태표의 마지막 항목인 자본에 대해 알아보겠습니다. 자본은 자본금, 자본잉여금, 이익잉여금 등으로 이루어집니다. 자본금은 액면가에 발행 주식 총수를 곱한 금액이며 보통 초기 설립 때 납입 자본금 이후에는 증자, 감자, 주식 배당 등의 이유로 변동됩니다. 자본금의 변동 이유 중 가장 중요한 것은 증자와 감자인데, 정보 분석에서 이미 설명했으므로 참고하기 바랍니다.

■ 표 4-2 자본의 분류

자본	
자본금	보통주 자본금, 우선주 자본금
자본잉여금	주식발행초과금, 기타 자본잉여금(감자차익, 자기주식처분이익)
이익잉여금	법정적립금(이익준비금 등), 임의적립금(사업확장적립금, 재무구조개선적립금 등)
	미처분이익잉여금(또는 미처리결손금)
자본조정	자기주식, 주식할인발행차금, 주식매수선택권, 감자차손 및 자기주식저분손실
기타포괄손익누계	장기투자증권평가손익, 해외사업환산손익, 현금흐름위험회피 파생상품평가손익 등

발행되는 주식에는 보통주와 우선주가 있습니다. 보통주는 의결권이 있고, 우선주는 의결권이 없습니다. 반면 우선주는 배당을 우선적으로 받을 권리를 부여받습니다. 보통주 자본금과 우선주 자본금은 구분하여 기재해야 합니다. 실제 거래 시에는 보통주가 우선주보다 비싸게 거래되지만, 배당 조건이 월등히 좋거나 수량이 너무 적어서 수급으로 움직이는 경우에 우선주가 보통주보다 비싸게 거래되기도 합니다. 워런 버핏의 경우 장기적인 경쟁 우위 기업은 배당에 차별을 두는 우선주가 필요 없다고 했지만, 국내의 경우 대기업 주식은 대부분 보통주와 우선주로 각각 발행되어 거래되고 있습니다.

자본잉여금은 자본 거래로 발생한 잉여금으로, 주식 발행 초과금이 대표적입니다. 액면가 5,000원짜리 주식을 발행했던 회사가 성장성이 좋고 투자자의 기대가 높아져 더 높은 금액으로 주식을 발행해도 될 때, 발행가 1만 원으로 주식을 발행하면 1만 원 중에 액면가 5,000원은 자본금이 되고, 액면가 초과분인 5,000원은 자본잉여금이 됩니다. 이렇게 주식을 발행하면 자산 계정의 현금이 증가하는 동시에 자본 계정에서 자본금과 자본잉여금이 동시에 증가합니다.

자본잉여금이 재원이 되어 주식을 발행하는 것을 무상증자라고 하는데, 무상증자를 하면 자본 계정의 자본잉여금이 감소하는 동시에 자본금이 증가하므로 기업의 가치에는 전혀 영향을 미치지 않습니다. 이러한 회계 처리를 이해한다면 증자와 감자가 기업에 미치는 영향을 쉽게 이해할 수 있습니다.

자본잉여금보다 중요한 이익잉여금

이익잉여금은 영업 활동으로 인한 이익의 내부 유보분을 말합니다. 손익계산서 계정에서 수익에서 비용을 뺀 금액인 당기순이익이 매년 재무상태표 계정에서 이익잉여금으로 쌓여갑니다. 따라서 이익잉여금이 계속 증가하는 기업일수록 순이익이 계속 발생한다고 보면 됩니다. 기업의 영업 활동과 관련된 잉여금이고 배당의 재원이 되므로 재무상태표의 자본 항목 중 가장 중요하게 보아야 하는 부분입니다. 또한 기업이 재투자를 할 때 채권이나 주식 발행으로 조달한 자금보다 내부 유보 자금으로 재투자를 하는 편이 조달 비용 측면에서 유리합니다. 이익잉여금이 자본잉여금보다 중요한 또 다른 이유이기도 하지요.

이익잉여금이 배당으로 쓰일지, 재투자의 재원으로 쓰일지는 기업이 판단할 문제입니다. 신규 기업 또는 급성장 기업이라면 재투자 기대 수익률이 높을 수 있으므로 자사주 소각이나 배당보다 재투자하는 편이 기업 또는 주주에게 더 유리할 것입니다. 반면 성장 기업의 단계를 지난 성숙 기업이어서 재투자 기대 수익률이 낮은 기업일수록 자사주 소각이나 배당을 하는 편이 기업 또는 주주에게 더 유리할 것입니다.

당기순이익이 누적되면 이익잉여금이 되지만, 반대로 당기순손실이 누적되면 이월 결손금이 됩니다. 이월 결손금이 커지면 자본금으로 손실을 충당하는 자본 잠식 상태가 됩니다. 자본 잠식의 크기가 자본금의 50% 이상이면 관리 종목으로 지정되고, 2년 연속 지속되거나 완전 자본 잠식이 되면 상장 폐지까지 될 수 있습니다. 이러한 자본 잠식 기업들은 자본 잠식을 해결하기 위해 감자 후 유상증자를 하는 경우가 많으니, 자본 잠식 기업에 대한 투자는 가급적이면 자제해야 한다는 점을 꼭 기억하기 바랍니다.

주식투자는 수익을 내는 것도 중요하지만, 손실이 나지 않는 것이 더 중요합니다. 잃지 않으면 기회가 오지만, 투자금을 잃고 나면 시장에서 퇴출되어 기회조차 사라지기 때문입니다. 가치 분석을 하고 재무제표를 공부하는 데는 저평가된 우량 회사를 찾는 목적도 있지만, 부실기업에 투자하는 리스크를 피하기 위해서입니다. 아무리 재료가 좋고 차트가 예쁘더라도, 재무제표를 보면서 적자 지속 기업, 자본 잠식 기업을 확인해야 합니다. 항상 삼박자로 분석하여 성공 확률은 높이고 위험은 피하는 습관을 들입시다.

MENTOR'S TIP ● ● ●

· 부채는 남의 돈, 자본은 내 돈, 남의 돈과 내 돈의 차이점, 장단점 등을 이해할 것
· 남의 돈이 너무 많으면 망할 확률이 있으므로 조심해야 함
· 내 돈 중에 주식 팔아서 만든 돈이 많은지, 상품 팔아서 만든 돈이 많은지 반드시 구분할 것

용어 설명

◆ 보통주
일반 회사들이 발행하는 주식의 대부분이 보통주로, 우선주나 후배주와 같은 특별한 권리 내용이 정해지지 않은 일반 주식을 말한다. 보통주 주주는 주주총회에서 임원의 선임 및 기타 사항에 대해 주식 소유 비율만큼 의결권을 행사할 수 있으며, 이익 배당을 받을 권리가 있다.

◆ 우선주
보통주보다 재산적 내용(이익·이자 배당·잔여 재산의 분배 등)에 있어서 우선적인 지위가 인정된 주식. 보통주에 대응하며, 이익 배당 우선주가 대표적이다. 대개 영업이 부진한 회사가 신주 모집을 용이하게 하기 위해, 또는 설립 시 발기인을 우대하기 위해 발행한다.

◆ 내부 유보
당기 이익금 중에서 세금, 배당금, 임원 상여 등 사외로 유출된 금액을 제외한 나머지를 축적한 것. 재무상태표상에는 자본으로 기재되며, 구체적으로는 법정 준비금인 이익 준비금, 잉여금 등을 말한다. 내부 유보와 자본금, 자본 준비금의 합계를 자기 자금이라 하며, 총자산에서 차지하는 비율이 높을수록 회사의 안전성이 높다고 할 수 있다. 이 밖에 각종 특별 충당금까지 포함한 것을 넓은 의미의 내부 유보라 한다.

◆ 자본 잠식
기업의 적자 누적으로 인해 잉여금이 마이너스가 되면서 자본 총계가 납입 자본금보다 적은 상태를 뜻한다. 50% 이상의 자본 잠식은 관리 종목 지정 사유가 되며, 전액 잠식은 퇴출 사유가 되므로 자본 잠식 상태에 있는 기업은 매우 위험한 상태라고 볼 수 있다.

5장

일정 기간의
경영 성과를
알 수 있는
손익계산서

☑ **MAIN POINT**

손익계산서에서 구분되어 기재되는 이익 중에서 매출총이익과 영업이익, 당기순이익의 차이점과 그 중요성에 대해 각각 자세히 알아보자.

가장 중요한 수치 3가지

재무상태표가 특정 시점의 재무 상태를 나타내는 표로 자산, 부채, 자본으로 구성되어 있다면, 손익계산서는 일정 기간의 경영 성과를 나타내는 표로 수익과 비용으로 구성되어 있습니다. 수익에서 비용을 뺀 것을 이익이라 하는데, 이익은 매출총이익, 영업이익, 당기순이익으로 구분하여 계산합니다. 매출액에서 직접적으로 대응되는 비용인 매출 원가를 빼면 매출총이익이 나옵니다. 매출총이익에서 판매비와 관리비를 빼면 영업이익이 됩니다. 영업이익에서 금융 수익 비용과 기타 수익 비용 및 법인세 비용을 고려하면 당기순이익이 산출됩니다. 이러한 손익계산서의 계산 구조를 이해한다면 손익계산서를 볼 때 가장 중요한 수치는 매출액, 영업이익, 당기순이익임을 알 수 있습니다.

좀 더 구체적으로 매출액과 영업이익, 당기순이익의 관계에 대해 알아보겠습니다. 계산 구조상 정상적인 영업 활동을 하는 회사라면 매출액이 상승하면 영업이익과 당기순이익이 비례해서 증가합니다. 또한 장부 작성 시 자의적인 판단이나 의도적인 분식 가능성을 고려한다면 가장 위에 위치하고 있는 매출액의 수치가 가장 신뢰성이 높음

을 알 수 있습니다. 이런 점을 고려할 때 매출액의 크기와 증가율은 매우 중요합니다.

또 실제 사업 측면에서도, 과거 공급자가 적고 수요가 많아 만들기만 하면 팔리던 공급자 중심의 사회와 달리 현재는 공급자가 늘어나면서 경쟁이 치열한 수요자 중심의 사회입니다. 수요자의 선택에 따라 매출이 증가되고 감소되는 것이죠. 공급자 중심의 사회에서는 생산 관리를 통한 원가 절감으로 이익을 냈지만, 현재는 원가 절감과 상관없이 수요자의 선택으로 인한 매출액의 증가로 이익을 내는 것이 더욱 중요합니다. 따라서 매출액이 지속적으로 증가하는지 여부를 확인하는 것이 중요합니다.

영업이익이 나지 않고 적자가 발생하여 그 상태가 지속되면 관리 종목 편입, 상장 폐지의 고려 대상이 되는데 왜 당기순이익이 아니고 영업이익인지 생각해볼 필요가 있습니다. 영업이익은 매출총이익에서 판관비를 차감한 것으로, 영업 활동과 직접적인 관련이 있는 이익입니다. 반면 당기순이익에는 비경상적이고 비반복적으로 발생하는 기타 수익 비용이 반영됩니다. 기업은 영업 활동에서 수익을 극대화하여 기업 가치를 증가시키는 것이 목적이므로 영업이익이 지속적으로 나는 것이 중요합니다. 관리 종목 편입이나 상장 폐지의 가능성이 높은 종목을 피하기 위해 영업 적자가 지속되는지 여부를 살펴봐야 하지만, 원칙적으로 당기순이익보다 영업이익이 더 중요한 수치임을 명심하기 바랍니다.

손익계산서의
맨 위에 위치한 것

　　매출액은 손익계산서의 가장 맨 위에 위치한 것으로, 영업 활동으로 인한 가장 중요한 수치입니다. 특히 과거에 비해 최근 들어 당기순이익보다 매출액의 중요성이 점점 높아지고 있습니다. (매출액=수량×가격)으로 계산되므로 매출액이 늘어나려면 판매 수량이 증가하거나 판매 가격이 인상되어야 합니다. 판매 가격의 인상은 시장의 형태와 기업의 가격 결정권 여부에 따라 달라지고, 판매 수량은 사회적, 계절적, 산업적 영향이 있지만 제품의 질과 마케팅 등에 따라 달라집니다.

　　매출액을 볼 때 업종별 수익 인식의 특성에 대해서도 알아야 합니다. 수익 인식은 발생주의를 원칙으로 하며 보통 판매 시 수익으로 인식하는데, 특별한 업종의 경우에는 판매 기준으로만 수익을 인식하기에는 부적절한 경우가 있습니다. 예를 들어 건설업, 조선업 같은 수주 산업은 공정 과정별 진행률에 따라 수익을 인식합니다. 특정 시점을 판매 완료 시점으로 정하면 지속적으로 들어가는 비용에 따른 손실 누적이 문제가 되기 때문입니다.

분기별 매출액이 들쑥날쑥한 경우에는 분기별, 계절별 매출 변동 요인이 있는지 생각해볼 필요가 있습니다. 에어컨을 만드는 회사는 여름에 매출이 많고, 보일러를 만드는 회사는 겨울에 매출이 많이 발생하는 것을 떠올리면 됩니다. 이런 계절적 특성을 알아야 분기별 매출의 변동을 정확히 해석할 수 있습니다.

매출 원가는 상품 또는 제품 등을 매입 또는 생산하는 데 소요된 비용이며, 제조 과정 경비는 재료비와 노무비의 비중이 높습니다. 특히 원재료비의 비중이 높은 업종의 경우에는 원재료 가격의 급등락에 따라 이익이 영향을 받게 되어 주가에 영향을 미칩니다.

매출 원가는 (기초 재고액+당기 매입액-기말 재고액)으로 산출하는데, 매출 원가와 기말 재고_{재고자산}가 서로 역의 관계에 있음을 알 수 있습니다. 즉, 기말 재고액_{재고자산}이 과대계상되면 매출 원가가 과소계상되고, 이익이 과대계상됩니다. 그러므로 **재무제표에서 재고자산이 급격하게 증가하면서 매출 원가가 과소계상되었는지 살펴봐야 할 것입니다.**

마지막으로 매출총이익률은 업종을 고려해야 합니다. 일반적으로 매출총이익률이 높은 기업은 영업이익률이 높은 경우가 많으므로 매출총이익률을 확인할 필요가 있습니다. 매출총이익률이 40% 이상이면 이익률이 꽤 높은 업종에 속하거나 경쟁 우위에 있는 기업일 확률이 높습니다. 반대로 20% 미만이면 극심한 경쟁이 이루어지는 업종에 속해 있거나 경쟁 열위에 있는 기업일 확률이 높습니다.

유통업종은 상품에 일정 이윤을 붙여 판매하는 형태로 경쟁이 심한 업종이므로 매출총이익률이 그리 높지 않은 반면, 신약 개발에 성공한 바이오업종은 제품 경쟁력이 높고 진입 장벽이 높을수록 매우 높은 매출총이익률을 유지할 것입니다.

슈퍼개미의 왕초보 주식수업

영업이익이
높은 기업을 찾는 방법

영업이익은 매출총이익에서 판매와 일반 관리비를 뺀 것입니다. 판매비는 기업의 판매 활동에서 발생한 비용이고, 관리비는 기업의 일상적인 유지 및 관리를 위한 비용으로 급여, 복리후생비, 접대비, 광고선전비, 연구 개발비, 감가상각비 등이 있습니다. 판관비 항목 중에 가장 비중이 큰 것은 인건비와 감가상각비 등이며, 제약바이오업종이나 반도체업종 같은 경우에는 연구 개발비의 비중이 높은 경우도 있습니다. 강한 브랜드나 독점적인 기술력이 있는 기업은 영업이익률이 높은데, 판매비나 연구개발비가 적게 들기 때문입니다.

영업이익의 숫자만 보고 분석할 때는 영업이익의 분기별 변동 여부, 영업이익률의 가감 등을 중요하게 볼 필요가 있지만, 조금 구체적으로 볼 때는 판매와 일반 관리비 항목을 주의 깊게 확인해야 합니다. 특히 큰 변동 없이 안정적으로 판관비가 잘 지출되는지 봐야 합니다. 갑자기 비정상적으로 판관비가 늘어날 경우 허위 계상이 있는지 의심해야 하고, 사업 내용이 경쟁력을 상실해 추가로 마케팅 비용을 많이 지출한 것은 아닌지 확인해야 합니다. 전년에 비해 마케팅 비용이 많이 늘어났다는 것은 올해 매출이 떨어져 광고 홍보비에 더 많은 지출을 했을 확률이 높기 때문입니다. 잘나가는 히트 상품이나 서비스는 자신감이 있기 때문에 크게 마케팅비를 지출하지 않을 것입니다. 다음으로 비중이 큰 감가상각비에 대한 변동 내용을 확인해야 합니다.

영업이익이 중요한 이유 중 하나는 코스닥 종목의 경우 영업 손실이 사업 연도로 4년 연속이면 관리 종목에 편입되고 5년 연속이면 상장 폐지되기 때문입니다. 이 경우 연결 재무제표가 아닌 별도 재무제표가 기준이 되어 판단한다는 점을 혼동하지 말아야 하며, 기술 성장 기업부에 해당하는 종목은 예외이므로 주의해야 합니다.

재무제표상의 개념은 아니지만, 변동비와 고정비로 구분하는 것도 주식투자자가 알아두어야 할 내용입니다. 변동비는 매출에 비례해서 발생하는 비용으로 대표적으로 원재료가 있으며, 고정비는 매출과 비례하지 않고 고정적으로 발생하는 비용으로 일반 급여와 감가상각비 등이 있습니다. 변동비 비중이 높은 기업은 매출과 비례해서 이익이 발생하지만, 고정비 비중이 높은 기업은 매출이 커질수록 이익 규모가 커지고 매출이 작아질수록 손실 규모가 확대됩니다. 보통 대규모 장치가 필요하거나 연구 개발이 필요한 고정비가 큰 기업들이 경기 활황기에 주가가 급등하고 경기 불황기에 주가가 급락하는 것이 이에 해당합니다.

슈퍼개미의 왕초보 주식수업

어려워도 알아두면 좋을
당기순이익 보기!

    당기순이익은 영업이익에서 기타 수익 _{비용}과 금융 수익 _{비용}, 지분법 손익을 가감한 후 법인세 비용을 차감한 것입니다. 각 계정 과목별로 살펴보겠습니다.

    첫째, 기타 수익과 기타 비용입니다. 영업외 손익 중 금융 손익이나 지분법 손익에 속하지 않는 기타의 항목으로, 임대료 수익, 유형자산 처분 손익, 무형자산 손상 차손 등이 이에 해당합니다. 이는 영업 활동과 관련이 없는 비정기적인 손익입니다. 금액이 크거나 주기적으로 발생한다면 주석을 통해 그 내용을 확인해야 합니다. 특히 기타 수익으로 인한 어닝 서프라이즈를 조심해야 합니다. 당기순이익이 급증했지만 매출액과 영업이익의 변동이 크지 않다면 어떤 항목에 의해 당기순이익이 증가했는지 파악할 필요가 있습니다.

    둘째, 금융 수익과 금융 비용입니다. 이자 수익 비용과 외환 차손익, 외화 환산 손익, 파생상품 관련 손익 등이 이에 해당합니다. 이 중 특히 과도한 이자 비용이 지급되는지 확인할 필요가 있습니다. 또한 글로벌 시대에서 환율 변동이 클 경우 수출입 기업 혹은 외화 자산과 외화 부채가 있는 기업은 외화 환산 손익이나 외환 차손익이 크게 발생할 수 있으니 주의할 필요가 있습니다. 과거 환율을 헤지하기 위해 외화 상품에 가입했다가 오히려 반대로 포지션이 움직이면서 몇백억 원씩 손해를 보고 은행과 중소기업 간에 소송이 발생한 경우도 있었습니다.

셋째, 지분법 손익입니다. 지분법 적용 자회사인 관계 기업의 당기순이익을 지분율만큼 적용한 것입니다. 일반적으로 지분율이 20~50%에 해당하는 자회사를 관계 기업이라고 하여 지분법을 적용하며, 지분율이 50% 이상 해당되는 자회사를 종속 기업이라고 하여 연결 재무제표 작성의 대상이 됩니다. 영업이익에는 영향을 미치지 않지만 당기순이익에는 영향을 미치는 항목 중에 비교적 반복적으로 발생하는 항목이 이자 손익과 지분법 손익이며 그 비중 또한 큰 편이니 기억하기 바랍니다.

영업이익에서 위의 세 가지 손익을 가감하면 법인세 비용 차감 전 순이익이 되며, 법인세를 차감하면 최종적인 당기순이익이 계산됩니다. 손익계산서의 법인세 비용은 실제 납부액이 아닌데, 이는 법인세는 권리의무확정주의에 의해 과세 소득을 결정하기 때문에 발생주의에 의한 회계 이익과 다르기 때문입니다. 최종적으로 계산된 당기순이익은 재무상태표의 미처분 이익잉여금이 되어 매년 이익잉여금을 증가시키면서 배당 또는 재투자 재원으로 쓰이게 됩니다.

연결 손익계산서는 당기순이익 항목 아래에 지배 기업 소유주 귀속분과 비지배 지분 귀속분으로 금액이 나눕니다. 지배 기업의 소유주 귀속분은 지배 기업의 순이익에 자회사 순이익의 지분율을 곱한 금액이 합산되며, 비지배 지분 귀속분은 자회사 중에서 종속 기업의 순이익 중 지배 기업 지분율을 제외한 순이익입니다. 앞서 말했지만, 연결 재무제표의 이해는 매우 어려우므로 기초 개념만 이해하고 넘어가도 됩니다.

손익계산서의 제일 아래에는 주당 순이익이 표시됩니다. 주당 순이익은 우선주 배당을 차감한 후 발행된 보통주에서 자기 주식을 뺀 수량으로 보통주 순이익을 나눈 값입니다. 즉, 주당 순이익의 의미는 유통되는 보통주 1주당 벌어들인 순이익을 뜻합니다. 주당 순이익은 기본 주당 순이익과 희석 주당 순이익으로 구분하여 기재하는데 희석 주당 순이익은 보통주 전환 가능성이 있는 전환 사채, 신주 인수권부 사채, 전환 우선주 등이 보통주로 전환되었을 경우를 가정하여 주당 순이익을 계산한 것을 말합니다.

마지막으로 손익계산서와 별개로 포괄 손익계산서가 있습니다. 당기순이익에서 기타 포괄 손익을 가감하여 총포괄 손익을 계산한 표로, 기타 포괄 손익은 아직 손익으로 확정되지 않았지만 미래에 발생할 수 있는 포괄적인 의미의 손익으로 후속적으로 당기 손익으로 재분류되는지 여부로 구분됩니다. 이 부분 역시 이해가 어려운 내용이므로 기초 개념만 이해하면 됩니다.

영업이익의 내용보다 당기순이익의 내용이 훨씬 더 어려운 이유는 일시적 손익에 대한 계정 과목이 굉장히 광범위하기 때문입니다. 기업의 본질이 지속적인 이익 창출로 성장하는 것이라는 점에 비추어 볼 때 영업이익의 안정적인 성장이 당기순이익의 일시적인 급증보다 훨씬 중요하다고 할 것입니다.

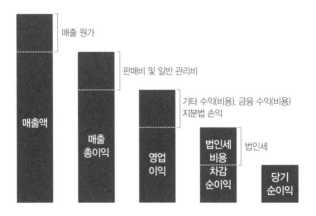

■ 그림 5-2 매출액과 각종 이익의 계산

MENTOR'S TIP ●●●

· 재무상태표는 자산 가치, 손익계산서는 이익 가치를 나타내는 표임을 구분할 것
· 매출총이익, 영업이익, 당기순이익 중 가장 중요한 것을 정할 것
· 많이 팔고 많이 남기는 기업이 좋은 기업임

슈퍼개미의 왕초보 주식수업

용어 설명

◆ 관리 종목
증권거래소 관리 대상 종목이란 상장 법인이 갖추어야 할 최소한도의 유동성을 갖추지 못했거나, 영업 실적 악화 등의 사유로 부실이 심화된 종목으로 상장 폐지 기준에 해당할 우려가 있는 종목을 말한다. 관리 종목의 지정은 증권거래소가 유가 증권 상장 규정에 의거하여 상장 폐지 기준에 해당되는 사유가 발생하는 경우, 투자자에게는 투자에 유의하도록 주의를 환기하고 당해 기업에는 경과 기간을 부여하여 정상화를 도모하도록 하기 위해서다. 관리 대상 종목으로 지정되면 일정 기간 매매 거래를 정지시킬 수 있으며, 주식의 신용거래가 금지되고 대용 유가 증권으로도 사용할 수 없다.

◆ 지분법 손익
지분법(Equity Method)이란 경영에 중대한 영향을 줄 수 있는 계열 회사의 실적을 보유한 지분 비율만큼 자기 회사 실적에 반영하는 것. 지분법 평가 이익 또는 평가 손실이란 자회사를 비롯하여 다른 회사에 투자한 지분이 있을 경우, 피투자 회사의 손익 가운데 보유 지분만큼을 자사의 이익 또는 손실로 반영한 것을 말한다.

◆ 권리의무확정주의
각 사업 연도나 과세 기간의 소득을 그 기간에 수취할 권리가 확정된 수익과 지급할 의무가 확정된 비용을 비교함으로써 수익과 비용을 인식 · 파악하는 것이다. 즉, 수취할 권리와 지급할 의무가 확정된 시점에서 손익을 인식 · 파악하려는 것이 권리의무확정주의다.

6장

현금흐름표와
자본변동표
확인하는 방법

☑ MAIN POINT

최근 들어 더욱 중요성이 커진 현금흐름표의 의미에 대해 알아보고 영업 활동, 투자 활동, 재무 활동에 의한 현금흐름의 차이점과 중요성에 대해서 공부하자.

일정 기간의 현금흐름을
나타내는 표

현금흐름표는 일정 기간 _{회계 기간}의 현금의 흐름을 나타내는 표입니다. 재무상태표는 특정 시점을 기준으로 작성하지만, 손익계산서와 현금흐름표는 일정 기간을 기준으로 작성합니다. 세 가지 재무제표는 모두 중요하지만, 개인적으로는 경영 성과를 측정하기 위해 작성하는 손익계산서가 가장 중요하다고 생각합니다. 다만 손익계산서는 발생주의를 기본으로 작성되기 때문에 이를 보완하기 위해 현금주의에 의해 작성된 현금흐름표를 같이 봐야 합니다.

■ 그림 6-1 현금흐름표

현금흐름표에서는 현금의 흐름을 영업 활동, 투자 활동, 재무 활동으로 구분하고 있습니다.

세 가지 중 가장 중요한 현금흐름은 영업 활동의 현금흐름입니다. 반복적이고 경상적인 기업의 영업 활동으로 발생한 것이기 때문입니다. 투자 활동 현금흐름은 자산의 취득과 처분에 관련된 것이며, 재무 활동 현금흐름은 주주의 지분 투자 또는 배당, 차입금의 유입 또는 상환 등에 관련된 것입니다.

현금흐름표의 가장 큰 유용성은 손익계산서가 지닌 발생주의의 한계를 보완하는 데 있습니다. 기업의 목적은 이익의 극대화입니다. 그래서 손익계산서의 당기순이익을 중요하게 보는데, 순이익이 흑자인데도 회사가 망하는 경우가 있습니다. 이를 흑자 도산이라고 합니다. 흑자 도산의 이유는 여러 가지가 있지만, 일시적으로 재무 구조가 악화되어 부도가 나는 경우가 있고, 흑자는 흑자인데 회사에 현금이 없는 경우가 있습니다. 후자의 경우 당기순이익은 플러스, 영업 활동 현금흐름은 마이너스로 표시되며 과도한 외상 거래로 기업의 존속이 위태로워질 수 있다는 것을 의미합니다. 이렇듯 현금흐름표는 손익계산서의 한계를 보완해주는 역할을 합니다.

과거에는 기업이 주주의 재산이라는 측면에서 주주의 재산 가치를 평가하는 재무상태표가 중요했습니다. 자산에서 부채를 뺀 순자산 가치보다 시가총액이 더 작은 기업은 저평가 기업으로 불리며 좋은 기업으로 평가되었습니다. 하지만 순자산이 크다는 것이 기업의 이익성과 성장성을 나타낼 수 없다는 것을 인식하면서 손익계산서가 상대적으로 중요해졌습니다. 영업이익과 당기순이익에서 나아가 미래의 잠정이익까지도 계산하면서 이익성과 성장성에 기업의 가치 평가 기준을 맞추었습니다. 미래 잠정 이익의 현재 가치보다 현재 시가총액이 더 작은 기업이 저평가 기업으로 불리면서 저PER주 혁명이 일어났습니다. 그 이후 미래의 현금흐름을 현재 가치로 할인하는 방법으로 기업의 가치를 평가하게 되면서 현금흐름표의 중요성이 점점 커지고 있습니다.

현금흐름표는 작년의 기말 현금이 올해의 기초 현금이 되고 여기에 올해에 증감된 현금을 가감하여 올해의 기말 현금을 구하는 구조입니다.

■ 그림 6-2 현금흐름표의 계산 구조

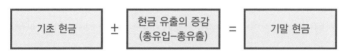

이때 작년보다 올해의 현금이 늘었는지 줄었는지보다 중요한 것은 현금흐름의 구체적인 내역입니다. 즉, 영업 활동, 투자 활동, 재무 활동 중 어느 활동에서 현금이 늘었는지, 그 구체적인 이유는 무엇인지 체크하는 것이 현금흐름표를 살펴보는 진짜 목적입니다.

영업 활동과 현금흐름을
비교해서 보자

영업 활동 현금흐름은 투자 활동과 재무 활동이 아닌 기업의 모든 수익 창출 활동에 관련한 현금의 흐름을 말하며, 직접법과 간접법의 두 가지 계산법이 있습니다. 현금흐름표 작성은 연결 재무제표와 함께 회계학에서 가장 어려운 부분이므로 개념을 이해하면 충분합니다. 즉, 재무제표를 작성하는 법이 아니라 작성된 재무제표를 읽는 법을 공부 하면 됩니다. 직접법은 현금이 들어오고 나오는 것을 직접 계산하는 것이고, 간접법은 이미 계산된 당기순이익에서 출발하여 영업 활동 현금흐름과 관련 없는 조정 사항을 가감하여 계산하는 방법입니다.

■ 그림 6-3 간접법 계산식

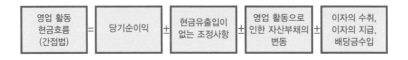

간접법의 기본 개념은 현금흐름과 관련 없이 발생주의에 의해 계 산된 당기순이익을 현금주의에 의한 영업이익으로 바꾸는 것입니다.

슈퍼개미의 왕초보 주식수업

그래서 현금 유출이 없는 비용이나 현금 유입이 없는 수익을 가감하는 것이지요. 예를 들면 조정 항목 중 비교적 금액이 크고 정기적으로 발생하는 항목이 감가상각비인데, 감가상각비는 현금의 유출이 전혀 없지만 당기순이익을 계산할 때 이미 비용으로 들어가 있으므로 가산해야 합니다.

또한 영업 활동으로 인한 자산 부채의 변동을 가감하는 것도 발생주의로 보면 이미 수익이나 비용으로 인식되었지만, 현금주의로 보면 아직 현금 유출입이 없기 때문입니다. 가장 쉬운 예로 외상 매출금과 외상 매입금을 떠올리시면 됩니다. 외상 매출 시에 당기순이익에는 수익으로 잡혔지만, 현금 기준으로 아직 수익이 아니기에 외상 매출금이 증가한 만큼 당기순이익에서 차감하는 것입니다.

영업 활동 현금흐름을 볼 때 손익계산서상의 영업이익 또는 당기순이익과 비교하면서 오차가 큰지 비교해보는 것이 매우 중요합니다. 보통 손익계산서상에서 이익이 나면 현금흐름표에서 영업 활동 현금흐름도 플러스가 됩니다. 그런데 손익계산서상에서는 이익인데 영업 활동 현금흐름이 마이너스로 나오면 정상적인 상황이 아니므로 주의 깊게 살펴볼 필요가 있습니다. 발생주의로는 이익이지만 현금주의로는 손실이 난 것으로 현금이 없는 수익이 과대계상되었을 확률이 높습니다. 예를 들면 재고자산이나 매출 채권이 과대계상되었을 가능성을 체크해야 합니다. 이익이 커지려면 매출이 많거나 매출 원가가 작아야 합니다. 매출이 늘었는데 현금 매출보다 외상 매출이 크게 늘어나거나 재고자산을 과대계상해서 매출 원가가 과도하게 줄어든 경우에 손익계산서상의 이익은 커지지만 영업 활동 현금흐름은 감소할 수 있습니다.

손익계산서상의 이익과 현금흐름표의 영업 활동 현금흐름이 둘 다 플러스면 좋은 회사, 둘 다 마이너스면 나쁜 회사, 서로 부호가 반대라면 이상한 회사라고 판단하면 됩니다. 영화 〈좋은 놈, 나쁜 놈, 이상한 놈〉처럼 말이죠.

기업 활동의
본질은 영업!

투자 활동 현금흐름이란 자산의 취득과 처분에 관련된 것으로 토지, 건물, 기계 장치, 금융 상품, 유가 증권 등의 취득이나 처분에 따른 현금 유출 또는 현금 유입을 말합니다. 이러한 투자 활동 현금흐름은 기업의 라이프 사이클에 많은 영향을 받습니다. 기업의 라이프 사이클을 시작, 성장, 성숙, 쇠퇴의 4단계로 본다면, 시작과 성장 단계에서는 초기 투자와 재투자 등 투자가 지속되는 시기이므로 투자 활동 현금흐름은 마이너스가 되고, 성장 단계를 넘어 쇠퇴 단계에 들어섰다면 투자가 정체되며 오히려 투자자산의 처분 등으로 투자 활동 현금흐름은 플러스가 됩니다. 또 성장 단계에서는 주로 영업 활동과 관련된 건물, 기계 장치 등의 자산을 많이 취득하고, 성숙 단계에서는 금융 상품, 유가 증권 등의 취득이 많다는 것도 기억하시기 바랍니다.

기업의 투자 활동은 유·무형자산에 대한 투자와 금융 상품 등의 투자로 구분하는 것이 중요합니다. 일반적으로 영업 활동과 관련된 토지, 건물, 기계 장치 등의 유형자산 취득이 유가 증권 등의 투자자산 취득보다 더 올바른 현금의 운용이라고 여겨집니다. 기업 활동의 본질은 영업 활동이기 때문입니다. 다시 말해, 투자 활동 현금흐름은 기업의 투자 사이클에 따라 달라질 수 있으며, 영업과 관련된 것인지, 무관한 투자 활동인지 구분해서 살펴봐야 할 것입니다.

재무 활동 현금흐름이란 자기자본 또는 타인자본을 조달하고 상환하는 과정에서 발생하는 현금흐름입니다. 주식의 증자나 감자 또는 배당금 지급 등 자기자본 관련 현금흐름과 차입 및 상환 등 타인 자본 관련 현금흐름으로 구분할 수 있습니다.

첫째, 주주의 지분 투자와 관련된 현금흐름입니다. 주식을 증자하거나 감자할 때 발생하는 현금 유출입이 있고, 배당으로 인한 현금 유출이 있습니다. 이익으로 조달된 내부 유보 자금으로 재투자 등 자금을 운용하는 기업이 좋은 기업이지, 주식을 발행해서 자금 운용을 하는 기업은 좋은 기업이 아닙니다. 따라서 통상적으로 주식을 파는 행위인 증자로 인한 현금의 유입은 좋다고 평가할 수 없습니다. 반면 배당으로 인한 현금의 유출은 주주 이익의 분배라는 측면에서 긍정적으로 평가할 수 있습니다. 즉, 재무 활동 현금흐름은 플러스보다 마이너스가 좋습니다.

둘째, 차입금과 관련된 현금흐름입니다. 내부 유보 자금이 부족하여 차입하고 상환 능력이 생겨서 상환한다는 논리로 접근해보면, 역시 플러스보다 마이너스가 더 좋다는 것을 알 수 있습니다.

종합적으로 볼 때 재무 활동 현금흐름은 마이너스를 보이는 것이 상대적으로 낫다고 평가할 수 있습니다. 상대적이라고 표현한 이유는 영업 활동과 투자 활동으로 인한 현금흐름이 마이너스인 기업이 아주 좋은 재투자 기회가 생긴 경우에는 어쩔 수 없이 재무 활동으로 현금을 조달해야 하기 때문입니다. 특히 사업의 초기에는 영업 활동 현금흐름은 마이너스이고 투자 활동 현금흐름은 플러스일 확률이 매우 높은데, 이런 경우 재무 활동으로 현금을 유입할 수밖에 없습니다.

아래의 표는 현금흐름표를 볼 때 기업의 상황을 좀 더 쉽게 파악할 수 있도록 작성한 것입니다. 일반적인 상황을 나타낸 표이므로 가볍게 참고하면 됩니다.

■ 표 6-1 현금흐름표를 통한 기업의 해석

영업 활동	투자 활동	재무 활동	해석
+	−	−	가장 좋음 / 이익으로 재투자, 채무 상환, 배당
+	−	+	좋음 / 이익이 있고, 재투자를 위해 자금 조달
+	+	+	비정상 / 이익이 있으나, 투자는 안 하면서 자금 조달
+	+	−	중간 / 이익이 있으나, 재투자 없이 채무 상환, 배당
−	−	+	중간 / 손실 중인데 재투자를 위한 자금 조달
−	−	−	비정상 / 손실 중인데 재투자는 하려 하며 자금 상환
−	+	+	나쁨 / 손실 중인데 재투자는 안 하면서 자금 조달
−	+	−	가장 나쁨 / 손실 중이며 자산을 팔아서 자금 상환

일정 기간의
자본 변동을 확인할 것

　자본변동표는 일정 기간의 자본 변동을 나타내는 표로 전기 말 자본 잔액에서 당기 말 자본 잔액으로의 자본 변동 내역이 표시됩니다. 지금까지 설명한 재무제표인 재무상태표, 손익계산서, 현금흐름표, 자본변동표 중 재무상태표만 기간의 개념이 들어가 있음에 주의할 필요가 있습니다. 손익계산서와 현금흐름표, 자본변동표는 회계 기간 동안의 변동과 흐름을 나타낸다면, 재무상태표는 회계 기간 말일의 재무 상태를 나타내는 표입니다.

　경제학에 저량stock과 유량flow의 개념이 있습니다. 저량은 현재 시점에서의 양, 유량은 일정 기간의 총량을 뜻합니다. 유량과 저량은 밀접한 관계가 있습니다. 흐르는 물은 고이지 않듯이, 순이익이 계속 발생하고 현금흐름이 원활해야 좋은 기업이라고 할 수 있습니다. 최근 들어 가치 평가 기법에서 순자산 가치의 중요성이 점점 약해지고 있다는 것을 기억해야 합니다.

　자본상태표에 자본의 변동 내역은 자본금, 자본잉여금, 이익잉여금, 기타 자본 항목, 기타 포괄 손익, 비지배 지분 등으로 구분되어 작성됩니다. 자본 변동의 주요 내용은 증자, 감자, 배당, 자기 주식의 취득 등이 포함되며, 자본의 변동 중 가장 바람직한 변동은 이익잉여금의 증가입니다.

MENTOR'S TIP ● ● ●

· 최고의 명절 선물은 현금이듯이, 기업의 자산 중 현금은 가장 중요한 자산임을 기억할 것
· 영업 활동 현금흐름과 당기순이익의 관계는 어렵지만 이해하도록 노력할 것
· 영업 활동, 투자 활동, 재무 활동 중 가장 중요한 것은 영업 활동 현금흐름

 **용어 설명**

◆ 저량과 유량
경제 현상 분석에 쓰이는 중요한 개념이다. 저량은 어떤 특정 시점을 기준으로 파악된 경제 변량의 존재량이고, 유량은 일정 기간을 기준으로 하여 파악된 경제 변량의 흐름을 의미한다. 저량은 비축, 존재량을 말하며 어떤 특정 시점을 기준으로 파악된 경제 조직 등에 존재하는(또는 경제 주체가 소유하는) 재화 전체의 양을 말하고, 유량은 일정 기간 동안 경제 조직 속에 흐르는 양을 의미한다.

◆ 기타 포괄 손익
기업 실체가 일정 기간 동안 소유주와의 자본 거래를 제외한 모든 거래나 사건에서 인식한 자본의 변동액이다. 여기서 기타 포괄 손익의 항목은 법인세 비용을 차감한 순액으로 표시한다. 기타 포괄 손익의 항목에는 매도 가능 증권 평가 손익, 해외 사업 환산 손익, 현금흐름 위험 회피, 파생상품 평가 손익 등의 과목이 있으며, 대차대조표일 현재 기타 포괄 손익의 잔액을 기타 포괄 손익 누계액의 계정 과목으로 재무상태표상 자본 항목에 포함한다.

7장

재무비율도 모르고
투자한다고?

☑ **MAIN POINT**

재무제표의 수치를 이용하여 계산하는 각종 지표의 개념과 의미를 이해하고
실전 투자에 어떻게 적용할 수 있는지 공부하자.

기업의 가치를
비율로 수치화해서 비교

■ 그림 7-1 기업 평가의 각종 가치 지표

기업의 가치 평가 방법에는 여러 가지가 있는데, 그중 하나가 상대 가치 평가입니다. 상대 가치 평가란 기업의 가치를 비율로 수치화함으로써 두 기업 이상의 가치를 비교하는 것입니다. 두 기업 이상의 가치를 비교하기 위해서는 기준이 있어야 하는데, 그 기준이 시가총액입니다. 시가총액 대비 순이익, 시가총액 대비 순자산, 시가총액 대비 매출액을 비율화한 것이 PER과 PBR, PSR입니다.

한 기업의 절대 가치를 평가해서 시가총액과 비교하여 저평가 여부를 판단하는 것과 여러 기업의 시장 가치 비율을 구해서 비교하는 것은 분명 차이가 있습니다. 먼저 분석의 편의성 면에서는 시장 가치 비율을 구하는 것이 한 기업의 절대 가치를 구하는 것보다 훨씬 편할 것입니다. 또 절대 가치 평가에는 기업의 가치를 여러 가지로 평가할 수 있으며 그 값을 구하는 사람들의 주관에 따라 달라질 수 있다는 문제가 있습니다. 반면 시장 가치 비율은 누가 구해도 같은 값이 나올 것이고, 각각의 비율이 순이익, 순자산, 순현금흐름 등을 나타내고 있다는 점에서 상황에 따라 적절하게 사용할 수 있다는 장점이 있습니다. 특히 초보 시절에 절대 가치 평가에 어려움이 있다면 시장 가치 비율만이라도 정확히 이해하고 찾아보는 습관을 가지기 바랍니다.

우선, 주가 수익 비율 PER은 주가를 주당 순이익 EPS로 나눈 값을 말합니다. 주가와 주당 순이익에 각각 주식수를 곱하면 분자는 시가총액이 되고 분모는 당기순이익이 됩니다.

$$\text{주가 수익 비율}_{\text{PER, Price Earning Ratio}} = \frac{\text{주가}}{\text{주당 순이익}_{\text{EPS}}} = \frac{\text{시가총액}}{\text{당기순이익}}$$

PER은 당기순이익과 관련된 지표입니다. 원금의 회수 기간을 뜻하기도 하는 PER은 현재의 수익 가치를 잘 비교할 수 있다는 장점이 있는 반면, 수익 이외의 것은 전혀 반영되지 않으며 기업의 성장을 반영하지 못한다는 한계를 가지고 있습니다. 예를 들어 시가총액 100억 원인 A기업의 1년 당기순이익이 10억 원이라면 PER은 10입니다. 이는 원금을 회수하는 데 10년이 걸린다는 것입니다. 시가총액 100억 원인 B기업의 당기순이익이 5억 원이라면 PER은 20이고 원금 회수 기간은 20년이 걸리겠지요. A와 B를 비교하면 어느 기업이 더 좋은 기업일까요? 다른 조건이 동일하다면 같은 시가총액에 당기순이익이 많고 원금 회수 기간이 짧은 A기업이 더 좋은 기업입니다. PER은 상대적으로 낮을수록 좋습니다.

하지만 다른 조건을 고려한다면 여러 가지로 해석이 가능합니다. B기업이 수익은 적지만 순자산 가치가 매우 높을 수도 있고, 수년간 A기업보다 훨씬 큰 폭으로 성장할 수도 있기 때문입니다. 즉, 당기순이익의 관점으로만 비교한다면 PER이 낮은 A기업이 좋지만, 다른 관점에서 본다면 B기업의 이익이 적은데도 시장에서 A기업과 같은 평가를 받고 있으니 다른 조건은 더 좋다고 분석할 수 있습니다. 그래서 PER은 유사 사업 형태를 영위하는 동종 업종끼리 비교하는 데 적합합니다. 그러므로 성장성, 자산 가치, 질적 분석을 고려하면서 비교해야 합니다.

두 번째, 주가 순자산 비율 PBR은 주가를 주당 순자산 BPS로 나눈 값을 말합니다. 주가와 주당 순자산에 각각 주식수를 곱하면 분자는 시가총액이 되고 분모는 순자산이 됩니다.

$$\text{주가 순자산 비율} = \frac{\text{주가}}{\text{주당 순자산}_{\text{BPS}}} = \frac{\text{시가총액}}{\text{순자산}}$$

PBR, Price Book value Ratio

PBR은 기업의 순자산과 관련된 지표입니다. 현재의 자산 가치를 반영하여 기업 간에 쉽게 비교할 수 있다는 장점이 있지만 PER이 가지고 있는 한계는 PBR도 가질 수밖에 없습니다. 예를 들어 시가총액 100억 원인 A기업의 순자산이 100억 원이라면 PBR은 1이고, 시가총액이 100억 원인 B기업의 순자산이 50억 원이라면 PBR은 2가 됩니다. PBR도 PER과 마찬가지로 낮은 것이 좋습니다. 하지만 B기업의 자산 가치가 더 낮은데도 A기업과 똑같이 100억 원으로 인정받는다는 것은 자산 가치 이외의 여러 조건을 고려해야 한다는 의미입니다.

통상적으로 기업의 가치를 평가할 때 순자산 가치와 이익 가치가 중요한 기준이 됩니다. 따라서 시장 가치 비율을 볼 때도 PER과 PBR을 함께 보는 것이 좋습니다. 동종 업종 내 유사 종목군을 비교했을 때 PER이 낮고 PBR도 낮은 기업의 경우, 적어도 순자산과 이익만 고려했을 때는 저평가되었다고 합리적인 추론을 할 수 있습니다. 이렇게 확인된다면 최종적으로 저평가된 요인이 더 있는지 찾아보고 분석한 후 투자 여부를 결정할 수 있습니다.

세 번째, 주가 매출액 비율$_{\text{PSR}}$은 주가를 주당 매출액으로 나눈 값을 말합니다. 주가와 주당 순매출액에 각각 주식수를 곱하면 분자는 시가총액이 되고 분모는 매출액이 됩니다.

$$\text{주가 매출액 비율} = \frac{\text{주가}}{\text{주당 매출액}_{SPS}} = \frac{\text{시가총액}}{\text{매출액}}$$

$\text{PSR, Price Sales Ratio}$

PSR은 오랫동안 가치 평가에서 중요한 기준이 되었던 순이익이나 순자산이 아닌 매출액에 관련된 지표입니다. 최근 들어 매출액의 중요성이 커지면서 PSR도 점차 중요해지고 있습니다. 예를 들어 시가총액이 100억 원인 A기업의 매출액이 500억 원이라면 이 기업의 PSR은 0.2이고, 시가총액이 100억 원인 B기업의 매출액이 200억 원이라면 PSR은 0.5가 됩니다. 기업은 매출액이 커야 하므로 PSR도 PER이나 PBR처럼 낮은 게 좋습니다.

원칙적으로 PSR도 업종별로 다르게 판단해야 합니다. 이익률이 낮은 산업의 경우 매출액은 굉장히 크지만 적게 남고, 이익률이 높은 고부가가치 산업의 경우에는 매출액은 작지만 이익을 많이 남길 수도 있기 때문입니다. 또한 적자 기업의 경우에 PER은 무용지물이지만, PSR은 적자 기업에서도 유용한 비교 지표로 쓰일 수 있다는 장점도 기억해야 합니다.

수익을 나타내는
능력을 알 수 있다

수익성 비율은 기업의 수익 창출 능력을 나타내주는 비율로, 경영 성과를 다각적으로 분석하는 데 도움을 줍니다. 먼저 손익계산서상의 주요 항목을 매출액에 대한 백분율로 계산한 매출총이익률, 영업이익률, 순이익률 등이 있습니다. 또한 순이익을 창출하기 위해 사용된 투자 자금에 대한 수익성 비율로 자기자본 이익률ROE, Return On Equity과 총자산 이익률ROA, Return On Assets이 있습니다.

계산식에서 알 수 있듯이, 매출총이익률은 매출액에서 매출 원가를 뺀 매출총이익과 매출액의 비율, 영업이익률은 매출총이익에서 판관비를 뺀 영업이익과 매출액의 비율, 순이익률은 영업이익에서 금융 수익과 비용, 기타 수익과 비용 등을 가감한 순이익과 매출액의 비율입니다.

이 중에 가장 중요하게 봐야 할 것은 영업이익률입니다. 매출총이익에는 판관비가 포함되지 않고 순이익에는 비경상적이고 비반복적인 손익이 포함된다는 점에서 영업 활동과 가장 관련 있는 영업이익이 중요하기 때문입니다. 고정비 비중이 높은 기업일수록 매출액 증가보다 영업이익 증가가 크고 영업이익률도 증가합니다. 업종에 따라 다르지만, 5~15% 정도의 영업이익률이 평균 수준이며 30%가 넘는다면 아주 좋은 기업입니다. 영업이익률이 50%가 넘는 기업은 시장 진입 장벽이 높은 제품 독점력을 가지고 있다고 볼 수 있습니다.

$$(1)\ \text{매출총이익률} = \frac{\text{매출총이익}}{\text{매출액}} \times 100$$

$$(2)\ \text{영업이익률} = \frac{\text{영업이익}}{\text{매출액}} \times 100$$

$$(3)\ \text{순이익률} = \frac{\text{순이익}}{\text{매출액}} \times 100$$

$$(4)\ \text{자기자본 이익률(ROE)} = \frac{\text{순이익}}{\text{자기자본}} \times 100$$

$$(5)\ \text{총자산 이익률(ROA)} = \frac{\text{순이익}}{\text{자산}} \times 100$$

매출총이익률의 변동이 큰 경우에는 매출 원가에서 비중이 큰 원재료비의 가격 변동을 체크할 필요가 있습니다. 순이익률은 주주의 이익이라는 점에서 영업이익보다 중요하지만, 매년 변동이 심해서 예측 가능성과 신뢰성이 낮다는 단점이 있습니다.

자기자본 이익률은 자산에서 부채를 차감한 자기자본으로 순이익을 얼마나 창출하는지 나타내는 지표이고, 총자산 이익률은 자산으로 순이익을 얼마나 창출하는지 나타내는 지표입니다. 주식투자자는 주주의 입장에서 기업을 분석해야 하므로, ROA보다 ROE가 더 중요한 지표입니다.

$$\frac{PBR}{PER} = \frac{\dfrac{주가}{주당\ 순자산}}{\dfrac{주가}{주당\ 순이익}} = \frac{주당\ 순이익}{주당\ 순자산} = ROE$$

이 공식에 따르면, ROE와 PER은 역의 관계, ROE와 PBR은 정의 관계임을 알 수 있습니다. 예를 들어 A기업의 PER이 10, PBR이 1이고, B기업의 PER이 5, PBR이 1, C기업의 PER이 10, PBR이 2인 경우, 각각 ROE는 10%, 20%, 20%가 됩니다. ROE가 크면 수익성이 좋아서 PER이 낮아지고, PER이 낮아지면 주가가 올라가면서 PBR이 올라간다고 이해해도 좋습니다. 또는 ROE는 자본 성장률의 개념이므로 자본 가치를 나타내는 PBR은 정의 관계, 수익 가치를 나타내는 PER은 역의 관계라고 설명할 수도 있습니다. 결론적으로, 적은 자본으로 높은 수익을 내는 기업일수록 ROE가 커집니다.

과거와 현재의 성장성 비율로 미래를 예측하자

성장성 비율은 재무 상태나 경영 성과가 전년도 또는 전분기에 비해 당기에 얼마나 성장했는지를 나타내는 지표로, 손익계산서상의 증가율인 매출액 증가율, 영업이익 증가율, 순이익 증가율과 재무상태표상의 총자산 증가율, 자기자본 증가율 등이 있습니다.

매출액 증가율은 전기 대비 당기에 매출액이 얼마나 성장했는지 나타내는 지표입니다. 예를 들어 전기 매출액이 100억 원, 당기 매출액이 110억 원이었다면 $\frac{110억\ 원-100억\ 원}{100억\ 원} \times 100$인 10%가 매출액 증가율입니다. 영업이익 증가율과 순이익 증가율도 마찬가지로 계산하면 됩니다. 매출액 증가율이 높은 경우 업종 전체가 호조인지, 기업 자체의 매출이 증가한 것인지 분리해서 살펴볼 필요가 있습니다. 물론 가장 좋은 경우는 업황도 좋고 업종 내에서도 선도적인 위치를 차지하여 매출이 증가하는 경우일 것입니다. 매출액 증가율보다 영업이익 증가율이 더 좋다면 고정비 효과를 봤을 확률이 높고 긍정적인 신호로 해석할 수 있습니다. 순이익 증가율이 매출액이나 영업이익 증가율과 다르게 움직인다면 일시적인 손익 발생 때문인지 살펴볼 필요가 있습니다.

$$(1)\ \text{매출액 증가율} = \frac{(당기매출액 - 전기매출액)}{전기매출액} \times 100$$

$$(2)\ \text{영업이익 증가율} = \frac{(당기영업이익 - 전기영업이익)}{전기영업이익} \times 100$$

$$(3)\ \text{순이익 증가율} = \frac{(당기순이익 - 전기순이익)}{전기순이익} \times 100$$

$$(4)\ \text{총자산 증가율} = \frac{(기말자산총계 - 기초자산총계)}{기초자산총계} \times 100$$

총자산 증가율과 자기자본 증가율은 기업의 규모가 얼마나 성장하는지 알 수 있는 지표입니다. 총자산 증가율에는 영업 관련 자산과 비영업 자산의 증가가 섞여 있으므로 영업 관련 자산의 증가를 보기 위해서는 유형자산 증가율을 검토하는 것도 좋습니다. 자기자본 증가율에는 이익잉여금과 자본금 또는 자본잉여금의 증가가 섞여 있으므로, 이익잉여금이 증가했는지 아닌지 구분할 필요가 있습니다.

주식시장에서 오랫동안 계속된 논쟁거리가 있습니다. "가치주 vs. 성장주, 어느 것이 좋은가?" 하는 것입니다. 물론 무엇이 가치주이고 성장주인지에 대해서도 의견이 분분하지만, 가치와 성장 중에 하나를 택해야 한다면 저는 가치보다는 성장을 선호합니다. 즉, 현재 가치 대비 저평가되어 있는 종목보다는 미래 성장 가능성이 높은 종목을 선호한다는 뜻입니다. **미래 성장 가능성은 정확히 예측하기 힘들지만, 과거와 현재의 성장성 비율로 어느 정도 예측할 수 있다는 점에서 성**

장성 비율은 매우 중요하다고 할 수 있습니다.

시장 가치 비율을 나타내는 지표 중 PER은 현재의 이익 가치를 반영한 지표인데, PER에 성장성을 가미한 지표가 PEG입니다.

$$\text{PEG} = \frac{\text{PER}}{\text{주당 순이익 증가율}} \times 100$$

PEG, Price Earnings to Growth Ratio

순이익 증가율이 높을수록 PEG는 낮아지므로 PER과 마찬가지로 낮을수록 좋은 지표이며, 일반적으로 PEG를 기준으로 저평가와 고평가를 판단합니다. 과거에 비해 가치보다 성장이 더욱 중요한 요소이지만, 성장은 미래에 대한 예측이라는 불확실성이 포함되어 있기 때문에 측정하기가 더 힘들고 부정확하다는 단점이 있습니다.

이 회사의 재무 상태는
얼마나 안정적일까?

안정성 비율은 회사의 재무 상태가 얼마나 안정적인지 측정하는 지표로, 부도나 파산 가능성의 높고 낮음을 판단할 수 있습니다. 앞서 설명한 이익성 비율과 성장성 비율이 재무상태표와 손익계산서의 각 항목에서 계산되는 것과 마찬가지로, 안정성 비율의 부채 비율과 유동 비율은 재무상태표에서, 이자 보상 비율은 손익계산서에서 계산할 수 있습니다.

회사가 망하는 이유는 대부분 빚을 갚지 못해서인데, 안정성 비율에서 가장 중요하게 고려해야 할 항목은 부채입니다. 먼저 부채 비율은 부채에 대한 자본의 비율로, 수치가 낮을수록 좋습니다. 과거에는 200% 정도가 기준이었다면, 최근에는 100%를 표준으로 보고 있습니다. 물론 금융업이나 장치산업 등은 부채 비율이 매우 높은 업종으로 업종에 따라 적정 부채 비율은 달라질 수 있습니다.

이자 보상 비율은 영업이익에 대한 이자 비용의 비율로 이자 보상 비율은 클수록 좋습니다. 이자 비용보다 몇 배나 영업이익을 내는지를 수치화시켰다고 이해하면 됩니다. 이자 보상 비율이 1보다 작은 경

$$(1) \text{ 부채비율} = \frac{\text{부채}}{\text{자본}} \times 100$$

$$(2) \text{ 자기자본비율} = \frac{\text{자본}}{\text{자산}} \times 100$$

$$(3) \text{ 이자보상비율} = \frac{\text{영업이익}}{\text{이자비용}} \times 100$$

$$(4) \text{ 유동비율} = \frac{\text{유동자산}}{\text{유동부채}} \times 100$$

$$(5) \text{ 당좌비율} = \frac{\text{당좌자산}}{\text{유동부채}} \times 100$$

우는 영업이익으로 이자를 충당하지 못하는 최악의 상황인 것입니다. 힘들게 일해서 은행만 돈 벌게 해주는 셈이죠. 부채에는 이자 지급 의무 등이 없는 매입 채무 등이 포함되어 있으므로, 이자 보상 비율은 이자 지급 의무를 좀 더 구체적으로 알 수 있는 비율이라는 장점이 있습니다. 즉, 부채 비율은 원금 상환 의무에 대한 위험성, 이자 보상 비율은 이자 지급 의무에 대한 위험성을 알 수 있다는 차이점이 있습니다.

유동 비율은 유동자산에 대한 유동부채의 비율로 수치가 클수록 좋습니다. 부채 비율에는 장기 차입금도 포함되어 있지만, 유동 비율은 1년 안에 갚아야 하는 단기 차입금만이 포함되어 있어서 단기적인 재무 안정성을 측정하는 데 의미가 있는 지표입니다. 쉽게 생각하면 1년 이내에 갚아야 할 돈보다 1년 이내에 돈으로 만들 수 있는 자산이 적다면 단기적인 상환 불능 위험에 빠질 수 있습니다. 다만 유동자산에는 재고자산이 포함되므로, 재고자산 비중이 큰 기업은 유동자산에서 재고자산을 뺀 당좌자산으로 계산한 당좌비율도 함께 보는 것이 좋습니다.

무부채 기업이 안정성 측면에서는 좋은 기업이지만, 부채로 조달한 자금으로 이자보다 높은 영업이익을 창출할 수 있다면 수익성 측면에서는 부채 기업이 좋을 수도 있습니다. 과도한 부채와 이자는 기업의 안정성을 해치지만, 안정성을 유지하는 측면에서 적정한 부채 조달은 기업의 수익성과 성장성을 높이는 도구가 될 수 있다는 것을 기억하기 바랍니다.

앞에서 설명한 재무제표의 항목을 공부해도 재무제표를 읽기가 힘든 초보자일수록 여기에서 설명한 비교 지표를 포함한 각종 재무지표가 큰 무기가 될 것입니다. 이러한 지표들을 정확히 이해한다면 HTS의 조건 검색에서 원하는 우량주 조건을 입력하여 종목을 압축시킬 수 있을 것입니다.

MENTOR'S TIP ● ● ●

· 재무상태표와 손익계산서, 자산과 이익, PBR과 PER의 구분 기준을 이해할 것
· PER과 PBR이 낮은 것이 반드시 좋지만은 않은 이유를 이해할 것
· 수익성, 성장성, 안정성 중에서 가장 중요한 것을 선택할 것
· 수익성, 성장성, 안정성의 삼박자가 맞는다면 금상첨화

 **용어 설명**

◆ **이자보상비율**

이자보상비율은 기업의 채무 상환 능력을 나타내는 지표로, 기업이 영업이익으로 금융 비용(이자)을 얼마나 감당할 수 있는지를 보여준다. 과연 이 회사가 영업이익으로 이자를 감당할 수 있는지, 감당한 후 얼마나 여유가 있는지 알아보는 지표다.

◆ **당좌자산**

현금 또는 현금화할 수 있는 성질을 가진 것으로, 판매 과정을 거치지 않고 신속히 현금화할 수 있는 자산이다. 현금, 예금, 유가 증권, 매출 채권, 단기 대여금, 미수금, 미수 수익 등이 이에 속한다.

8장

가치투자의 대가들은
어떻게 투자했을까?

☑ **MAIN POINT**

재무제표 수치를 이용한 양적 분석과는 다른 질적 분석의 의미와 중요성에 대해 공부하고 필립 피셔, 워런 버핏, 피터 린치 등이 강조한 보이지 않는 가치를 알아보자.

양적 분석 vs.
질적 분석의 중요성

재무제표에 나타난 여러 수치를 통해 가치를 계산하여 시장 가격과 비교함으로써 저평가된 종목을 찾기도 하고, 재무 지표 등을 계산하여 여러 기업을 비교함으로써 저평가된 종목을 찾기도 합니다. 이처럼 재무제표가 알려주는 수치로 가치를 분석하는 것을 양적 분석이라고 합니다. 반면 측정 불가능하고 수치화할 수 없는 한계 때문에 재무제표에는 포함되지 않지만, 기업의 가치를 평가하는 데 중요한 요소라고 여겨지는 것으로 가치를 분석하는 것을 질적 분석이라고 합니다. 가치투자의 아버지라고 할 수 있는 벤저민 그레이엄이 한 것이 대표적인 양적 분석이며, 그 이후에 가치투자자들은 양적 분석의 한계를 극복하기 위해 질적 분석 요소를 가미하면서 가치 분석은 더욱 발전해왔습니다.

여기에서는 필립 피셔, 워런 버핏, 피터 린치 등 전설적인 투자자들이 중요하게 생각했던 질적 요인들을 공부해보겠습니다. 양적 분석과 질적 분석은 대립되는 개념이 아니라 보완되는 개념임을 이해하고, 전설적인 투자자들이 보이는 가치에 보이지 않는 가치를 어떻게 접목시켰는지 생각하는 기회가 되길 바랍니다.

위대한 기업에 투자하라, 필립 피셔

필립 피셔의 투자 대상 기업을 찾는 15가지 포인트

1. 적어도 향후 몇 년간 매출액이 상당히 늘어날 수 있는 시장 잠재력을 가진 제품이나 서비스를 갖고 있는가?

2. 최고 경영진은 매력적인 성장 잠재력을 가진 현재의 제품 생산 라인이 더 이상 확대되지 않고 어려워졌을 때 회사의 전체 매출액을 추가로 늘릴 수 있는 신제품이나 신기술을 개발하려는 결의를 갖고 있는가?

3. 기업의 연구 개발 노력은 회사 규모를 감안할 때 얼마나 생산적인가?

4. 평균 수준 이상의 영업 조직을 가지고 있는가?

5. 영업이익률은 충분한가?

6. 영업이익률 개선을 위해 무엇을 하고 있는가?

7. 노사 관계가 좋은가?

8. 임원들 간에 좋은 관계가 유지되고 있는가?

9. 두터운 기업 경영진을 갖고 있는가?

10. 원가 분석과 회계 관리 능력은 얼마나 우수한가?

11. 해당 업종에서 아주 특별한 의미를 지닌 별도의 사업 부문을 갖고 있으

며, 이는 경쟁 업체에 비해 얼마나 뛰어난 기업인지 알려주는 중요한 단서를 제공하는가?

12. 이익을 바라보는 시각이 단기적인가, 아니면 장기적인가?

13. 성장에 필요한 자금 조달을 위해 가까운 장래에 증자할 계획이 있으며, 이로 인해 현재의 주주가 누리는 이익이 상당 부분 희석될 가능성은 없는가?

14. 경영진은 모든 것이 순조로울 때는 투자자들과 자유롭게 대화하지만, 문제가 발생하거나 실망스러운 일이 벌어졌을 때는 입을 꾹 다물어버리지 않는가?

15. 의문의 여지가 없을 만큼 진실한 최고 경영진을 갖고 있는가?

'성장주 투자의 아버지'로 불리는 필립 피셔는 벤저민 그레이엄과 함께 현대적인 투자 이론을 개척한 인물로 워런 버핏은 자신을 만든 두 스승으로 그레이엄과 피셔를 꼽고 있습니다. 피셔는 《위대한 기업에 투자하라》라는 명저를 남겼는데, 이 책에서 사실에 근거하여 위대한 기업을 찾는 15가지 고려 사항을 설명합니다.

15가지 중 경영진에 관련한 사항이 무려 다섯 가지입니다. 피셔가 말하는 위대한 기업은 최고 경영진은 진실해야 하고, 두터운 기업 경영진을 갖고 있어야 합니다. 또한 임원들 간에 좋은 관계가 유지되고 있으며, 문제가 발생했을 때 입을 꾹 다물면 안 되고, 신제품과 신기술을 개발하려는 의지가 있어야 합니다. 각각의 사항도 중요하지만, 한마디로 기업의 존속과 성장에서 경영진의 역할이 얼마나 중요한지 강조하고 있다고 이해하면 됩니다.

경영진 다음으로 많이 다루는 사항이 사업 부문입니다. 위대한 기업의 사업 부문은 해당 업종에서 아주 특별한 의미를 지녀야 하며, 연구 개발 부문은 생산적이어야 하고, 원가 분석과 회계 관리 능력이 우수해야 합니다. 또한 영업 조직은 평균 이상이어야 합니다.

마지막으로 피셔가 말하는 위대한 기업은 미래를 내다봐야 합니다. 향후 매출액이 상당히 늘어날 정도의 잠재력을 갖고 있든지, 없다면 신제품이나 신기술을 개발해야 합니다. 또한 미래를 위해 생산적으로 연구 개발 노력을 기울여야 하고, 이익을 장기적인 시각으로 살펴보아야 합니다.

15가지 고려 사항 중에 양적 분석의 영역에 해당되는 사항은 영업이익률과 연구 개발비의 생산성 정도임을 생각할 때, 피셔는 위대한 기업을 찾기 위해 재무제표 이외에 사실에 근거한 질적 분석을 매우 중요하게 생각했음을 알 수 있습니다.

오마하의 현인, 워런 버핏

워런 버핏의 12가지 투자 원칙

1. 단순하고 이해하기 쉬운 기업에 투자하라.

2. 일관되고 오랜 역사를 가진 기업에 투자하라.

3. 장기적 전망이 밝은 기업에 투자하라.

4. 경영진이 합리적인 기업에 투자하라.

5. 정직한 기업에 투자하라.

6. 제도적 관행에 도전할 용기가 있는 기업에 투자하라.

7. 자기자본 순이익률이 높은 기업에 투자하라.

8. 주주 이익이 높은 기업에 투자하라.

9. 매출액 순이익률이 높은 기업에 투자하라.

10. 사내 유보금 이상으로 시장가치를 창출하는 기업에 투자하라.

11. 기업의 내재가치를 평가하라.

12. 내재가치보다 주가가 충분히 낮을 경우에만 매입하라.

현존하는 투자자 중 가장 부자이고 살아 있는 전설로 불리는 워

슈퍼개미의 왕초보 주식수업

런 버핏의 12가지 투자 원칙을 살펴보면, 벤저민 그레이엄에게 양적 분석, 필립 피셔에게 질적 분석의 영향을 크게 받았음을 알 수 있습니다.

먼저 양적 분석의 측면에서는 자기자본 이익률, 매출액 이익률, 주주 이익이 높고 유보금으로 높은 재투자 수익률을 보이는 기업 중에 내재 가치보다 주가가 충분히 낮은 경우에 투자하라고 조언하고 있습니다. 또한 질적 분석의 측면에서는 역사가 오래되고 단순한 사업을 하며 장기적 전망이 밝은 기업, 합리적이고 정직하며 용기가 있는 경영진이 있는 기업인지 판단해야 한다고 합니다.

워런 버핏의 투자 원칙에서 알 수 있듯이 양적 분석과 질적 분석은 함께 하는 것이 더 좋은 기업을 고르는 데 도움이 됩니다. 그리고 워런 버핏도 필립 피셔처럼 경영진에 대한 정보를 중요하게 여겨 합리성, 정직성, 용기 등을 강조하고 있음을 알 수 있습니다.

물론 워런 버핏은 버크셔 해서웨이의 주주서한과 수많은 인터뷰를 통해서 그가 중요하게 생각하는 투자 기준에 대해서 여러 번 밝힌 바 있습니다. 앞의 12가지 원칙은 그중에서 로버트 해그스트롬이 쓴 《워런 버핏의 완벽투자기법》에 나온 내용입니다.

잃지 않는 투자의 대가, 피터 린치

피터 린치의 완벽한 주식의 조건 13가지

1. 따분하고 우스꽝스럽게 들리는 회사 이름

2. 따분한 사업

3. 혐오감을 일으키는 사업

4. 일종의 분리·독립된 자회사

5. 기관이 보유하지 않고, 분석가들이 취급하지 않는 회사

6. 폐기물이나 마피아와 관련 있다고 소문난 회사

7. 음울한 사업을 하는 회사

8. 성장이 전혀 없는 업종의 회사

9. 남들이 관심 없는 틈새를 확보한 회사

10. 사람들이 꾸준히 사는 제품의 회사

11. 기술을 사용하는 회사

12. 내부자가 자사 주식을 매수하는 회사

13. 회사가 자기 주식을 매수하는 회사

우리나라에서는《전설로 떠나는 월가의 영웅》으로 잘 알려진 피터 린치는 미국에서 가장 성공한 펀드매니저 중 한 사람입니다. 그는 책에서 완벽한 주식의 조건 13가지를 언급했습니다. 이들 조건들을 살펴보면 그가 보통의 펀드매니저의 관점이 아닌 일반 투자가의 관점으로 좋은 기업들을 찾아 나갔음을 알 수 있습니다. 특히 아직 기관투자자들이 관심 두지 않고 있는 소외된 기업에서 10루타 종목을 찾는 노력을 해야 한다는 것을 강조합니다.

또한 '어떤 바보라도 이 사업은 경영할 수 있다'라는 것을 완벽한 주식의 특징으로 보는 것은 워런 버핏의 관점과도 일맥상통한다고 볼 수 있습니다. 피터 린치의 질적 분석의 또 하나의 가장 큰 특징은 생활 속에서 종목을 발굴할 수 있다는 것인데, 이는 그의 투자 성공 사례 대부분이 재무제표보다는 생활 속에서 찾아낸 경험에 의한 것임을 나타내는 것입니다

MENTOR'S TIP • • •

- 많이 주는 음식이 좋은가, 맛있는 음식이 좋은가에 대한 정답은 많이 주는 맛있는 음식
- 양적 분석이 좋은 회사가 좋은가, 질적 분석이 좋은 회사가 좋은가에 대한 정답은 말할 필요도 없음
- 숫자로 나타낼 수 없는 것의 대표 선수는 사람, CEO에 대한 질적 분석에 주목해야 함
- 누구나 운영할 수 있는 사업을 대단한 CEO가 운영하는 기업이 최고의 기업

용어 설명

◆ **필립 피셔(1907~2004)**

1950년대에 처음으로 성장주라는 개념을 소개해 월스트리트의 투자 흐름을 완전히 바꾸어놓았다. 그는 투자 대상 주식을 고를 때 최고 경영자의 탁월한 능력과 미래에 대한 계획, 연구 개발 역량 등을 가장 중요한 요소로 평가해야 한다고 강조했다. 한마디로 기업의 질을 무엇보다 중시했다. 그런 점에서 기업의 재무제표와 계량적 분석을 중시한 그레이엄과 구별된다. 워런 버핏이 스승으로 그레이엄과 함께 피셔를 꼽은 것도 그래서다. 계량적 분석만으로는 진정한 최고의 주식을 찾아낼 수 없기 때문이다. 그는 과거의 주가 움직임을 근거로 매매 타이밍을 포착하는 투자 기법이 널리 받아들여지고 있던 당시에 투자 대상 기업과 고객, 경쟁업체 등을 직접 찾아다니며 사실을 수집하고 성장성이 높은 기업을 발굴했다. 이렇게 해서 1950년대에 텍사스 인스트루먼츠와 모토로라 같은 위대한 기업에 투자할 수 있었다. 텍사스 인스트루먼츠의 주식은 1990년대에 매각했고, 모토로라는 2000년대까지도 보유하고 있다. 저서로 《위대한 기업에 투자하라》가 있다.

◆ **워런 버핏(1930~)**

"오마하의 현인"으로도 불리는 미국의 투자가로 역사상 가장 성공한 투자가이며 자본가, 자선가로서 세계적으로 널리 존경받고 있다. 1965년 방직회사 버크셔 해서웨이(Berkshire Hathaway)의 경영권을 인수하여 우량 기업을 거느린 지주 회사이자 투자 회사로 변모시켰으며, 2021년 현재 버크셔 해서웨이의 최고 경영자로 활동하고 있다. 가치투자의 창시자인 벤저민 그레이엄의 영향을 크게 받아 가치투자 방식을 고수하는 것으로 유명하고, 억만장자이면서도 검소한 생활 태도를 지니고 있으며, 2006년에는 재산의 85%를 사회에 환원하기로 약정하는 등 적극적인 기부 활동을 펼치는 것으로도 유명하다. 2010년 기준으로, 〈포브스〉 지는 버핏을 세계에서 세 번째 부자로 선정했다. 2018년 8월 애플이 미국 주식시장 상장사 중 처음으로 시장 가치 1조 달러(약 1,129조 원)를 돌파한 가운데 워런 버핏은 이틀 동안 무려 5조억 원이 넘는 시세 차익을 거뒀다.

◆ 피터 린치(1944~)

월스트리트 역사상 가장 성공한 펀드 매니저이자 마젤란펀드를 세계 최대의 뮤추얼펀드로 키워낸 '월가의 영웅'. 그가 마젤란펀드를 시작했던 1977년 펀드 운용 자산은 1,800만 달러에 불과했으나, 은퇴하던 1990년에는 140억 달러에 달했다. 그는 발로 뛴 정보가 고급 정보이고 시간과 노력을 투자하지 않고서는 주식투자에서 성공할 수 없다는 신념을 철저히 지킨 사람이다. 가장 확실한 투자 정보는 기업을 방문해야 얻을 수 있다는 것이 그의 소신이었다. 린치가 펀드 매니저를 맡은 13년간 마젤란펀드의 연평균 투자 수익률은 29.2%에 달했다. 10년이 넘는 기간 동안 시장 수익률을 능가한 경우는 린치와 버핏을 제외하면 없다고 한다. 전성기인 47세에 가족과 시간을 보내기 위해 돌연 은퇴를 선언하며 월가의 영웅으로 남았다.

성공 투자 888
세 번째 8법칙

성공 투자를 위한 꿀팁, 8 TIP

1. 자질 - 어떤 능력이 필요한가?

창의력, 기억력, 통찰력, 분석력, 결단력, 자제력, 호기심, 성실성이 필요하다. 이 중 잘하는게 없다고? 뒤에서부터 잘하도록 노력하자. 창의력보다 성실성을 높이는 게 더 쉬우니까.

2. 지식 - 무엇을 알아야 할까?

자본, 이익, 배당, 주가, 차트, 위험 등 이런 단어랑 안 친하다고? 그렇다면 주식투자로 성공할 확률은 극히 낮아진다. 지식은 약간의 시간 투자로 충분히 쌓을 수 있는 것이다. 당장 시작하자.

3. 심리 - 어떻게 마음을 다스릴 것인가?

마음을 다스리는 마법의 문장 세 가지를 항상 생각하자. '아무도 믿지 마라', '이것 또한 지나가리라', '주식 참 어렵다'는 세 문장만 기억한다면 마음이 편안해질 것이다.

4. 경험 - 무엇을 겪을 것인가?

주식투자는 돈만 있으면 할 수 있고 관련 지식은 책만 보면 알 수 있지만, 경험은 돈으로도 책으로도 못 산다. 오직 기나긴 시간이 필요할 뿐이다. 많이, 진하게, 깊게 경험할수록 좋다.

5. 동기부여 - 어떻게 동력을 부여할 것인가?

주식투자의 동기는 돈 버는 것인데, 돈 버는 것의 동기는 무엇인가? 왜 부자가 되고 싶은지 얼마나 벌고 싶은지 구체적으로 그림을 그려보자. 빅 픽처 그리고 그 안의 작은 그림들을.

6. 투자 일지 - 늘 작성하고 작성하라

기록은 늘 중요하다. 특히 기억력이 약한 사람에게는 더욱더 그렇다. 구체적으로 작성된 투자 일지는 오답 노트의 기능이 발휘될 때 더욱 빛난다. 실패에서 성공을 찾는 지름길이다.

7. 즐거움 - 주식투자를 즐기는 다양한 방법

꼭 해야만 한다면 이건 어떨까? 해야 하는 일과 좋아하는 일 그리고 잘하는 일을 일치시키는 것이다. 즉, 주식투자를 하고 있고 재미있다면 나머지는 하나다. 잘하면 된다. 잘하자.

8. 성공 - 나는 이렇게 성공했다

주식투자 20년 동안 돈도 벌고, 책도 쓰고, 5% 지분 공시도 해보고 수익률대회 우승도 해보고 할 수 있는 건 다 해봤다. 남은 건 하나. 오랫동안 계속하는 것이다. 절박한 성실성을 갖고서.

투자 분야 1위 이레미디어의 스테디셀러

거래량이 실체이고, 주가는 그림자일 뿐이다!
거래량으로 투자하라

버프 도르마이어 지음 | 신가을 옮김 | 408쪽 | 22,000원

찰스 다우상 수상작! 거래량을 통해 주가를 확인하고 해석하며, 선행하는 방식을 알려준다. 전통적인 거래량 지표를 살펴보고, 자신만의 획기적인 접근법들을 이 책에 소개한다. 현명하고 효과적인 트레이딩을 하도록 도와줄 것이다.

실전 수익률 투자대회 총 12회 수상자의
실전투자의 비밀

김형준 지음 | 344쪽 | 22,000원

장세에 흔들리지 않으며 지속적으로 수익을 낼 수 있는 저자만의 독창적인 시장관과 실전 수익률대회 우승에 실제 사용했던 13가지 매매 기법을 자세히 소개했다. 시장 경험이 있는 투자자들 역시 그동안 열망해왔던 투자의 해법을 찾게 될 것이다.

경직된 사고를 부수는 '실전 차트 패턴'의 모든 것
차트 패턴

토마스 N. 불코우스키 지음 | 조윤정 옮김 | 420쪽 | 24,000원

세계 최고의 차티스트가 말하는 '똑똑한 돈'의 발자국인 차트 패턴을 분석한다. 저자는 25년 동안 주식을 매매하며 3만 8,500개 이상의 차트를 조사 및 연구했다. 그 패턴을 시뮬레이션하여 엄밀한 과학적 수치로 결과를 제시한다.

내일의 주가가 보이는
전자공시 100% 활용법

이래학 지음 | 396쪽 | 17,500원

내일의 주가를 알려주는 고급정보, 어떻게 찾을 것인가? 이해하기 어려운 기업공시를 읽고 해석해서 투자에 활용할 수 있다. 종목발굴에서 매수·매도까지 숨겨진 고급정보를 찾도록 도와주는 해석 가이드!

연평균 수익률 70%, 90%, 그리고 220% 시장을 이기는 마법을 찾아서!

주식시장의 마법사들

잭 슈웨거 지음 | 김인정 옮김 | 456쪽 | 21,000원

월스트리트 최고의 베스트셀러 작가이자 헤지펀드 전문가인 잭 슈웨거는 '시장의 마법사들' 시리즈를 통해 금융시장의 다양한 마법사들을 밀도 있게 소개해왔다. 성공한 트레이더가 강세장과 약세장을 어떻게 대응하는지 엿볼 수 있다.

위대한 투자자 윌리엄 오닐의 제자들처럼 투자하라

우리는 어떻게 주식으로 18,000% 수익을 얻었나

길 모랄레스, 크리스 케쳐 지음 | 박준형 옮김 | 488쪽 | 19,500원

윌리엄 오닐의 투자 방식에 세부규칙을 만들어 시장이 보내는 신호를 활용했고, 그들만의 규칙을 고안했다. 그렇게 경이적인 18,000% 이상의 수익을 얻었다. 세계 최고의 트레이더가 찾아낸 불변의 주도주 매매법과 시장 타이밍을 포착하는 방법!

주식시장에서 살아남는

심리투자 법칙

알렉산더 엘더 지음 | 신가을 옮김 | 27,000원

정신과 의사라는 독특한 이력을 가진 저자가 투자자들의 심리를 꿰뚫어 봄으로써 이를 시장에 적용시켜본 후 개발하게 된 '심리투자'. 새로운 해법을 제시함으로써 이 책의 저자 알렉산더 엘더 박사는 세계적 베스트셀러 작가 반열에 올랐다.

가치투자의 교과서 《증권분석》 핵심 요약판

벤저민 그레이엄의 증권분석

벤저민 그레이엄 지음 | 프레스턴 피시·스티그 브로더스 편저 | 김인정 옮김 | 16,500원

《증권분석》의 핵심만 정리하여 원전의 이해를 돕고, 현대 투자자들에게 유용한 투자 전략을 중심으로 제시하고 있다. 벤저민 그레이엄의 투자 철학과 기법 그리고 현대에 맞는 투자 전략을 세우는 데 유용한 지침을 쉽게 파악할 수 있다.

주린이도 단숨에 고수로 만드는 주식투자의 기초

슈퍼개미의 왕초보 주식수업

초판 1쇄 발행 2018년 12월 24일
개정증보판 1쇄 발행 2021년 5월 31일
7쇄 발행 2024년 8월 1일

지은이 **이정윤**
펴낸곳 **(주)이레미디어**

전화 **031-908-8516(편집부), 031-919-8511(주문 및 관리)** | 팩스 **0303-0515-8907**
주소 **경기도 파주시 문예로 21, 2층**
홈페이지 **www.iremedia.co.kr** | 이메일 **mango@mangou.co.kr**
등록 제396-2004-35호
편집 **심미정, 정슬기** | 디자인 **이선영** | 마케팅 **김하경**
재무총괄 **이종미** | 경영지원 **김지선**

ISBN 979-11-91328-16-5 03320

- 가격은 뒤표지에 있습니다.
- 잘못된 책은 구입하신 서점에서 교환해드립니다.
- 이 책은 투자 참고용이며, 투자 손실에 대해서는 법적 책임을 지지 않습니다.

당신의 소중한 원고를 기다립니다. mango@mangou.co.kr